Dogmatik der Grundrechte
der Europäischen Union

Europäische Hochschulschriften
Publications Universitaires Européennes
European University Studies

Reihe II
Rechtswissenschaft

Série II Series II
Droit
Law

Bd./Vol. 3162

PETER LANG
Frankfurt am Main · Berlin · Bern · Bruxelles · New York · Oxford · Wien

Peter Quasdorf

Dogmatik der Grundrechte der Europäischen Union

PETER LANG
Europäischer Verlag der Wissenschaften

Die Deutsche Bibliothek - CIP-Einheitsaufnahme

Quasdorf, Peter:

Dogmatik der Grundrechte der Europäischen Union / Peter Quasdorf. - Frankfurt am Main ; Berlin ; Bern ; Bruxelles ; New York ; Oxford ; Wien : Lang, 2001
(Europäische Hochschulschriften : Reihe 2, Rechtswissenschaft ; Bd. 3162)
Zugl.: Dresden, Techn. Univ., Diss., 2000
ISBN 3-631-38025-9

88
ISSN 0531-7312
ISBN 3-631-38025-9

www.peterlang.de

Meinen Eltern

Vorwort

Die vorliegende Arbeit wurde im Wintersemester 2000/2001 von der Juristischen Fakultät der TU Dresden als Dissertation angenommen. Die Erstellung des Manuskripts wurde im März 2000 abgeschlossen. Die nachfolgende Rechtsprechung und insbesondere die Proklamation der Charta der Grundrechte der Europäischen Union konnten nur noch punktuell eingearbeitet werden.

Mein besonderer Dank gilt meinem Doktorvater Prof. Dr. Ulrich Fastenrath, der mir wertvolle Hinweise gab und mich auf dem rechten Pfad hielt. Mein Dank gilt auch meinen Freunden Martin Leibiger und Albrecht Militzer, deren Korrekturen und Anmerkungen mir eine große Hilfe waren. Und nicht zuletzt gilt mein Dank meinen Eltern, ohne deren tatkräftige Unterstützung dieses Werk nicht möglich gewesen wäre.

Dresden, im Februar 2001 *Peter Quasdorf*

Inhaltsübersicht

Inhaltsverzeichnis

Abkürzungen

A.A.	anderer Ansicht
a.F.	alte Fassung
ABl.	Amtsblatt der Europäischen Gemeinschaften
Abs.	Absatz
AfP	Archiv für Presserecht
AöR	Archiv des öffentlichen Rechts
Art.	Artikel
Aufl.	Auflage
BayVBl	Bayrische Verwaltungsblätter
BB	Betriebsberater
Bd.	Band
Bearb.	Bearbeiter
BGB	Bürgerliches Gesetzbuch
BGBl	Bundesgesetzblatt
BT Drs.	Bundestag Drucksache
Bull. EG	Bulletin der EG
Bull.	Bulletin
BVerfG	Bundesverfassungsgericht
BVerfGE	Entscheidungssammlung des Bundesverfassungsgerichts
CMLR	Common Market Law Review
d.h.	das heißt
DB	Der Betrieb
ders.	derselbe
Doc.	Dokument
DöV	Die öffentliche Verwaltung
DVBl	Deutsches Verwaltungsblatt
EAG	Europäische Atomgemeinschaft
EAGV	Vertrag über die Gründung der Europäischen Atomgemeinschaft
EEA	Einheitliche Europäische Akte
EG	Europäische Gemeinschaft Vertrag über die Gründung der Europäischen Gemeinschaft nach der Vertragsänderung von Amsterdam
EGKS	Europäische Gemeinschaft für Kohle und Stahl
EGKSV	Vertrag über die Gründung der Europäischen Gemeinschaft für Kohle und Stahl
EGMR	Europäischer Gerichtshof für Menschenrechte
EGV	Vertrag über die Gründung der Europäischen Gemeinschaft in der Fassung vor dem 1.5.1999

ELR	European Law Review
EMRK	Europäische Konvention zum Schutze der Menschenrechte und Grundfreiheiten
EP	Europäisches Parlament
EU	Europäische Union
	Vertrag über die Gründung einer Europäische Union in der Fassung nach der Vertragsänderung von Amsterdam
EuG	Europäisches Gericht 1. Instanz
EuGH	Europäischer Gerichtshof
EuGRZ	Europäische Grundrechtezeitschrift
EuR	Europarecht
EUV	Vertrag über die Gründung einer Europäischen Union in der Fassung vor dem 1.5.1999
EuZW	Europäische Zeitschrift für Wirtschaftsrecht
EWG	Europäische Wirtschaftsgemeinschaft
EWS	Europäisches Wirtschafts- und Steuerrecht
EZB	Europäische Zentralbank
KOM	Europäische Kommission für Menschenrechte
f.	folgende Seite
ff.	folgende Seiten
Fn.	Fußnote
FS	Festschrift
GA	Generalanwalt
GASP	Gemeinsame Außen- und Sicherheitspolitik
GG	Grundgesetz der Bundesrepublik Deutschland
GS	Gedächtnisschrift
Hrsg.	Herausgeber
i.e.S.	im engeren Sinne
JA	Juristische Arbeitsblätter
JIR	Jahrbuch für internationales Recht
Jura	Juristische Ausbildung
JuS	Juristische Schulung
JZ	Juristenzeitung
KJ	Kritische Justiz
lit.	litera
LS	Leitsatz
m.w.N.	mit weiteren Nachweisen
n.F.	neue Fassung
NJ	Neue Justiz
NJW	Neue Juristische Wochenschrift

n.n.v.	noch nicht veröffentlicht
NVwZ	Neue Zeitschrift für Verwaltungsrecht
RabelsZ	Rabels Zeitschrift für Recht und Völkerrecht
RIW	Recht der internationalen Wirtschaft
RL	Richtlinie
Rn.	Randnummer
Rs.	Rechtsache
Rspr.	Rechtsprechung
Slg.	Sammlung der Rechtsprechung des EuGH
st. Rspr.	ständige Rechtsprechung
UAbs.	Unterabsatz
verb. Rs.	verbundene Rechtsachen
VerwArch	Verwaltungsarchiv
VG	Verwaltungsgericht
VVDStRL	Veröffentlichungen der Vereinigung der deutschen Staatsrechtslehrer
z.B.	zum Beispiel
ZaöRV	Zeitschrift für ausländisches öffentliches Recht
ZBJI	Zusammenarbeit auf dem Gebiet Justiz und Inneres
ZP	Zusatzprotokoll

§ 1 Einleitung

I. Gegenstand und Ziel der Arbeit

(1) Die europäischen Grundrechte und Grundfreiheiten sind der Motor der politischen und wirtschaftlichen Integration Europas. Sie ermöglichen es den Bürgern Europas, in der Rechtsordnung der EU über die Grenzen der Mitgliedstaaten hinweg zu handeln. Diese Freiheit muss durch die Sicherheit einer rechtsstaatlichen Gewährung ergänzt werden. Die Freiheit des Einzelnen muss in der Rechtsordnung so gewährleistet werden, dass der Einzelne die Grenzen seiner Freiheit zu erkennen vermag[1]. Daher ist es wichtig, dass diese Rechte der Unionsbürger einer gewissenhaften und nachvollziehbaren Kontrolle durch den EuGH unterliegen.

Damit besteht das Bedürfnis nach einer einheitlichen Darstellung dieser Rechte, welche die Freiheit des Einzelnen in der EU gewährleisten. Die Rechte des Einzelnen sind aber zum Teil nicht kodifiziert und die Rechte, die schriftlich niedergelegt sind, lassen sich an verschiedenen Stellen in verschiedenen Verträgen finden.

Auch in der Literatur beschäftigen sich die meisten Werke immer nur mit einem Teilbereich. So gibt es Werke über die ungeschriebenen Grundrechte[2], über die Diskriminierungsverbote[3] oder Grundfreiheiten[4]. Aber nur wenige Autoren versuchen, ein übergreifendes System dieser Rechte zu entwickeln[5].

Es bedarf einer Systematik, welche die Gemeinsamkeiten der geschriebenen und ungeschriebenen Grundrechte der Europäischen Union sowie der bisherigen Rechtsprechung erfasst, so dass es möglich wird, Lösungen für neue

---

1 *Herzog* nennt dies in M/D-*Herzog* GG Art. 20 Rn. VII. 58 die Verläßlichkeit einer Rechtsordnung. Diese ist der Antagonismus zur Willkür. Die Rechtssicherheit (Rn. 61) ist ein Unterfall der Verläßlichkeit.

2 Z.B. *Rengeling*, Grundrechtsschutz in der Europäischen Gemeinschaft; *Wetter*, Die Grundrechtscharta des Europäischen Gerichtshofes.

3 Z.B. *Kischel*, Zur Dogmatik des Gleichheitssatzes in der Europäischen Union, EuGRZ 1997, 1 ff.

4 Z.B. *Jarass*, Elemente einer Dogmatik der Grundfreiheiten, EuR 1995, 202 ff.

5 Ansätze lassen sich bei *Bleckmann/Pieper*, Rechtsquellen des EG-Rechts, in: *Dauses* [Hrsg.], Handbuch des EU-Wirtschaftsrechts, B. I. Rn. 106 ff. finden.

Probleme auf dem Gebiet der Grundrechte zu finden, ohne dass dadurch ein Bruch mit der bisherigen Rechtsprechung folgt.

Diese Arbeit hat deswegen das Ziel, eine einheitliche Dogmatik für die Grundrechte und Grundfreiheiten in der Europäischen Union zu finden. Diese Dogmatik soll am Ende in der Lage sein, ein rechtssystematisches Gerüst für aktuelle und zukünftige Grundrechte zu liefern.

(2) Der EuGH hat bisher selbst noch keine geschlossene Dogmatik der von ihm anerkannten Grundrechte entwickelt[6]. Dazu ist er allerdings auch gar nicht in der Lage, da er immer nur einen konkreten Fall zu entscheiden hat und sich dabei nicht zu allgemeinen Problemen der Dogmatik äußern kann. Somit kann der EuGH nur punktuell die Systematik der Grundrechte der EU beschreiben. Diese Arbeit hat daher auch die Aufgabe, die Dogmatik einheitlich zu entwickeln, und kann und soll deswegen nicht auf Detailprobleme des Einzelfalls eingehen. Auf der anderen Seite ist es selbstverständlich, dass die Dogmatik so entwickelt werden muss, dass sie sich den Detailproblemen des Einzelfalls nicht verschließt.

II. Europäische Union oder Europäische Gemeinschaft?

Durch die Verträge von Maastricht[7] und Amsterdam[8] ist eine Europäische Union gegründet worden, welche die Europäischen Gemeinschaften um eine gemeinsame Außen- und Sicherheitspolitik und um eine verstärkte Zusammenarbeit auf polizeilichem und justiziellem Gebiet erweitert. Die subjektiven Rechte der Unionsbürger findet man im EGV[9] und man spricht von den Grundrechten als den allgemeinen Rechtsgrundsätzen des Gemeinschaftsrechts[10]. Das deutet darauf hin, dass man von den Grundrechten der Europäischen Gemein-

6 Vgl. *Bleckmann*, Die Rechtsquellen des Europäischen Gemeinschaftsrechts, NVwZ 1993, 824, 827; *Hilf*, Ein Grundrechtskatalog für die Europäischen Gemeinschaften, EuR 1991, 19, 21.

7 BGBl II 1992, S. 1253 ff.

8 BGBl II 1998, S. 386 ff.

9 Vgl. unten § 6 IV.

10 So Art. 6 II a.E. EU.

schaft reden sollte. Dies widerspricht aber dem Gedanken an eine einheitliche europäische Rechtsordnung. Die Rechtsordnung der Europäischen Gemeinschaft ist durch den Unionsvertrag in eine Rechtsordnung der Europäischen Union einbezogen worden[11]. Der EuGH ist zur Wahrung des Rechts berufen, Art. 220 EG. Dieses Recht umfasst nach Art. 46 EU auch Teile des Unionsvertrages, die nicht zum Recht der Europäischen Gemeinschaft gehören. Der Gedanke einer einheitlichen Rechtsordnung findet sich auch in Art. 6 II EU, in dem sich die EU zur Achtung der Grundrechte verpflichtet. Die Union gründet nach Art. 6 I EU auf den Grundsätzen der Demokratie, der Rechtstaatlichkeit und den Grundrechten. Die Grundrechte gehören damit zur Rechtsordnung der Union, wobei die Gemeinschaft der wichtigste Bestandteil dieser Union ist.

III. Zum Begriff der Grundrechtsdogmatik

(1) Eine Rechtsdogmatik ist nach *Bachof* systematische Rechtswissenschaft und „ein kontigentes Gefüge (‚Lehrgebäude') von juristischen Sätzen und Regeln, die unabhängig vom Gesetz allgemeine Anerkennung und Befolgung beanspruchen."[12] Rechtsdogmatische Theorien sind danach „systematisch-begriffliche Begründungszusammenhänge, die erkennen lassen, was auf einem bestimmten Gebiet richtig und damit Recht ist[13]. Die Rechtsdogmatik wird auch als innersystematisches Gefüge juristischer Begriffe, Institutionen, Grundsätze und Regeln verstanden[14]. Eine Dogmatik muss dabei so einfach wie möglich und so kompliziert wie nötig sein[15]. Sie soll vereinfachen, ohne dass dadurch die Probleme des Rechtsgebietes verloren gehen.

---

[11] Die Grenzen der Rechtsordnung der Europäischen Gemeinschaft sind durch die Aufnahme verwischt worden, da eine wechselseitige Beeinflussung des EGV und des EUV zu beobachten ist. Vgl. unten § 4 VIII. 1. – S. 57 ff.

[12] *Bachof*, Die Dogmatik des Verwaltungsrechts, VVDStRL 30 (1972), 193, 197.

[13] *Pawlowski*, Methodenlehre für Juristen, Rn. 782.

[14] *Brohm*, Die Dogmatik des Verwaltungsrechts, VVDStRL 30 (1972), 245, 246.

[15] *Jarass*, Bausteine einer umfassenden Grundrechtsdogmatik, AöR 120 (1995), 345, 346.

(2) In der deutschen Rechtswissenschaft gibt es eine lange Tradition für ein System der Grundrechte (Grundrechtsdogmatik)[16]. Dabei sind viele verschiedene Theorien zu den Grundrechten entwickelt worden[17], die sich schon in grundsätzlichen Fragen erheblich unterscheiden[18]. Im europäischen Rahmen gehen dabei die Vorstellungen über die Grundrechte noch weiter auseinander. So ist z.B. die englische Grundrechtsdogmatik grundlegend verschieden von allen deutschen Ansätzen. Grundsätzlich ist das Parlament der oberste Souverän und kann jedes Recht des Einzelnen durch einfaches Gesetz beschränken. Als Beispiel erwähnt *James* ein Gesetz eines Tudor-Parlamentes[19], das als Einzelfallgesetz die Hinrichtung eines Richard Rose durch Kochen im Wasser anordnete, weil er für schuldig befunden wurde, als Koch seinen Herrn vergiften zu wollen. Nach der englischen Theorie jedoch ist die Freiheit des Einzelnen zunächst unbegrenzt gewährleistet. Wegen dieser unbegrenzten Gewährleistung bedarf es keiner enumerativen Aufzählung von Grundrechten in einem geschriebenen Grundrechtskatalog. Dennoch hat auch die englische Rechtsprechung „fundamental rights“ entwickelt, über die sich auch das Parlament nicht hinwegsetzen darf, welche jedoch in Umfang und Ausprägung hinter den Grundrechten der anderen europäischen Staaten – oder etwa den USA als Staat mit englischem Recht[20] – zurückbleiben. Als „fundamental right“ ist die körperliche Bewegungsfreiheit, das Eigentum, die Versammlungs- und die Vereinigungsfreiheit, der Grundsatz der Gleichbehandlung und das Recht auf freie Rede anerkannt[21].

---

16 Vgl. dazu *Jellinek*, subjektive Rechte, S. 4 und S. 94. Bereits 1905 verweist *Jellinek* auf Arbeiten zu diesem Thema aus dem Jahre 1852. Damit gibt es in Deutschland eine zumindest 150-jährige Tradition der Grundrechtsdogmatik.

17 Eine Auswahl dieser Theorien wird unten unter § 4 untersucht.

18 So sind z.B. die Begriffe Grundrechtsverständnis, Grundrechtslehre, Grundrechtsdogmatik, Grundrechtstheorie, Grundrechtsfunktion und Grundrechtswandel im Umlauf, ohne daß ein Konsens über den Inhalt dieser Begriffe bestehen würde. Vgl. dazu auch *Stern*, Idee und Elemente eines System der Grundrechte, in: *Isensee/Kirchhof* HdbStR V § 109, Rn. 1.

Als Beispiele für solche Theorien sein hier *Bleckmann*, Grundrechte S. 197 ff.; *Pernthaler*, Grundrechtsdogmatik und allgemeine Staatslehre, in FS für Ermacora, S. 605 ff. und *Häberle*, Grundrechtsgeltung, JZ 1989, 913 ff. genannt.

19 *James*, English Law, S. 157 f.

20 Vgl. dazu *Bleckmann*, Grundrechte S. 20.

21 Vgl. dazu auch die drei „principal or primary article“, die *William Blackstone* in seinem „Commentaries on the Laws of England“ erwähnt (deutsche Übersetzung m.w.N. bei *Stourzh*, Grundrechte, in: *Birtsch*, Grund- und Freiheitsrechte, S. 60):

1. Das Recht auf Sicherheit der Person.

Aber auch gerade im Vereinigten Königreich hat die Grundrechtsentwicklung einen großen Schritt nach vorn gemacht. Mit dem Human Rights Act vom 9. November 1998 kann und muss die EMRK von öffentlichen Stellen und Gerichten als geltendes englisches Recht angewendet werden[22]. Dieses Gesetz und damit die EMRK haben jedoch keinen Verfassungsrang, da die Rechtsordnung des Vereinigten Königreiches keine geschriebene, in sich geschlossene Verfassung[23] kennt.

(3) Der EuGH geht deswegen zu Recht von der Vorstellung aus, dass die europäischen Grundrechte sich nicht einfach aus den Grundrechtsvorstellungen der Mitgliedstaaten ergeben, sondern einer eigenen Definition bedürfen[24]. Es reicht aber nicht aus, sich nur mit den Rechten zu beschäftigen, die der EuGH als die „Grundrechte, die sich aus den allgemeinen Rechtsgrundsätzen ergeben"[25] bezeichnet. In der Literatur wird zuweilen davon ausgegangen, dass es sich dabei um eine abschließende Aufzählung der Grundrechte handelt[26]. Dieser Schluss wird durch die uneinheitliche Terminologie des EuGH im Bereich der Grundrechte begünstigt[27]. Hier soll versucht werden, eine einheitliche Grundrechtslehre zu schaffen, die alle Grundrechte der EU vereinigt.

(4) Die in dieser Arbeit beschriebene Dogmatik ist eng mit der deutschen Grundrechtslehre verwandt. Dieser Ansatz widerspricht nur scheinbar dem Verlangen nach einer originär europäischen Grundrechtsdogmatik. Zum einen ist sie nicht mit der deutschen Grundrechtslehre identisch und zum anderen sind die strukturellen Eigenschaften der Grundrechte unabhängig vom Inhalt der Grundrechte.

---

2. Das Recht auf Freiheit der Person.

3. Das Recht auf Eigentum.

22 Näher dazu *Greer*, A Guide to the Human Rights Act 1998, ELR 24 (1999), 3 ff.

23 Auch als Verfassung im formellen Sinn bezeichnet.

24 EuGH Rs. 11/70 – Internationale Handelsgesellschaft Slg. 1970, 1125, 1135.

25 EuGH, ebenda, Rn. 4.

26 So etwa *Wetter*, Die Grundrechtscharta des EuGH, S. 30 f.

27 Vgl. *Wetter*, ebenda, S. 29.

Teil 1 Einheitliche Grundrechtsdefinition

§ 2 Geschichte der Grundrechte

I. Europäische Grundrechtsgeschichte außerhalb der EG/EU

Die Idee der Grundrechte lässt sich in Europa bis zum 5. Jahrhundert v. Chr. zurückverfolgen[28]. In der Zeit vom 5. Jh. v. Chr. bis zum 11. Jh. n. Chr. entwickelten sich die Grundrechte von einer philosophischen Idee[29] zu einem Naturrecht des Menschen[30]. Diese Naturrechte konnten jedoch nicht vor Gericht geltend gemacht werden. Erst mit den Freiheitsverbriefungen des 12. und 13. Jahrhunderts erlangten die Grundrechte den Status eines einklagbaren Rechtes[31]. Mit den Lehren vom Staatsvertrag wurden die Grundrechte vom einfachen Recht in den Rang der materiellen Verfassung erhoben[32].

Mit den Kodifizierungen der ersten formellen Verfassungen wurden auch Grundrechtskataloge in die Verfassungen aufgenommen[33]. Heute werden die

---

28 Vgl. *Oestreich*, Menschenrechte, S. 15 ff.

29 *Flückiger*, Geschichte des Naturrechtes, S. 221 ff.

30 *Fleiner-Gerster*, Allgemeine Staatslehre, S. 67 zitiert *Thomas von Aquin*: „naturaliter liber et propter se ipsum existens".

31 Vgl. nur die Magna Charta Libertatum vom 15. Juni 1215. Vgl. dazu *Plucknett*, A concise history of the common law, S. 25 ff. und *Riedel*, Die Habeas Corpus-Akte, EuGRZ 1980, 192 ff.

32 Vgl. *Locke*, Zwei Abhandlungen über die Regierung; dort Abhandlung Nr.2 § 87, S. 253 und *Hobbes*, Leviathan; *Stanka*, Die Menschenrechte, S. 13; *Müller*, Die Universalität von Menschenrechten, in: *Geyer/Schliebe*, Samuel Pufendorf, S. 127 ff.

33 Die Verfassung von Virginia vom 12. Juni 1776 (Virginia Bill of Rights) enthielt als erste Verfassung Grundrechte. Daneben gab es noch 6 weitere amerikanische Verfassungen, die einen Grundrechtskatalog enthielten; vgl. dazu *Jellinek*, Menschenrechte S. 14. Die französische Erklärung der Menschen- und Bürgerrechte vom 26. August 1789 war die erste Kodifizierung eines Grundrechtskatalogs in Europa.

Grundrechte in allen Mitgliedstaaten der EU als subjektiv öffentliches Recht anerkannt[34].

II. Grundrechtsentwicklung in der EG/EU

1. Frühe Rechtsprechung des EuGH

In den Urteilen vor 1969 hatte der EuGH die Kompetenz zum Schutze von Grundrechten stets verneint[35]. So hieß es noch 1960[36]:

> Der EuGH hält sich für „nicht befugt, für die Beachtung solcher Vorschriften Sorge zu tragen, die in dem einen oder anderen Mitgliedstaat gelten, mag es sich hierbei auch um Verfassungsgrundsätze handeln."

Dies änderte sich mit der Entscheidung Stauder[37], in der der EuGH erstmals die Existenz von Grundrechten der EG anerkannte:

> „7. Bei dieser Auslegung enthält die streitige Vorschrift nichts, was die in den allgemeinen Grundsätzen der Gemeinschaftsordnung, deren Wahrung der Gerichtshof zu sichern hat, enthaltenen Grundrechte der Person in Frage stellen könnte."

Diese Entscheidung markiert damit eine der wichtigsten Wenden in der Rechtsprechung des EuGH. In der grundsätzlichen Anerkennung der Kompetenz zum Grundrechtsschutz liegt eine bedeutende Rechtsfortbildung, deren Auswirkung auf die Rechtsentwicklung in der EG/EU nur schwer überschätzt werden kann.

---

[34] Vgl. *Grabitz*, Grundrechte in Europa und USA, Bd. I.

[35] So etwa EuGH Rs. Stork Slg. 1958/59, 64 oder EuGH Rs. Sgarlata, Slg. 1965, 312.

[36] EuGH Rs. Ruhrkohlenverkaufsgesellschaft, Slg. 1960, 885, 921.

[37] EuGH Rs. Stauder, Slg. 1969, 419, 425.

2. Die gemeinsame Erklärung vom 5. April 1977

Eine erste Erwähnung durch die anderen Organe der EG finden die Grundrechte in einer Erklärung des Parlamentes, des Rates und der Kommission vom 5. April 1977[38]. Diese Erklärung stand unter dem Eindruck der gerade erst wiederholt ergangenen Urteile des EuGH, in denen ein Grundrechtsschutz gewährleistet wurde. Durch diese Erklärung wurde klargestellt, dass die politischen Gremien der EG die Entscheidung des EuGH, Grundrechte überhaupt zu gewähren, nicht als unzulässige Vertragsauslegung oder gar als Vertragsbruch interpretieren, sondern vielmehr dieses Vorhaben wohlwollend betrachten. Auf der anderen Seite wurde aber keine echte Grundlage für einen Grundrechtsschutz geschaffen, wie sie etwa ein Grundrechtskatalog darstellen würde. Der Wert der Erklärung besteht darin, dass sie die von der Rechtsprechung erzielten Resultate zusammenfasst, bestätigt und verallgemeinert[39]. Die Erklärung bleibt schwammig und hinterlässt den Eindruck, dass sie einen politischen Kompromiss des kleinsten gemeinsamen Nenners darstellt:

> „1. Das Europäische Parlament, der Rat und die Kommission unterstreichen die vorrangige Bedeutung, die sie der Achtung der Grundrechte beimessen, wie sie insbesondere aus den Verfassungen der Mitgliedstaaten sowie aus der Europäischen Konvention zum Schutze der Menschenrechte und Grundfreiheiten hervorgehen.
>
> 2. Bei der Ausübung ihrer Befugnisse und bei der Verfolgung der Ziele der Europäischen Gemeinschaften beachten sie diese Rechte und werden dies auch in Zukunft tun."

Der erste Satz wurde nur leicht geändert als Art. 6 II (früher Art. F Abs. 2) in den Unionsvertrag aufgenommen. Die Erklärung von 1977 enthält daher den politischen Grundsatz bezüglich der Grundrechte, der noch immer gültig ist[40].

Diese Erklärung ist allerdings auch auf Grund ihrer Unbestimmtheit in die Kritik der Literatur geraten, die darin zwar einen Schritt in die richtige Richtung

---

[38] ABl. EG 1977 C 103/1.

[39] *Pescatore*, Bestand und Bedeutung der Grundrechte im Recht der Europäischen Gemeinschaften, EuR 1979, 1, 8.

[40] Neben der Kontinuität, die dieser Grundsatz genießt, ist auch die Verstärkung von Bedeutung, die ihm durch weitere Rechtsakte zukommt. Vgl. unten 5. – S. 34.

sah, aber – zu Recht – den echten Willen zur Schaffung eines europäischen Grundrechtskataloges vermisste[41].

3. Die Erklärung des Rates vom 7. April 1978

Eine Bestätigung der ersten Erklärung gab es mit der Kopenhagener Erklärung des Rates vom 7./8. April 1978[42]:

> „Die Regierungschefs bekräftigen wie schon in der Kopenhagener Erklärung zur europäischen Identität ihren Willen, die Achtung rechtlicher, politischer und moralischer Werte, denen sie sich verbunden fühlen, zu gewährleisten und die Prinzipien der parlamentarischen Demokratie, des Rechts, der sozialen Gerechtigkeit und der Wahrung der Menschenrechte zu schützen.
>
> Die Anwendung dieser Grundsätze setzt eine pluralistische Demokratie voraus, die die Vertretung der Meinungen im konstitutionellen Aufbau des Staates sowie die zum Schutz der Menschenrechte erforderlichen Verfahren garantiert.
>
> Die Regierungschefs schließen sich der gemeinsamen Erklärung der Versammlung, des Rates und der Kommission an, mit der diese Organe ihre Entschlossenheit bekräftigt haben, die Grundrechte zu respektieren und gleichzeitig die Ziele der Gemeinschaft zu verfolgen.
>
> Sie erklären feierlich, dass die Achtung und die Aufrechterhaltung der parlamentarischen Demokratie und der Menschenrechte in allen Mitgliedstaaten wesentliche Elemente ihrer Zugehörigkeit zu den Europäischen Gemeinschaften sind."

Mit dieser Erklärung wurde der vom EuGH in Anspruch genommene Freiraum zum Schutze der Grundrechte bestärkt. Auf der anderen Seite entschied man sich nicht dafür, den Grundrechtsschutz selbst aktiv voran zu treiben, sondern diese Entwicklung vielmehr dem EuGH zu überlassen. Dies wird besonders an der Formulierung deutlich, die besagt, dass die Grundrechte *respektiert*, aber die Ziele der Gemeinschaft *verfolgt* werden. Diese Erklärungen dokumentieren

---

41 So *Pernice*, Grundrechte S. 18 f. und *Hilf*, Die gemeinsame Grundrechtserklärung des Europäischen Parlamentes, des Rates und der Kommission vom 5. April 1977, EuGRZ 1977, 158.

42 EA 1978 D 284.

somit nur die Übereinstimmung der Organe der Gemeinschaft über die Notwendigkeit einer Lösung[43].

4. Die Vorstöße des EP

(1) Das Europäische Parlament hat immer wieder versucht, in der EG oder der EU einen geschriebenen Grundrechtskatalog zu verankern. Erstes Beispiel hierfür ist die Entschließung des EP vom 13. April 1978, in der eine „EG-Charta der Bürgerrechte" gefordert wird[44]. Diese Entschließung blieb folgenlos.

(2) Im Entwurf einer Verfassung einer Europäischen Union vom 14. Februar 1984[45] wurde im Artikel 4 eine Regelung der Grundrechtsfrage vorgeschlagen:

„Artikel 4 – Grundrechte

1. Die Union schützt die Würde des einzelnen und räumt jeder unter ihrer Rechtshoheit stehenden Person die Grundrechte und Grundfreiheiten ein, die sich insbesondere aus den gemeinsamen Grundsätzen der Verfassungen der Mitgliedstaaten und der Europäischen Konvention zum Schutz der Menschenrechte und Grundfreiheiten ergeben.

2. Die Union verpflichtet sich, die wirtschaftlichen, sozialen und kulturellen Rechte, die sich aus den Verfassungen der Mitgliedstaaten und der Europäischen Sozialcharta ergeben, nach Maßgabe ihrer Zuständigkeit aufrechtzuerhalten und auszubauen.

3. Innerhalb einer Frist von 5 Jahren beschließt die Union über ihren Beitritt zu den vorgenannten internationalen Vertragswerken sowie zu den Pakten der Vereinten Nationen über bürgerliche und politische Rechte und über wirtschaftliche, soziale und kulturelle Rechte. Innerhalb der gleichen Frist verabschiedet die Union nach dem in Artikel 84 dieses Vertrages vorgesehenen Vertragsänderungsverfahren ihre eigene Grundrechtserklärung.

4. Im Falle einer schwerwiegenden und anhaltenden Verletzung der demokratischen Grundsätze oder Grundrechte durch einen Mitgliedstaat können gemäß Artikel 44 dieses Vertrages Sanktionen verhängt werden."

---

43 Lenz-*Borchardt*, EGV Art. 164 Rn. 29.

44 Doc. EP 52/1978; Auszug bei *Bieber*, „Besondere Rechte" für die Bürger der Europäischen Gemeinschaften , EuGRZ 1978, 204 (Fn. 12).

45 Abgedruckt bei *Schwarze/Bieber*, Eine Verfassung für Europa, S. 322 ff.

Dieser Vertragsentwurf hat nie eine rechtliche Wirksamkeit erlangt. Der Gedanke von Absatz 4 ist später in Art. 7 EU wieder aufgegriffen und normiert worden.

(3) Das Thema der Grundrechte wurde durch Entschließung des EP vom 12. April 1989 wieder aufgegriffen, die eine „Erklärung der Grundrechte und Grundfreiheiten“ enthielt[46]. In der Präambel beruft sich das EP auf die Floskel, welche jetzt in Art. 6 II EU enthalten ist. Darüber hinaus hält das EP fest, dass sich die Grundrechte „aus den Verträgen zur Gründung der Europäischen Gemeinschaften ... ergeben ... und durch die Rechtsprechung des Europäischen Gerichtshofes weiterentwickelt werden“. Die Erklärung umfasst 28 Artikel, mit denen schon ein recht umfangreicher Grundrechtskatalog gewährt wird. Interessanterweise ist dieser Katalog dem Grundrechtskatalog des deutschen Grundgesetzes sehr ähnlich. Art. 1 umfasst die Menschenwürde, Art. 2 das Recht auf Leben, in Art. 3 findet sich der Gleichheitssatz, in Art. 4 die Religions- und Gedankenfreiheit und in Art. 5 die Meinungs- und Informationsfreiheit. Dies zeugt meines Erachtens von einem starken Einfluss der deutschen Grundrechtslehre auf die Grundrechtsdiskussion im Europäischen Parlament.

Der Entschließung vom 12. April 1989 war es jedoch nicht vergönnt, in die Verträge zur Gründung der Europäischen Gemeinschaften oder in den EUV aufgenommen zu werden. Sie ist daher ein politisches Papier geblieben, welches keine direkten Rechte für den Unionsbürger begründen konnte.

(4) Nach der Entschließung des EP vom 26. April 1993[47] zur Achtung der Menschenrechte gab es einen weiteren Vorstoß durch das EP am 18. Januar 1994. In dieser Entschließung[48] forderte das EP einen Beitritt der EG zur EMRK. Dieses Vorhaben scheiterte spätestens mit dem Gutachten 2/94 des EuGH[49], in dem der EuGH feststellte, dass dieses Vorhaben nicht ohne eine Änderung des EGV möglich wäre.

---

[46] ABl. EG 1989 C 120/51.

[47] ABl. EG 1993 C 115/178.

[48] ABl. EG 1994 C 44/32.

[49] EuGH, Gutachten 2/94, Slg. 1996, I-1763 ff.

(5) Der bisher letzte Versuch des EP, der EU einen geschriebenen Grundrechtskatalog aufzuzwingen, stammt von Anfang 1998[50] und ist eine überarbeitete Version der Vorlage vom Mai 1997[51]. Der Autor dieses Kataloges geht dabei von der Überlegung aus, dass die Rechtsordnung der EU inzwischen eine Komplexität erreicht hat, in der es ohne einen positiven Grundrechtsschutz in Form eines Grundrechtskataloges keinen effektiven Rechtsschutz in der EU geben kann[52]. Die Gefahr liegt insbesondere in der Ausweitung der Kompetenzen der EU auf dem Bereich Justiz und Inneres[53], welche erstmals im EUV in der Fassung von Maastricht (1992) enthalten waren und in der Fassung von Amsterdam (1997) stark erweitert wurden. Als Beispiel sei hier nur auf Art. 30 I lit. b) EU verwiesen, der die Kompetenz für die EU und insbesondere Europol enthält, sicherheitsrelevante Informationen zu speichern, zu verarbeiten und weiterzugeben[54]. Die Grenze liegt allein in den „entsprechenden Vorschriften über den Schutz personenbezogener Daten". Der EUV enthält aber selbst keine solche Bestimmungen und auch der EGV verweist für den Datenschutz auf einfaches Recht (Art. 286 EG)[55]. Ob Art. 30 I lit. b) 2. Halbsatz EUV selbst ein Grund-

---

50 Vollständig abgedruckt bei *Preuß*, Grundrechte in der Europäischen Union , KJ 1998, 1, 11 ff.

51 Damals hatte *Ulrich Preuß* im Auftrage der Abgeordneten der Grünen *Daniel Cohn-Bendit, Edith Müller* und *Wolfgang Ullmann* einen Vorschlag für einen Grundrechtskatalog der EU entworfen, der bei der Amsterdamer Regierungskonferenz vorgelegt wurde. Dieser Vorschlag wurde aber nicht in die Neufassungen des EGV und des EUV übernommen. Weiterführend *Preuß*, Grundrechte in der Europäischen Union, KJ 1998, 1 ff.

52 *Preuß*, Grundrechte in der Europäischen Union , KJ 1998, 1, 4 f.

53 Früher als ZBJI bekannt. In der Neufassung ist dies Titel VI des EUV, der jetzt „Bestimmungen über die polizeiliche und justizielle Zusammenarbeit in Strafsachen" heißt. Hinzugekommen ist Titel VII „Bestimmungen über eine verstärkte Zusammenarbeit". Davon werden die Art. 29 bis 45 EU umfaßt. Interessant ist hierbei die Aufnahme des Begriffes „in Strafsachen". Welche Auswirkungen dies hat, oder ob es sich dabei lediglich um eine kosmetische Korrektur handelt, wird sich erst noch zeigen.

54 Wörtlich heißt es in Art. 30 EU: „Das gemeinsame Vorgehen im Bereich der polizeilichen Zusammenarbeit schließt ein: ... b) das Einholen, Speichern, Verarbeiten, Analysieren und Austauschen sachdienlicher Informationen, einschließlich Informationen der Strafverfolgungsbehörden zu Meldungen über verdächtige finanzielle Transaktionen, insbesondere unter Einschaltung von Europol, ...".

55 Dazu muß insbesondere angemerkt werden, daß gemäß Art. 286 II EG das Kontrollverfahren und die Kontrollinstanz im Verfahren nach Art. 251 EG beschlossen werden. Das Verfahren nach Art. 251 EG sieht nur eine qualifizierte Mehrheit des Rates vor. Dies ist zwar eine höhere Hürde als die bloße einfache Mehrheit. Darin liegt aber keine herausragende Stellung, wie sie etwa die 2/3-Mehrheit zur Verfassungsänderung in Deutschland besitzt oder die 3/5-Mehrheit des Kongresses (gemeinsames Parlament von Nationalver-

rechtscharakter zukommt, muss noch untersucht werden[56]. Andere grundrechtliche oder grundrechtsähnliche Schranken sind nicht vorgesehen.

Auch diesem Grundrechtskatalog des EP merkt man seine systematische Abstammung vom Grundgesetz an. Dies liegt wohl daran, dass er hauptsächlich von Deutschen geschrieben wurde[57]. Teilweise bemerkt man auch, dass die Rechtsprechung des BVerfG in den Text eingearbeitet wurde[58].

Bis jetzt ist es trotz der Bemühungen des EP nicht gelungen, diesen Grundrechtskatalog auch nur zur Diskussionsgrundlage der Mitgliedstaaten, des Rates und der Kommission um einen Grundrechtskatalog der EU zu machen.

5. Grundrechtserklärungen in den Verträgen

(1) Die Grundrechte finden eine Erwähnung in der Präambel der Einheitlichen Europäischen Akte vom 1. Juli 1987, die jedoch keine juristischen Auswirkungen hatte[59].

(2) Mit dem Vertrag von Maastricht vom 7. Februar 1992[60] wurde der status quo des Grundrechtsschutzes als Art. F Abs. 2 EUV festgeschrieben. Damit erhielt der Grundrechtsschutz in der EU erstmals einen vertraglich abgesicherten

---

sammlung und Senat) in Frankreich. Es fehlen auch die Ewigkeitsgarantien, die etwa in Art. 79 III GG, Art. 89 IV und V franz. Verfassung oder Art. 139 ital. Verfassung niedergelegt sind.

[56] Vgl. unten § 6 IV. 11. – S. 127 ff.

[57] Auch die im Moment letzte Kommission, die einen Grundrechtskatalog erarbeiten soll, wird von einem Deutschen (dem ehemaligen Bundespräsidenten und Verfassungsrichter *Roman Herzog*) geleitet.

[58] So zum Beispiel in Art. 14: „[Berufsfreiheit] Jeder Unionsbürger hat das Recht, ... seine Ausbildungsstätte, seinen Arbeitsplatz und seinen Beruf frei zu wählen, [und] seinen Beruf frei auszuüben ... Diese Rechte können ... eingeschränkt werden." Hier ist nicht nur die sprachliche Nähe zum Art. 12 GG zu sehen, darüber hinaus wird die Interpretation, die das BVerfG vorgenommen hat, nämlich die Interpretation als einheitliches Grundrecht (so das BVerfG in BVerfGE 33, 303, 336 – Numerus clausus), übernommen, in dem „diese Rechte" und nicht nur das „Recht der Berufsausübung" eingeschränkt werden können.

[59] GTE-*Beutler*, EUV Art. F Rn. 41.

[60] BGBl. II 1992, S. 1253 ff.

Status. Inhaltlich ging diese Regelung jedoch nicht über die erste Entschließung von 1977 hinaus und überließ die Entwicklung des Grundrechtsschutzes voll und ganz dem EuGH. Dieser Schutz der Grundrechte wurde unter anderem durch die Vorschrift des Art. L EUV verwässert, der damals keine Kompetenz des EuGH zur Überprüfung der Einhaltung des Art. F Abs. 2 EUV vorsah. Andererseits lag darin auch kein Rückschritt, da die Judikatur des EuGH unangetastet blieb.

(3) Durch den Vertrag von Amsterdam vom 2. Oktober 1997[61] wurde der Grundrechtsschutz im EUV gestärkt. Der Art. 6 II EU, der die Beachtlichkeit der Grundrechte festschreibt, ist jetzt durch Art. 46 lit. d) EU durch den EuGH justiziabel. Aus der Gesamtbetrachtung des Art. 46 EU ergibt sich auch, dass die Grundrechte nicht nur im Bereich des EGV, EGKS und EAGV, sondern auch in den justiziablen Bereichen der polizeilichen und justiziellen Zusammenarbeit, Titel VI EUV, gelten sollen[62].

(4) Durch die Verträge von Maastricht und Amsterdam wurden auch in den EGV Rechte eingefügt, deren Qualität als Grundrechte umstritten ist. Namentlich handelt es sich dabei um die Rechte der Unionsbürger auf Freizügigkeit, das Wahlrecht, das Recht auf Information und andere[63]. Diese Rechte sind leider nicht einheitlich als Grundrechtskatalog aufgeführt. Die Bedeutung dieser recht jungen Rechte wird sich erst noch zeigen.

(5) Auf der Regierungskonferenz von Tampere am 15. 10. 1999 wurde der Einsatz eines Konventes unter dem Vorsitz von Roman Herzog beschlossen, der mit der Erstellung einer Europäischen Charta der Grundrechte beauftragt wurde. Diesem Konvent gehörten Vertreter des Europäischen Parlamentes, Vertreter der Parlamente und der Regierungen der Mitgliedstaaten und ein Vertreter der Kommission an. Die dabei erstellte Charta der Grundrechte der EU[64] wurde auf der Vertragskonferenz von Nizza, 7. bis 9. 12. 2000 proklamiert, aber noch nicht in die Verträge aufgenommen. In der Erklärung Nr. 23. 5., 2. Spiegelstrich der

---

[61] BGBl II 1998, S. 386 ff.

[62] Vgl. Calliess/Ruffert-*Cremer*, EUV Art. 46 Rn. 4.

[63] Vgl. unten § 6 IV. 4. – S.119 ff.

[64] ABl. 2001 C 346

Schlussakte der Regierungskonferenz von Nizza ist zur Grundrechtscharta nur festgehalten worden, dass der Status der Charta weiter diskutiert werden müsse.

6. Ergebnis

Die Entwicklung der Grundrechte in der EU ist von einer starken Dynamik geprägt. Sowohl die Organe der Gemeinschaft als auch die Vertragsparteien haben erkannt, dass der Schutz der Grundrechte ein unabdingbarer Bestandteil der europäischen Integration ist[65]. Trotz aller Erklärungen zu den Grundrechten ist es bisher nicht gelungen, einen einheitlichen und abschließenden Grundrechtskatalog aufzustellen.

[65] A.A. *Borchmann*, Was kommt nach Amsterdam, EuZW 1998, 641. *Borchmann* fordert eine Besinnung auf die ursprünglichen Ziele der Gemeinschaft und hält die Grundrechtsdiskussion für übertrieben.

§ 3 Die Menschenwürde als Fundament der Grundrechte

Rechtsordnungen und Staaten existieren nicht als Selbstzweck sondern dienen dem Menschen[66]. Ein Staat oder ein Gebilde, welches sich zu den Prinzipien der Rechtsstaatlichkeit und der Grundrechte bekennt[67], bringt damit zum Ausdruck, dass es dem Menschen dienen will. Grundrechte und Rechtsstaatlichkeit dienen dem Schutz der menschlichen Würde[68], da sie die Subjektivität des einzelnen sichern wollen[69]. Im folgenden soll kurz untersucht werden, ob sich die Menschenwürde in den Rechtsordnungen der Mitgliedstaaten und der EU finden lässt.

I. Menschenwürde in den Rechtsordnungen der Mitgliedstaaten

Als Grundlage für die Existenz von Grundrechten und Rechtstaatlichkeit wird in der deutschen Literatur durchweg die Würde des Menschen ausgemacht[70]. Die Menschenwürde wird auch in vielen Verfassungen der Mitgliedstaaten genannt[71]. Die Achtung der Menschenwürde lässt sich auch aus der Rati-

---

[66] Vgl. *Isensee*, Die alte Frage nach der Rechtfertigung des Staates, JZ 1999, 265, 268 ff.

[67] Die EU bekennt sich zu diesen Prinzipien, Art. 6 I EU.

[68] So *Maihofer*, Rechtsstaat und menschliche Würde, S. 44. f. und 57 ff.

[69] Vgl. *Bayertz*, Die Idee der Menschenrechte, ARSP 1981, 465, 471.

[70] Grundlegend *Dürig*, Der Grundrechtssatz der Menschenwürde, AöR 81 (1956), 117 ff. Insbesondere sei auch auf S. 128 verwiesen, auf der die „Objektformel" entwickelt wird. *Maihofer*, Rechtstaat und menschliche Würde, S. 57 ff. Gleichfalls M/D-*Dürig*, GG Art. 1 Rn. 17 ff. Lesenswert ist auch *Hofmann*, Die versprochene Menschenwürde, AöR 118 (1993), 353, 354 und 356 f. Außerdem etwa *Stern*, Staatsrecht III/1 § 58 I m.w.N. und *ders.*, Menschenwürde als Wurzel der Menschen und Grundrechte, in FS *Scupin* S 627 ff.; *Voss*, Menschenrechte gründen in der Menschenwürde, DRiZ 1997, 507 ff.; *Schütz*, Menschenwürde und Recht, BayVBl. 1991, 615 und *Niebler*, Die Rechtsprechung des Bundesverfassungsgerichts zum obersten Rechtswert der Menschenwürde, BayVBl 1989, 737.

[71] Alle Art. und §§ beziehen sich auf die jeweilige Verfassung des Landes:

Belgien (Art. 23) [aus der amtlichen deutschen Fassung] „Jeder hat das Recht, ein menschenwürdiges Leben zu führen. ... Diese Rechte umfassen insbesondere: 1. Das Recht auf Arbeit ... 2. das Recht auf soziale Sicherheit, ... 3. das Recht auf eine angemessene Wohnung, ...";

fikation der Allgemeinen Erklärung der Menschenrechte[72] durch alle Mitgliedstaaten der EU ersehen. Die Menschenwürde ist Ausdruck der Persönlichkeit des Menschen und begründet die Stellung des Menschen als Subjekt der Rechtsordnung[73]. Es besteht daher eine Korrelation zwischen der Menschenwürde einerseits und den Grundrechten und den Grundsätzen der Rechtsstaatlichkeit und Freiheit andererseits. Die Menschenwürde ist ein Grund, diese Grundsätze zu gewährleisten[74]. Im Umkehrschluss kann man annehmen, dass ein Staat die Menschwürde achten will, wenn die Grundrechte, das Rechtsstaatsprinzip und die Freiheit geschützt werden. Alle Mitgliedstaaten der EU bekennen sich zu diesen Grundsätzen[75]. Die Menschenwürde kann daher wie die Grundrechte als Gemeingut aller Mitgliedstaaten der EU angenommen werden.

Deutschland (Art. 1 I) „Die Würde des Menschen ist unantastbar. Sie zu achten und zu schützen ist Verpflichtung aller staatlichen Gewalt.";

Griechenland (Art. 2 I) „Grundverpflichtung des Staates ist es, die Würde des Menschen zu achten und zu schützen.";

Irland (Präambel) „ ... in dem Bestreben, unter gebührender Beachtung von Klugheit, Gerechtigkeit und Barmherzigkeit das allgemeine Wohl zu fördern, auf daß die Würde und Freiheit des Individuums gewährleistet, eine gerechte soziale Ordnung erreicht ... werde, nehmen wir diese Verfassung an ...";

Portugal (Art. 13) „Alle Bürger haben die gleiche gesellschaftliche Würde und sind vor dem Gesetz gleich.";

Schweden (Kapitel 1 § 2) „Die öffentliche Gewalt ist mit Achtung vor dem gleichen Wert aller Menschen und vor der Freiheit und Würde des einzelnen Menschen auszuüben.";

Spanien (Art. 10 I) „Die Würde des Menschen, die unverletzlichen Rechte, die ihr innewohnen, die freie Entfaltung der Persönlichkeit, ... sind die Grundlagen der politischen Ordnung und des sozialen Friedens."

72 Internationale Quelle: GAOR 3rd Sess., Resolutions part I, S. 71.

73 *Stern*, Idee der Menschenrechte, in: *Isensee/Kirchhof*, HdbStR V, § 108, Rn. 3.

74 *Stern*, ebenda; *Maihofer*, Rechtsstaat und Menschliche Würde, S. 44 ff.

75 So Art. 6 I EU. Vgl. auch *Frowein*, Die Herausbildung europäischer Verfassungsprinzipien, in FS Maihofer, S. 149, 154 ff.

II. Die Menschenwürde in der Rechtsordnung der EU

1. Die Menschenwürde in den Verträgen

Die EU bekennt sich wie ihre Mitgliedstaaten zu den Grundsätzen der Freiheit, der Demokratie, der Rechtstaatlichkeit und den Grundrechten, Art. 6 I EU. Diese Werte waren in der EU und der EG auch schon vor der Einführung des Art. 6 I EU enthalten[76]. Durch die Grundrechtscharta der EU sind diese Grundsätze konkretisiert worden[77]. Die Charta enthält daher auch als Artikel 1 die Bestimmung: „Die Würde des Menschen ist unantastbar." Diese Entwicklung zeigt, dass der Verfassungsgeber der EU von einer Grundrechtsgewährung aufgrund der Menschenwürde ausgeht.

2. Die Menschenwürde in der Rechtsprechung des EuGH

(1) Die Menschenwürde wurde in der Rechtsprechung des EuGH erstmals indirekt in der Rs. Stauder[78] erwähnt. In dieser Rs. stritt der Kläger mit der Stadt Ulm, weil ein aufgrund Gemeinschaftsrecht ausgestellter Gutschein zum Bezug verbilligter Butter den Namen des Klägers enthielt. Dies hielt der Kläger für rechtswidrig, weil für den Einzelhändler, bei dem er die Butter kaufen wollte, dadurch seine Sozialbedürftigkeit erkennbar war.

Der Gerichtshof stellte hier erstmals fest, dass die „Grundrechte der Person" zu den allgemeinen Grundsätzen der Rechtsordnung der EU gehören. Die „Grundrechte der Person" können in diesem Zusammenhang als allgemeines Persönlichkeitsrecht interpretiert werden, welches wiederum in der Menschen-

---

76 *Schwarze*, Rechtsstaatlichkeit und Grundrechtsschutz, in: FS Maihofer, 529, 534 ff. Art. 6 I EU ist erst durch den Vertrag von Amsterdam in seiner heutigen Form eingefügt worden.

77 Vgl. die Präambel der Charta.

78 EuGH Rs. 29/69 – Stauder, Slg. 1969, 419.

würde begründet ist[79]. Eine Verletzung dieser Grundrechte konnte der EuGH im Fall Stauder jedoch nicht feststellen.

(2) Eine ausdrückliche Anerkennung der Menschenwürde findet sich im Urteil C-13/94[80]. In diesem Fall war einer transsexuellen Arbeitnehmerin aufgrund ihrer Geschlechtsumwandlung gekündigt worden. Das vorlegende Gericht bat um Entscheidung, ob eine solche Kündigung gegen das Diskriminierungsverbot der RL 76/207/EWG zur Gleichbehandlung von männlichen und weiblichen Arbeitnehmern verstoßen würde. Der Arbeitgeber machte geltend, dass keine Diskriminierung aufgrund des Geschlechts vorläge, da der Arbeitnehmerin auch gekündigt worden wäre, wenn sie sich von einer Frau zu einem Mann hätte wandeln lassen. Der EuGH nahm hier einen Verstoß gegen die Menschenwürde der Klägerin an:

> „22 Würde eine solche Diskriminierung toleriert, so liefe dies darauf hinaus, dass gegenüber einer solchen Person gegen die Achtung der Würde und der Freiheit verstoßen würde, auf die sie Anspruch hat und die der Gerichtshof schützen muss."[81]

(3) *Rengeling*[82] verweist noch auf das Urteil Casagrande[83]. In diesem Urteil wird tatsächlich das Wort „Menschenwürde" gebraucht; dabei handelt es sich allerdings nur um ein Zitat eines deutschen Gesetzestextes. Der EuGH hat seine Entscheidung nicht auf die Menschenwürde gestützt. Diese Fälle zeigen, dass der EuGH die Menschenwürde zwar anerkennt, sie aber im Rahmen der vorgelegten Fälle keine besondere Bedeutung spielt.

---

79 So *Schwarze*, Das Verhältnis von deutschem Verfassungsrecht und europäischem Gemeinschaftsrecht auf dem Gebiet des Grundrechtsschutzes im Spiegel der jüngsten Rechtsprechung, EuGRZ 1983, 117, 123 und *Streinz*, Bundesverfassungsgerichtlicher Grundrechtsschutz, S. 403.

80 EuGH Rs. C-13/94 – P./S., Slg. 1996, I-2143.

81 EuGH, ebenda, Rn. 22.

82 *Rengeling*, Grundrechtsschutz, § 19 III.

83 EuGH Rs. 9/74 – Casagrande, Slg. 1974, 773, 778 f.

§ 4 Begriff der Grundrechte

I. Einführung

(1) Der Begriff der Grundrechte kann auf viele Arten und Weisen bestimmt werden. Die meisten Mitgliedstaaten der EU verfügen über eine Verfassungsurkunde, in der diese Bestimmung enthalten ist[84]. Bei der EU ist dagegen schon nicht eindeutig, ob sie überhaupt über eine Verfassung verfügt[85]. Daher stellt sich das Problem, den Begriff der Grundrechte so zu definieren, dass sich von jeder beliebigen Norm sagen lässt, ob sie ein Grundrecht ist oder nicht. Diese Definition muss sich dabei in die Rechtsordnung der EU einpassen; sie darf sich nicht einseitig auf eine der Verfassungen der Mitgliedstaaten stützen[86].

(2) Es gibt keinen absoluten Katalog, der abschließend alle möglichen Grundrechte aufzählt. Inhalt und Umfang der gewährten Grundrechte sind stark von den jeweiligen Ideen und Prioritäten der Verfassungsgeber abhängig.

So ist zum Beispiel das Recht auf Leben eines der stärksten Grundrechte, die das Grundgesetz kennt[87]. Die Todesstrafe kann wegen der zentralen Bedeutung dieses Grundsatzes nicht eingeführt werden[88]. In den USA darf dagegen in das Recht auf Leben durch die Todesstrafe eingegriffen werden[89]. Dieser Ein-

---

84 In der Regel durch enumeratives Aufzählen.

85 So z.B. für den EUV Grabitz/Hilf-*Hilf/Pache*, EUV Vorbem. Rn. 53. Danach *verstärke* der EUV nur mehr das Bedürfnis nach einer Verfassung. Für eine Verfassungsqualität aber: EUV *Fischer/Köck*, Europarecht S. 42; EGV: EuGH Gutachten 1/91 Slg. 1991, I-6079 Rn. 21; Lenz-*Langguth/Lenz*, EGV Art. 1 Rn. 3; Grabitz/Hilf-*Grabitz* EGV Art. 1 Rn. 3; BVerfG NJW 1993, 3038 m. Anm. *Lenz*; *Bleckmann*, Europarecht Rn. 532 ff.; kritisch *Rupp*, Europäische „Verfassung" und demokratische Legitimation, AöR 1995, 269 ff. Vgl. auch unten § 6

86 Vgl. oben § 1 III.

87 Vgl. nur Maunz/Dürig-*Dürig*, GG Art. 2 II Rn. 9; v. Münch/Kunig-*Kunig*, GG Art. 2 Rn. 44; Dreier-*Schulze-Fielitz*, GG Art. 2 II Rn. 15.

88 Dies ergibt sich aus der Objektformel, die Art. 2 II GG in Verbindung mit Art. 1 I GG sieht. Vgl. v. Münch/Kunig-*Kunig*, GG Art. 1 Rn. 36.

89 *Johnson*, Vereinigte Staaten von Amerika, in: Grabitz, Grundrechte in Europa und den USA I, S. 885, 900.

griff muss aber dem Grundrecht „due process of law“ entsprechen. Dieses Grundrecht kann man ungefähr mit der Klausel „im ordentlichen Gerichtsverfahren und nach Recht und Gesetz“ übersetzen[90]. Im deutschen Recht könnte man das Rechtsstaatsprinzip als eine Entsprechung für dieses Grundrecht sehen. Das Grundrecht „due process of law“ ist aber weiter und enthält neben verfahrensrechtlichen Garantien auch materielle Aspekte. Zu diesen materiellen Aspekten zählt etwa die persönliche Privatsphäre oder die Entscheidungsfreiheit[91]. Hier kann man sehen, dass es in anderen Rechtsordnungen Grundrechte gibt, die es so im deutschen Recht nicht gibt; diese Grundrechte kann man nur schwer korrekt ins Deutsche übersetzen.

Diese mögliche Divergenz muss man bei der Begriffsbestimmung beachten. Nicht jedes Recht, welches nach dem Grundgesetz ein Grundrecht ist, muss auch von der EU als Grundrecht anerkannt werden und nicht jedes Grundrecht der EU muss sich im Grundgesetz wiederfinden lassen.

(3) Darüber hinaus sind von den hier zu untersuchenden Grundrechtstheorien, mit denen es gelingen soll, bei einem gegebenen Recht zu bestimmen, ob es sich um ein Grundrecht handelt, die Grundrechtstheorien zu unterscheiden, welche die *Funktion der Grundrechte* und damit ihren Umfang bestimmen wollen. Diese funktionalen Grundrechtstheorien werden später unten unter § 5 behandelt.

II. Abgrenzung zwischen Grundrechten und Menschenrechten

(1) Der Begriff der Grundrechte ist mit dem Begriff der Menschenrechte verwandt[92]. Teilweise werden diese Begriffe synonym verwendet, wenn es darum geht, grundlegende Rechte der Menschen zu beschreiben[93]. Insbesondere im internationalen Gebrauch ist die Verwendung dieser Begriffe nicht einheitlich[94].

---

90 *Johnson*, ebenda.

91 *Johnson*, ebenda.

92 Zum Ganzen recht umfassend *Stern*, Idee der Menschenrechte, in: *Isensee/Kirchhof*, HdbStR V § 108, Rn. 49 ff.

93 *Stern*, Staatsrecht III/1, § 58 IV 1.

94 Vgl. *Stern*, Staatsrecht III/1, § 62 I 3 e) und II 1.

In den Verfassungen der Mitgliedstaaten der EU wird meist der Begriff der „Grundrechte“[95] oder der „bürgerlichen Rechte“[96] gebraucht. Nur in der französischen Verfassung wird auf die „Menschenrechte“ verwiesen. In den Internationalen Pakten ist dagegen meist von den „Menschenrechten“ die Rede[97]. Inhaltlich gehen dabei meist die als „Grundrechte“ bezeichneten Rechte in den Verfassungen weiter als die „Menschenrechte“ in den internationalen Erklärungen. So ist zum Beispiel das Recht auf Berufsfreiheit in der deutschen Verfassung stärker ausgeprägt als in der allgemeinen Erklärung der Menschenrechte[98]. In einer Verallgemeinerung könnte man die Grundrechte auch als die positiv gesetzten Rechte bezeichnen, die direkt auf den Menschenrechten beruhen[99].

(2) Eine Abgrenzung, die hiervon zu unterscheiden ist, ist die Abgrenzung zwischen Menschen- und Bürgerrechten[100]. Bei dieser Abgrenzung geht es um die Grundrechtsberechtigung. Die Menschenrechte kommen dabei allen Personen zu, die sich im Herrschaftsbereich der Rechtsordnung aufhalten, während die Bürgerrechte den Staatsangehörigen des jeweiligen Staates vorbehalten sind[101].

95 So z.B. Deutschland, Finnland, Niederlande, Portugal, Schweden und Spanien.

96 So z.B. Italien und Luxemburg.

97 Vgl. nur EMRK und AMRK sowie die Allgemeine Erklärung der Menschenrechte. In der EMRK werde neben den Menschenrechten auch die Grundfreiheiten genannt. Die Grundfreiheiten werden dabei als Konsequenz der Menschenrechte angesehen und bilden die Grundlage für Gerechtigkeit und Frieden in der Welt (Präambel der EMRK, 4. Abs.). Vgl. *Frowein/Peuckert*, EMRK, Präambel, Rn. 3.

98 Dort Art. 23 Nr. 1: „Jeder Mensch hat das Recht ... auf freie Berufswahl, ...“

99 So auch *Link*, Naturrechtliche Grundlagen des Grundrechtsdenkens; in: GS Marcic, S. 77, 79; *Stern*, Staatsrecht III/1 § 58 IV 3 c).

100 Vgl. dazu *Pieroth/Schlink*, Grundrechte Rn. 69.

101 Vgl. dazu unten § 8 II.

III. Formale Definition der Grundrechte

1. Darstellung

Die am weitesten in der deutschen Grundrechtsdogmatik verbreitete Definition ist die formale Definition[102]. Dabei werden nur die Rechte als Grundrechte bezeichnet, die unter der Überschrift „Grundrechte“ stehen. Für Deutschland wären dies also die Art. 1 bis 19 des Grundgesetzes[103]. Andere Rechte – wie etwa das Recht auf den gesetzlichen Richter – werden als „grundrechtsgleiche“ Rechte bezeichnet[104], teilweise auch als „Grundrechte im materiellen Sinne“[105].

Diese Definition hat zunächst den Vorteil, recht einfach und damit praktikabel zu sein. Innerhalb der deutschen Grundrechtsdogmatik kommen dabei auch kaum Probleme auf. Selbst die deutschen Landesverfassungen, die selbst eigene Grundrechte deklarieren, passen problemlos in dieses Schema, da sie sich inhaltlich und stilistisch an das Grundgesetz anpassen[106].

Schwieriger wird es schon, diese Definition auf andere europäische Staaten zu übertragen. Das ist dann problemlos möglich, wenn die betreffende Verfas-

---

102 *Hesse*, Verfassungsrecht, Rn. 277; *Pieroth/Schlink*, Grundrechte, Rn. 60; *Stein*, Staatsrecht, § 25 I.; *Bleckmann*, Staatsrecht II, § 5 I.

103 Es soll nicht verschwiegen werden, daß es gerade für Art. 1 I GG umstritten ist, ob es sich dabei um ein Grundrecht handelt oder nicht. Zweifel ergeben sich aus Art. 1 III GG, der davon spricht, daß die *nachfolgenden* Grundrechte die Exekutive, die Legislative und die Judikative binden. Im Umkehrschluß wird darauf verwiesen, daß es sich somit bei der Menschenwürde des Art. 1 I GG nicht um ein Grundrecht handelt, sondern vielmehr um die Grundlage aller Grundrechte. Vgl. dazu die Ausführungen bei M/D-*Dürig* GG Art. 1 Rn. 91 und *Stern*, Staatsrecht III/1 § 58 III.

104 *Stein*, Staatsrecht, § 25 I.

105 *Pieroth/Schlink*, Grundrechte, Rn. 60.

106 Keine Grundrechte kennen die Verfassungen von Hamburg, Niedersachsen und Schleswig-Holstein. Die Verfassungen von Baden-Württemberg und Nordrhein-Westfalen verweisen pauschal auf den Grundrechtskatalog des Grundgesetzes. Die anderen deutschen Landesverfassungen besitzen einen mehr oder weniger umfangreichen Grundrechtskatalog (Bay Art. 98 – 123; Berlin Art. 6 – 24; Brandenburg Art. 5 – 54; Bremen Art. 1 – 20: Hessen Art. 1 – 63; Mecklenburg-Vorpommern Art. 5 – 10; Rheinland-Pfalz Art. 1 – 69; Saarland Art. 1 – 59a; Sachsen Art. 14 – 38; Sachsen-Anhalt Art. 4 – 23; Thüringen Art. 1 – 43). Die jeweiligen Grundrechtskataloge enthalten neben den Grundrechten auch oft Staatszielbestimmungen. Grundrechte und Staatszielbestimmungen können anhand ihres subjektiven oder objektiven Charakters unterschieden werden.

sung einen Grundrechtskatalog enthält[107]. Aber nicht alle europäischen Verfassungen enthalten einen solchen Katalog. In Österreich gilt die EMRK mit Verfassungsrang. In diesem Fall wäre also ein formeller Grundrechtskatalog vorhanden. Im Vereinigten Königreich gilt auch die EMRK als innerstaatliches Recht, hat dort aber keinen Verfassungsrang[108]. In Frankreich gibt es keinen zwingend anzuwendenden Grundrechtskatalog.

2. Übertragbarkeit auf die Europäische Gemeinschaft

(1) In ihrer einfachsten Form kann die formelle Definition der Grundrechte nicht auf die EG oder die EU angewendet werden. Man kann zunächst den EGV oder den EUV als „Verfassung" der EU bzw. der EG ansehen[109]. Sowohl der EGV als auch der EUV enthalten aber selbst keinen geschriebenen Grundrechtskatalog. Zwar sind im EGV die Grundfreiheiten und andere Grundrechte der Unionsbürger schriftlich niedergelegt, dennoch stellen sie keinen mit „Grundrechten" betitelten Katalog dar. Dies hat sich bislang auch noch nicht durch die jetzt verkündete Charta der Grundrechte (vgl. unten IX.) geändert.

(2) Möglicherweise ist aber die EMRK als abschließender Grundrechtskatalog aufgenommen worden. Der EUV verweist in seinem Art. 6 II (früher Art. F) darauf, dass die Europäische Union die Grundrechte achtet, wie sie in der Europäischen Konvention zum Schutze der Menschenrechte gewährleistet sind. In der Rechtsordnung der EU ist damit jeder Schutzbereich eröffnet, der auch durch die EMRK eröffnet wird[110]. Eine positive Gewährung im Sinne einer

---

107 So etwa in Deutschland, Griechenland oder Portugal.

108 Vgl. oben III. (2) . und *Greer*, A Guide to the Human Rights Act 1998, ELR 24 (1999), S. 3 ff.

109 Für den EGV z.B. EuGH Gutachten 1/91 Slg. 1991, I-6079 Rn. 21; Lenz-*Langguth/Lenz*, EGV Art. 1 Rn. 3; Grabitz/Hilf-*Grabitz* EGV Art. 1 Rn. 3; BVerfG NJW 1993, 3038 m. Anm. *Lenz*; *Bleckmann*, Europarecht Rn. 532 ff.; kritisch *Rupp*, Europäische „Verfassung" und demokratische Legitimation, AöR 1995, 269 ff.; für den EUV Grabitz/Hilf-*Hilf/Pache*, EUV Vorbem. Rn. 53 (teilweise kritisch und ablehnend; nach *Hilf/Pache* verstärkt der EUV eher den Bedarf an einer Verfassung, als daß er ihn erfüllt.) und Art. F Rn. 21; Fischer/*Köck*, Europarecht S. 42.

110 Vgl. *Pauly*, Strukturfragen des unionsrechtlichen Grundrechtsschutzes, EuR 1998, 242, 253.

Klagbarkeit ergibt sich aus Art. 46 lit. d EU. Dabei handelt es sich um eine wichtigen Aspekt: Im Rahmen der Rechtsordnung der EU wird dem Unionsbürger nicht die Möglichkeit eingeräumt, den in der EMRK vorgegebenen Weg über den Europäischen Gerichtshof für Menschenrechte zu wählen, sondern sie haben die Möglichkeit, die in der EMRK statuierten Rechte im Rahmen des Rechtsschutzes, den die Rechtsordnung der EU gewährt, geltend zu machen[111].

Damit erfüllen die Art. 6 II und 46 lit. d EU in Verbindung mit der EMRK zunächst die notwendigen Voraussetzungen, um einen formellen Grundrechtskatalog für die EU darzustellen.

3. Kritik an dieser Definition

Die formale Definition hat entscheidende Probleme, welche ihre Anwendbarkeit hier in Frage stellen.

(1) Die formale Definition bedarf für ihre Begründung von Grundrechten einen Grundrechtskatalog oder zumindest einen expliziten Verweis auf einen Grundrechtskatalog in der Verfassung. Dieser Verweis wurde erst 1992 mit dem Vertrag von Maastricht in Form des Art. F Abs. 2 EUV geschaffen. Aber schon davor hat der EuGH Grundrechte gewährt[112]. Darüber hinaus wurde in Art. L EUV statuiert, dass der EuGH nicht für die Einhaltung von Art. F Abs. 2 EUV zuständig sei. Für eine positive Gewährung von Rechten ist aber auch die Klagbarkeit denknotwendig, da nur ein im Grundsatz durchsetzbares Recht für sich in Anspruch nehmen kann, „gewährt" worden zu sein[113]. Daran fehlte es aber. Die Grundrechte, die der EuGH aus den Verträgen las, beruhten nicht auf diesem formellen Katalog.

---

[111] Europäischer Grundrechtsschutz kann dabei nicht nur vom EuGH selbst, sondern auch von den nationalen Gerichten gewährt werden, wenn diese EU-Recht anwenden. Eine Sicherung des europäischen Grundrechtsschutzes durch den EuGH ergibt sich auch für die Fälle, in denen der EuGH oder das EuG nicht zur Sachentscheidung berufen sind, aus der Vorlagepflicht des Art. 234 UAbs. 3 EG.

[112] Vgl. dazu oben § 2 II. Insbesondere sei hier nochmals auf den Umstand hingewiesen, daß der EuGH die Grundrechte mit Zustimmung der Kommission, des Rates und des Parlamentes gewährte und gewährt.

[113] So auch schon *Jellinek*, subjektive öffentliche Rechte S. 82.

Die formale Definition der Grundrechte kann somit frühestens für die Fälle gelten, die nach Inkrafttreten des Vertrages von Amsterdam entstanden. Für davor liegende Fälle – und das sind im Moment nahezu alle – kann sich eine Grundrechtstheorie der EU nicht auf die formale Definition stützen.

(2) In seiner Formulierung gleicht der Art. 6 II EU den Formulierungen, die der EuGH nutzte, um den Grundrechtsschutz zu begründen[114]. Der EuGH wies daneben ausdrücklich darauf hin, dass er nicht die Vereinbarkeit einer Norm eines Mitgliedstaates mit der EMRK prüfen kann[115]. Die Intention des Art. 6 II EU ist demnach weniger auf eine Schaffung eines Grundrechtskataloges gerichtet, sondern sie soll vielmehr den bisherigen status quo zur verfassungsrechtlichen Norm erklären.

Art. 6 II EU sprich von den

> „Grundrechten, wie sie in der ... Europäischen Konvention zum Schutze der Menschenrechte und Grundfreiheiten gewährleistet sind UND wie sie sich aus den gemeinsamen Verfassungsüberlieferungen der Mitgliedstaaten als allgemeine Grundsätze des Gemeinschaftsrechts ergeben."

Selbst wenn man davon ausgeht, dass sich die Formulierung „als allgemeine Grundsätze" nicht auf die Konvention bezieht, so stellt das „und" zumindest klar, dass die Konvention nur eine Quelle ist. Art. 6 II EU verweist auf zwei Quellen der Grundrechte: zum einen auf die EMRK und zum anderen auf die Verfassungsüberlieferungen der Mitgliedstaaten. Einen Grundrechtskatalog im formalen Sinne ergibt aber nur der Katalog der EMRK. Die andere Quelle, die „Verfassungsüberlieferungen der Mitgliedstaaten" ist ein ausfüllungsbedürftiger Rechtsbegriff, den der EuGH geprägt hat[116]:

> „Es ist jedoch zu prüfen, ob nicht eine entsprechende gemeinschaftsrechtliche Garantie verkannt worden ist; denn die Beachtung der Grundrechte gehört zu den allgemeinen Rechtsgrundsätzen, deren Wahrung der Gerichtshof zu sichern hat. Die Gewährleistung dieser Rechte muss zwar von den gemeinsamen Verfassungsüberlieferungen der Mitgliedstaaten

---

114 Insbesondere EuGH Rs. Johnston, 222/84 Slg. 1986, 1651; später dann EuGH 5/88 Slg. 1989, 2609, Rn. 17; 46/87 Slg. 1989, 2859, Rn. 13; in der neueren Rechtsprechung insbesondere EuGH Rs. 260/89 – ERT Slg. 1991, I-2925 Rn. 41 und EuGH Gutachten 2/94 Slg. 11996, I-1759 Rn. 33; zuletzt ausführlich in EuGH Rs. C-309/96 – Anibaldi, Slg. 1997, I-7493, Rn. 12.

115 EuGH Rs. 12/86 – Demirel, Slg. 1987, 3719, Rn. 28.

116 EuGH Rs. 11/70 – Internationale Handelsgesellschaft, Slg. 1970, 1125 Rn. 4.

getragen sein, sie muss sich aber auch in die Struktur und die Ziel der Gemeinschaft einfügen."

Hier wird deutlich, dass aus der Rechtsprechung des EuGH heraus nicht der Katalog der EMRK als ein Grundrechtskatalog für die EU schlechthin angesehen wird, sondern dass er als Quelle für die gemeinsamen Verfassungsüberlieferungen dient. Dies spricht aber auch gegen den Status der EMRK als abschließenden Grundrechtskatalog der EU.

(3) Gegen eine alleinige Geltung der EMRK als Grundrechtskatalog spricht auch der Umstand, dass dann die subjektiv-öffentlichen Rechte des EGV wie die allgemeine Freizügigkeit, Art. 18 I EG oder das Recht auf Zugang zu Dokumenten, Art. 255 I EG nicht mehr als Grundrechte anerkannt werden könnten. Durch eine Selbstbeschränkung auf die EMRK würde man daher die Entwicklung der Grundrechte behindern.

(4) Ein gemeinsamer Grundrechtskatalog setzt Einigkeit unter den Mitgliedstaaten über den Inhalt und den Umfang der Grundrechte voraus[117]. Insoweit stellt der Katalog der EMRK den kleinsten gemeinsamen Nenner dar, da die EMRK von allen Mitgliedstaaten der EU ratifiziert wurde. Der Grundrechtsschutz in der EU soll jedoch nicht auf dem kleinsten gemeinsamen Nenner beruhen, sondern eigene Standards setzen[118]. In der Rechtsprechung des EuGH ist dies seit dem Fall Hauer anerkannt[119]. Damit widerspricht eine Theorie, die allein die EMRK als Grundrechtskatalog der EU ansieht, der Rechtsprechung des EuGH.

---

[117] Lenz-*Borchardt*, EGV Art. 164 Rn. 30.

[118] *Bahlmann*, Europäische Grundrechtsperspektiven, FS Carstens I S. 17, 27 ff. und *Streinz*, Bundesverfassungsgerichtlicher Grundrechtsschutz, S. 401 f.

[119] EuGH Rs. 44/79 – Hauer Slg. 1979, 3727, Rn. 19 f.

(5) Dass die EMRK nicht als alleiniger Grundrechtskatalog der EU aufgefasst wird, zeigt auch die Tatsache, dass das EP auch nach Abschluss des Vertrages von Amsterdam weiter für einen expliziten Grundrechtskatalog kämpft[120].

4. Ergebnis

Die formale Theorie kann zunächst auf die EU übertragen werden. Mit Art. 6 II und 46 lit. d EU ergibt sich, dass die EMRK der Grundrechtskatalog der EU sein könnte. Bei näherer Betrachtung zeigt sich aber, dass diese Betrachtung am Telos von Art. 6 II EU vorbei geht. Art. 6 II EU ist aus seiner Geschichte und dem systematischen Zusammenhang so zu verstehen, dass die EMRK nur eine der Quellen – wenn auch eine sehr wichtige Quelle – für die Grundrechte der EU ist. Die formale Theorie ist damit nicht geeignet, die Grundrechte der EU abschließend zu bestimmen.

IV. Grundrechte als Abwehr- und Teilhaberechte

(1) Oft findet man die Erklärung, dass es sich bei den Grundrechten um „Abwehrrechte gegen den Staat“ handelt[121]. Diese allgemeine Formel hat den Vorteil, einfach und klar zu sein und den Nachteil, das Wesen der Grundrechte so zu verknappen, dass es nicht möglich ist, jedes Grundrecht zu erfassen. Zunächst besteht nicht jedes Grundrecht nur aus dem Abwehrrecht[122]. Daneben sind heute auch Teilhaberechte und Leistungsrechte anerkannte Funktionen der Grundrechte[123].

Darüber hinaus gibt es noch einen anderen Fehler in dieser Überlegung. Der Gedanke „Grundrechte sind Abwehrrechte gegen den Staat“ geht von einem

---

[120] Vgl. oben § 2 II. 4.

[121] Z.B. bei *Jellinek*, subjektive Rechte S. 94 f., oder bei *Ossenbühl*, Interpretation der Grundrechte, NJW 1976, 2100 oder auch das BVerfG im Lüth-Urteil (BVerfGE 7, 198) und im Numerus-clausus-Urteil (BVerfGE 33, 303, 329).

[122] So auch *Ossenbühl*, ebenda.

[123] Vgl. *Schwabe*, Probleme der Grundrechtsdogmatik, S. 11 oder *Reuter*, Soziales Grundrecht auf Bildung , DVBl. 1974, 7, 12. Zu den Funktionen siehe auch unten § 5 – S. 70 ff.

Bündel gegebener Grundrechte aus und versucht, eine Eigenschaft zu finden, die allen Grundrechten gemein ist. Diese Eigenschaft ist die Abwehrfunktion. Man könnte versucht sein, hier im Umkehrschluss zu schließen, dass es sich bei einem Recht, dem eine Abwehrfunktion gegen den Staat innewohnt, um ein Grundrecht handelt. Diese Form des Umkehrschlusses, die in der Rechtswissenschaft recht häufig anzutreffen ist, ist allerdings nicht durch die Gesetze der Logik gedeckt. Um einen solchen Schluss vorzunehmen, braucht man noch weitere Informationen; etwa dass es sich um ein bewusstes Auslassen einer gesetzlichen Regelung durch den Gesetzgeber handelt[124]. Das ist aber hier nicht der Fall. Hier ist es vielmehr so, dass nur durch die Überlegungen der Wissenschaft ein Gebäude, eine Struktur der Grundrechte geschaffen werden soll. Die Gesetze der Logik lassen daher nur den mathematischen Umkehrschluss zu[125]. Der Ausgangssatz „Grundrechte sind Abwehrrechte gegen den Staat" formt sich damit zu dem Satz „Wenn ein Recht kein Abwehrrecht gegen den Staat ist, so ist es auch kein Grundrecht" um.

(2) Dass der Umkehrschluss „Abwehrrechte sind Grundrechte" falsch ist, lässt sich auch durch ein Gegenbeispiel beweisen: So hat der Staatshaftungsanspruch aus Art. 34 GG und § 839 BGB auch eine Abwehrfunktion; er soll es dem Bürger ermöglichen, rechtswidrige Verletzungen durch den Staat abzuwehren. Art. 34 GG und § 839 BGB sind jedoch vom BVerfG und der h.M. nie als Grundrechte angesehen worden[126]. Andererseits wird das Recht des Bürgers auf Entschädigung bei Enteignung durchaus als Grundrecht angesehen[127]. Ein anderes Beispiel wäre § 70 I 1 SächsBO, der die Verpflichtung des Staates statuiert, eine Baugenehmigung zu erteilen[128]. Man geht davon aus, dass dieses Recht ein Ausfluss des Grundrechts auf Eigentum ist[129]. Gleichzeitig wird damit aber

---

124 *Schneider*, Logik für Juristen, S. 179.

125 Dieser Schluß lautet: Wenn aus A B folgt, dann folgt aus Nicht(B) Nicht(A).

126 BVerfGE 2, 336, 338; v. Münch/Kunig-*Bryde*, GG Art. 34 Rn. 1; AK-*Rittstieg*, GG Art. 34 Rn. 9. Im Gegensatz dazu war der Staatshaftungsanspruch zur Zeit der Weimarer Republik formell und materiell Grundrecht, Art. 131 WRV. Vgl. dazu Stern, Staatsrecht III/1 S. § 63 V 4. a) η).

127 Dreier-*Wieland*, GG Art. 14 Rn. 100.

128 Wortlaut des § 70 I 1 SächsBO: „Die Baugenehmigung ist zu erteilen, wenn dem Vorhaben keine öffentlich-rechtlichen Vorschriften entgegenstehen."

129 *Jäde/Weinl/Dirnberger*, Bauordnungsrecht Sachsen § 70 Rn. 33.

impliziert, dass es sich bei diesem Recht nicht um ein Grundrecht handelt, sondern „nur“ um einfaches Recht.

(3) Teilweise wird deshalb auch nur von Rechten des Individuums, die den Staat verpflichten, gesprochen[130]. Diese Definition schließt immerhin die Grundrechtsfunktionen der „Teilhaberecht“ und „Leistungsrecht“ ein. Aber auch diese Definition versagt. So stehen dem Bürger nach dem deutschen SGB Ansprüche auf Sozialleistungen zu. Der Staat wird durch diese Normen verpflichtet, ohne dass es sich bei diesen Normen um zwingend um Grundrechte handeln muss[131].

(4) Durch die Sätze „Grundrechte sind Abwehrrechte gegen den Staat“ und „Grundrechte sind die Rechte, die den Staat gegenüber dem Bürger verpflichten“ können die Grundrechte nicht so definiert werden, dass sich hier ein brauchbarer Grundrechtsbegriff der Rechtsordnung der EU ergibt.

V. Europarechtliche Grundrechtsdefinition nach *Rengeling*

Rengeling[132] versucht sich an einer eigenständigen europäischen Grundrechtsdefinition. Als Grundrechte bezeichnet er danach die Normen, die der EuGH aus den allgemeinen Rechtsgrundsätzen entnimmt und die nicht einer anderen Gruppe zugehören. Als andere Gruppen kommen danach die Grundfreiheiten der EG, die allgemeinen Rechtsgrundsätze rechtsstaatlichen Inhalts und die Staatsstrukturprinzipien in Betracht.[133].

---

[130] Etwa *Pieroth/Schlink*, Grundrechte Rn. 48.

[131] Diese Normen können dabei durchaus auf Grundrechten beruhen. Dadurch werden sie aber nicht zwangsläufig selbst zu Grundrechten.

[132] *Rengeling*, Grundrechtsschutz, § 30.

[133] Ebenda, § 30 I. 2.

1. Grundfreiheiten der EG

Die Grundfreiheiten der EG sollen nach der Meinung *Rengelings* keine Grundrechte sein, weil sie vom EuGH nicht als Grundrechte bezeichnet werden und hauptsächlich die Mitgliedstaaten verpflichten. Beide Argumente vermögen nicht restlos zu überzeugen. Der EuGH hat auch die Grundfreiheiten schon als Grundrechte bezeichnet[134]. Die Grundfreiheiten verpflichten außerdem alle Träger hoheitlicher Gewalt, die in der Rechtsordnung der EU tätig werden[135]. Dazu gehören auch die Organe der Gemeinschaft.

Grundrechte und Grundfreiheiten haben auch nach der Ansicht *Rengelings* wichtige Gemeinsamkeiten. Dazu gehört der Umstand, dass sowohl Grundrechte als auch Grundfreiheiten subjektive öffentliche Rechte sind, die der Bürger gegenüber den Trägern hoheitlicher Gewalt geltend machen kann[136].

Die Unterscheidung zwischen Grundrechten und Grundfreiheiten ist nicht zwingend. Es kann daher keine pauschale Differenzierung zwischen Grundrechten und Grundfreiheiten erfolgen[137].

2. Allgemeine Rechtsgrundsätze rechtsstaatlichen Inhalts

Zu den allgemeinen Rechtsgrundsätzen rechtsstaatlichen Inhalts zählt *Rengeling* die allgemeinen Rechtsgrundsätze, die objektiver Natur sind. Dazu gehören etwa der Grundsatz der Verhältnismäßigkeit, der Vertrauensschutz oder das Rückwirkungsverbot. Solche Grundsätze können vom Bürger nicht direkt geltend gemacht werden. Eine Wirkung für den Einzelnen entfalten sie erst im Zusammenhang mit den Grundrechten[138].

---

[134] EuGH Rs. 222/86 – Unectef, Slg. 1987, 4097, 4117.

[135] Vgl. unten § 9 I.

[136] So auch *Rengeling*, Grundrechtsschutz, § 30 I. 2. a), S. 172.

[137] Vgl. unten § 6 IV. 1. – S. 104 ff.

[138] Die objektiven Rechtsgrundsätze können insbesondere im Rahmen der allgemeinen Handlungsfreiheit eine subjektive Wirkung entfalten. Vgl. *Rengeling*, Grundrechtsschutz, § 30 I. 2. b), S. 173.

3. Staatsstrukturprinzipien

Zu den Staatsstrukturprinzipien gehören z.B. die Grundsätze der Freiheit, Demokratie und Rechtsstaatlichkeit, Art. 6 I EU[139], aber auch der Umweltschutz, Art. 174 II EG[140]. Solche Strukturprinzipien sind für den Grundrechtsschutz von Bedeutung[141]. Sie sind jedoch selbst keine Grundrechte, weil es ihnen an der subjektiven Natur fehlt[142].

4. Bewertung

Die Terminologie von *Rengeling* ist im Bereich der allgemeinen Rechtsgrundsätze rechtsstaatlichen Inhalts leider ungenau. Aus dem Rechtsstaatsprinzip folgen nicht nur objektive sondern auch subjektive Normen, wie etwa die Justizgrundrechte (Recht auf rechtliches Gehör, auf Akteneinsicht, etc). Es wäre daher besser gewesen, von objektiven und subjektiven allgemeinen Rechtsgrundsätzen zu sprechen[143].

Die Definition der Grundrechte nach *Rengeling* ist insoweit stichhaltig, als dass sie eine Abgrenzung zu den Staatsstrukturprinzipien und den objektiven allgemeinen Rechtsgrundsätzen vornimmt. Die Abgrenzung zwischen den Grundrechten und den Grundfreiheiten ist jedoch unbefriedigend. Außerdem sind durch die Verträge von Maastricht und Amsterdam neue geschriebene Grundrechte in den EGV eingefügt worden, die *Rengeling* noch gar nicht in seine Definition einbeziehen konnte. Dieser Definition der Grundrechte fehlt es daher an der Dynamik, die notwendig ist, um eine zukunftsfähige Grundrechtsdogmatik aufzubauen.

---

139 Dieser Artikel ist erst durch den Vertrag von Amsterdam eingefügt worden. Davor wurden diese Prinzipien als allgemeine Rechtsgrundsätze angesehen. Vgl. *Rengeling*, Grundrechtsschutz, § 30 I 2. c), S. 173 ff.

140 Vgl. Calliess/Ruffert-*Calliess*, EGV Art. 174 Rn. 12 ff.

141 Vgl. für die Verhältnismäßigkeit unten § 11 IV. 2. a) – S. 200 ff.

142 *Rengeling*, Grundrechtsschutz, § 30 I 2. c), S. 173 ff.

143 Vgl. unten § 6 III. 4.

VI. Positive Definition der Grundrechte nach *Alexy*

(1) *Alexy*[144] versucht im Gegensatz zu *Rengeling* eine positive Definition der Grundrechte. Mithin steht bei ihm nicht die Abgrenzung im Vordergrund, sondern das Wesen des Grundrechtes selbst. Er geht in seiner sehr umfangreichen Theorie in zwei Schritten vor: zuerst bestimmt er den Begriff der Norm[145], dann wendet er sich der Definition der Grundrechtsnorm zu[146]. Sodann geht er zum subjektiven Recht aufgrund dieser Normen über[147] und versucht die Struktur von Freiheits- und Gleichheitsrecht zu erfassen[148].

(2) Die Theorie von *Alexy* beschränkt sich aber ausdrücklich auf das Grundgesetz und klammert alle anderen Rechtsordnungen aus[149]. Diese Einstellung mindert den Wert seiner Theorie für die Grundrechte der EU, da eine europäische Grundrechtsdogmatik sich nicht mit nur einer Verfassung beschäftigen darf. Die Dynamik der europäischen Integration erfordert, dass die Verfassungen der Mitgliedstaaten beachtet und ausgewertet werden.

Durch die Beschränkung auf das Grundgesetz verliert seine Theorie leider auch die Verallgemeinerungsfähigkeit. Dieser Umstand wird von *Alexy* ausdrücklich betont[150]:

> „Nunmehr ist zu fragen, was *Grundrechts*normen sind. Diese Frage kann abstrakt oder konkret gestellt werden. Sie wird abstrakt gestellt, wenn gefragt wird, anhand welcher Kriterien eine Norm unabhängig von der Zugehörigkeit zu einer bestimmten Rechtsordnung oder Verfassung als Grundrechtsnorm identifiziert werden kann. Sie wird konkret gestellt, wenn gefragt wird, welche Normen einer bestimmten Rechtsordnung oder bestimmten Verfassung Grundrechtsnormen sind und welche nicht. Hier geht es um eine Theorie der *Grundrechte des Grundgesetzes*. Es soll deshalb die zweite Frage ... gestellt werden."

---

144 *Alexy*, Theorie der Grundrechte.

145 Ebenda, S. 40 ff.

146 Ebenda, S. 53 ff.

147 Ebenda, S. 171 ff.

148 Ebenda, S. 309 ff.

149 Ebenda, S. 22.

150 Ebenda, S. 53.

In seinen Ausführungen kommt er dann zu dem Schluss, dass alle in Art. 93 I Nr. 4a GG aufgezählten Normen Grundrechtsnormen sein sollen[151]. Diese rein formale Auswahl wird nicht durch ein materielles Kriterium unterstützt. Insbesondere wird die mögliche Definition „Grundrechte des Grundgesetzes sind alle Normen mit subjektivem Gehalt im Grundgesetz" abgelehnt.

Außerdem beschränkt sich seine Theorie auf die Perspektive des Richters[152]. Die europäischen Grundrechte werden zwar hauptsächlich durch den EuGH entwickelt. Eine Dogmatik der Grundrechte muss aber breiter angelegt sein. Grundrechte werden nicht nur durch den Richter, sondern auch durch den Verfassungsgeber gestaltet. Ein Grundrecht ist überall da von Bedeutung, wo es staatliches Handeln gibt. Eine Grundrechtstheorie muss daher auch den Einflüssen der Verwaltung und der politischen Ziele Rechnung tragen.

(3) Die Grundrechtstheorie von *Alexy* kann daher nicht im Ganzen auf die Grundrechte der EU übertragen werden. Seine Ansätze sind aber bei der Lösung konkreter Probleme zu bedenken.

VII. Grundrechte als Fundamentalnormen

Grundrechte werden auch als Fundamentalnormen bezeichnet, die elementare Regelungen über die Stellung des Menschen im Staat enthalten[153].

In dieser Aussage kommen sowohl die Begriffe „Grund", „Fundament" und „elementar" vor. Sie alle bezeichnen nur Facetten ein und desselben Begriffes, nämlich dem des „Grundsätzlichen". Die normativen Aussagen über die Stellung des Menschen im Staat sollen „grundsätzlich" sein. Zur Bestimmung des „Grundsätzlichen" wird der Rechtsanwender aber auf die allgemeine Ansicht verwiesen. Ein solche allgemeine Ansicht ergibt sich aus der gesellschaftlichen Diskussion und der Geschichte und wird durch die Lehre an den Hoch-

---

151 Ebenda, S. 56.

152 Ebenda, S. 26 f.

153 *Pfrang*, Das Verhältnis zwischen Europäischen Gemeinschaftsrecht und deutschem Recht nach der Maastricht-Entscheidung des Bundesverfassungsgerichts, S. 58; *Chwolik-Lanfermann*, Grundrechtsschutz in der Europäischen Union, S. 27; vgl. auch *Stern*, Die Bedeutung der Unantastbarkeitsgarantie des Art. 79 III für die Grundrechte, JuS 1985, 329, 336.

schulen vermittelt. Eine Bestimmung der Grundrechte durch allgemeine Ansicht versagt aber dann, wenn die einzelnen Rechtsanwender aus verschiedenen Rechtskulturkreisen kommen.

Die allgemeine Ansicht ist außerdem niemals eindeutig. Bei der Betrachtung des Art. 28 EG kommt man sicherlich zu dem Schluss, dass eine grundsätzliche Norm des EGV vorliegt. Aber beinhaltet sie auch eine grundsätzliche Regelung über die Stellung des Menschen im Staat? Die allgemeine Ansicht allein kann diese Frage nicht beantworten, da sie sehr subjektiv gefärbt ist[154]. Hier soll deswegen nach einer objektiveren Definition gesucht werden.

VIII. Eigene Definition der Grundrechte

Der Begriff der Grundrechte soll hier weder formal durch einen Katalog noch unscharf durch eine allgemeine Ansicht bestimmt werden. Statt dessen soll versucht werden, das Wesen der Grundrechte durch objektive Kriterien abschließend zu erfassen, so dass eine scharfe Trennung von Grundrechten und anderen Normen möglich wird.

Um eine solche scharfe Begrenzung des Begriffes „Grundrechte" zu entwickeln, muss man zunächst zwei Kategorien von Eigenschaften der Grundrechte heraus arbeiten, nämlich die Kategorien „Eigenschaften, die ein Recht besitzen *muss*, um als Grundrecht zu gelten" und „Eigenschaften, die ein Recht *keinesfalls haben darf*, um als Grundrecht zu gelten". Sofern man beide Kategorien abschließend bestimmt hat, ist jedes Recht, welches mit beiden Kategorien übereinstimmt, ein Grundrecht. Sollte man auf ein Recht stoßen, welches zwar mit beiden Kategorien vereinbar ist, aber dennoch nach allgemein anerkannten Verständnis kein Grundrecht sein sollte, so muss man die Eigenschaften überprüfen, an denen man das Recht misst. Entweder hat man eine Eigenschaft übersehen, welche für die Bestimmung eines Grundrechts notwendig ist, oder man muss das Recht als ein Grundrecht anerkennen. Dadurch erhält man eine objektiv nachvollziehbare Grundrechtsdefinition.

Die hier aufgestellten Voraussetzungen sind nicht zwingend, obwohl begründbar; sie gehen von den tatsächlichen Gegebenheiten und den Anforderungen an eine demokratische, rechtsstaatliche Union aus. Diese Anforderungen sind im einzelnen: Die Grundrechte sollen einen „grundsätzlichen Schutz" für

---

[154] Vgl. dazu die Ausführungen über den Grundrechtsgehalt der Grundfreiheiten, unten § 6 IV. 1.

die Unionsbürger bewirken; sie sollen die Freiheit der Bürger in der Rechtsordnung der EU sicherstellen und gleichzeitig eine Werteordnung aufbauen, an der sich die hoheitliche Gewalt und jeder einzelne Bürger orientieren kann[155]. Diese Funktionen der Grundrechte werden unten unter § 5 noch im einzelnen behandelt.

1. Die EU als Rechtsordnung

(1) Um festzustellen, ob eine Norm ein Grundrecht ist, muss zunächst eine Rechtsordnung vorliegen[156]. Ein Grundrecht kann nur dann als Grundrecht wirken, wenn es im Vergleich mit anderen Normen gesehen werden kann, denn seine Wirkung beruht gerade auch auf einer besonderen Durchsetzungskraft gegenüber anderen Normen[157].

(2) Die Europäische Wirtschaftsgemeinschaft hat nach der Meinung des EuGH eine neue Rechtsordnung begründet[158]. Diese Rechtsordnung war zunächst noch auf das Engste mit der Völkerrechtsordnung verknüpft[159]. Der EuGH hat sich aber bald von der Völkerrechtsordnung getrennt und sieht seitdem die Rechtsordnung der EG als eigenständige Rechtsordnung an[160]. In der

---

[155] Vgl. auch *Bleckmann/Pieper*, Rechtsquellen des EG-Rechts, in: *Dauses*, Handbuch des EU-Wirtschaftsrechts, B. I. Rn. 124; *Bleckmann*, Europarecht, Rn. 461.

[156] Die Rechtsordnung stellt die Gesamtheit aller geltenden Rechtsnormen dar, die kraft der selben Autorität im selben räumlichen und zeitlichen Zusammenhang gelten. Insbesondere ist in einer Rechtsordnung die Schaffung neuer Normen organisiert. Vgl. *Kelsen*, Rechtslehre, S. 32, 38 ff.; *Adomeit*, Rechtstheorie, S. 41 ff., 53; *Nawiasky*, Rechtslehre, S. 16; *Jahr*, Zum Verhältnis von Rechtstheorie und Rechtsdogmatik, in: FS Mosler, S. 303.

[157] Vgl. nur GTE-*Beutler*, EUV Art. F Rn. 73 f. oder *Isensee*, Grundrechtsvoraussetzungen, in: *Isensee/Kirchhof*, HdbStR V § 115, Rn. 16.

[158] Erstmalig wurde eine neue Rechtsordnung in den Schlußanträgen des Generalanwalts *Lagrange*, Rs. F.C.B. Slg. 1954-56, 231, 266f. angenommen: „Der Vertrag ... ist ... in Form eines internationalen Vertrages abgeschlossen [worden] ... [aber], von einem materiellen Standpunkt aus betrachtet, darum nicht minder die Charta der Gemeinschaft ..., so daß die rechtlichen Bestimmungen, die sich aus ihm herleiten lassen, als *das interne Recht dieser Gemeinschaft* anzusehen sind." (Hervorhebungen im Original) Der EuGH hat dies in der Rs. 26/62 – van Gend & Loos Slg. 1963, 1, 25 bestätigt.

[159] So der EuGH in EuGH Rs. 26/62 – van Gend & Loos, Slg. 1963, 1, 25.

[160] Ständige Rechtsprechung seit EuGH Rs. 6/64 – Costa v. ENEL, Slg. 1964, 1251, 1256.

Literatur ist man dem EuGH gefolgt[161]. Später ging der EuGH dazu über, die Verträge als die Verfassung dieser Rechtsordnung zu bezeichnen[162]. Durch den Unionsvertrag hat sich nunmehr eine Rechtsordnung der EU herausgebildet[163]. In dieser Rechtsordnung sind insbesondere auch auf der Verfassung beruhende subjektive Rechte einzelner Personen anerkannt[164]. Keine Rolle spielt hier der

---

161 Vgl. *Schwarze*, Das allgemeine Völkerrecht in den innergemeinschaftlichen Rechtsbeziehungen, EuR 1983, 1, 33; *Ipsen*, Europäisches Gemeinschaftsrecht § 2 Rn. 30 und § 10 Rn. 5-7; *Nicolaysen*, Europäisches Gemeinschaftsrecht, S. 7; *Hallstein*, Die Europäische Gemeinschaft, S. 53; *Sørensen*, „Eigene Rechtsordnungen" – Skizze zu einigen systemanalytischen Betrachtungen über ein Problem der internationalen Organisation, in: FS Kutscher S. 415, 432.; *Everling*, Sind die Mitgliedstaaten noch die Herren der Verträge?, in: FS Mosler, 173, 174; *Zuleeg*, Die Europäische Gemeinschaft als Rechtsgemeinschaft, NJW 1994, 545; *Bleckmann/Pieper*, Rechtsquellen des EG-Rechts, Rn. 3, in: *Dauses*, Handbuch des EU-Wirtschaftsrechts, B. I.; *Kutscher*, Der Grundrechtsschutz in der Europäischen Gemeinschaft, S. 37. Ausführlich wird diese Entwicklung auch bei *Kapteyn/VerLoren van Themaat*, Introduction to the law of the European Communities, S. 77 ff. behandelt. Die Autoren stellen klar, daß es sich bei dem Gemeinschaftsrecht zwar formell um gewöhnliches Völkerrecht handelt. Jedoch weisen sie darauf hin: „The common market ... is an internal market common to the Member States. ... The law regulating their relations is internal law to the Member States [rather than law between these states.]"

162 Vgl. EuGH Rs. 11/70 – Internationale Handelsgesellschaft, Slg. 1970, 1125, 1135; Rs. 294/83 – Les Verts, Slg. 1986, 1339, 1365 (Rn. 25): „Dazu ist zunächst hervorzuheben, daß die Europäische Wirtschaftsgemeinschaft eine Rechtsgemeinschaft der Art ist, ... mit der Verfassungsurkunde der Gemeinschaft, dem Vertrag." und Rs. 2/88 – Zwartveld et al, Slg. 1990, I-3365, 3372 (Rn. 16), in dem diese Aussage wortwörtlich wiederholt wird. Sehr deutlich spricht der EuGH dies auch im Gutachten 1/91 (bezüglich eines Abkommens zwischen der EWG und der Europäischen Freihandelsassoziation), Slg. 1991, I-6079, 6102 (Rn. 21) an: „Dagegen stellt der EWG-Vertrag, obwohl er in der Form einer völkerrechtlichen Übereinkunft geschlossen wurde, nichtsdestoweniger die Verfassungsurkunde einer Rechtsgemeinschaft dar. Nach ständiger Rechtsprechung des Gerichtshofs haben die Gemeinschaftsverträge eine neue Rechtsordnung geschaffen ..."

163 Vgl. Calliess/Ruffert-*Cremer*, EUV Art. 46.

164 Zwar sind zunächst nur die Mitgliedstaaten die Mitglieder der EU und damit die Rechtssubjekte. Aber schon im Völkerrecht können natürliche Personen oder juristische Personen des Privatrechts in soweit Träger subjektiver Rechte sein, als daß sie ihnen von den Staaten (mittels Vertrag) verliehen wurden. Vgl. dazu *Verdross/Simma*, Völkerrecht, §§ 3, 4. Dies ist in der EU durch die Verträge zu den Gemeinschaften geschehen. Vgl. *Pescatore*, Die Gemeinschaftsverträge als Verfassungsrecht – ein Kapitel Verfassungsgeschichte in der Perspektive des Europäischen Gerichtshofes, in: FS Kutscher, S. 319, 323, 325 und *Kapteyn/VerLoren van Themaat*, Introduction to the law of the European Communities, S. 77 f.

Streit über die Anwendbarkeit von Völkerrechtsnormen in der Rechtsordnung der EU, da diese allenfalls zusätzlich wirken sollen[165].

2. *Eigenschaften, die ein Grundrecht haben muss*

a) Zugehörigkeit zur Rechtsordnung

(1) Das fragliche Recht muss zur selben Rechtsordnung gehören, deren Bestand an Grundrechten überprüft werden soll. Das mag zunächst trivial klingen, aber man darf dieses Erfordernis auch nicht außer Acht lassen. Normen sind nicht zwischen Rechtsordnungen austauschbar. Sie gelten nur innerhalb der Rechtsordnung, die ihnen Geltung verschafft[166]. Insbesondere sind die Gerichte nur berechtigt, die Normen zur Anwendung zu bringen, die aus der Rechtsordnung stammen, zu deren Wahrung die Gerichte berufen sind[167].

---

[165] Vgl. dazu *Schwarze*, Das allgemeine Völkerrecht in den innergemeinschaftlichen Rechtsbeziehungen, EuR 1983, 1, (insbesondere S. 33); *Pescatore*, Die Rechtsprechung des Europäischen Gerichtshofes zur innergemeinschaftlichen Wirkung völkerrechtlicher Abkommen, in: FS Mosler; Grabitz/Hilf-*Vedder*, EGV Art. 228 Rn. 43; *Meessen*, The application of rules of public international law within the Community law, CMLR 1976, 485 f.

[166] Vgl. *Kelsen*, Rechtslehre, S. 12, 228 ff.; *Adomeit*, Rechtstheorie, S. 51 ff.; *Nawiasky*, Rechtslehre, S. 16 f.

[167] Ein Gericht kann dabei zur Anwendung mehrer Rechtsordnungen berufen sein. Als Beispiel sei hier das VG Dresden genannt, welches Normen aus der Rechtsordnung des Freistaates Sachsen, der Bundesrepublik Deutschland und EU-Recht anwenden muß. Daraus folgt aber nicht zwangsläufig, daß die Grundrechte der einen Rechtsordnung auf Normen einer anderen Rechtsordnungen einwirken. Das sächsische Grundrecht aus Art. 34 SächsVerf („Jede Person hat das Recht auf Auskunft über die Daten, welche die natürliche Umwelt in ihrem Lebensraum betreffen ...") verpflichtet das Land Sachsen nicht, Daten herauszugeben, die auf Grund von Bundesrecht oder Europarecht nicht herausgegeben werden sollen. Die Einwirkung einer Rechtsordnung auf eine andere muß vorher ausdrücklich festgelegt werden („Bundesrecht bricht Landesrecht").

(2) Hier bedeutet das, dass es sich um eine Norm handeln muss, die ihre Geltung aus der Rechtsordnung der EU bezieht, denn der EuGH ist nur zur Wahrung dieser Rechtsordnung berufen[168].

b) Höchste Stufe in der Hierarchie

(1) Die meisten Rechtsordnungen sind hierarchisch gegliedert[169]. Auch bei der Rechtsordnung der EU ist das der Fall[170]. Die Hierarchie findet ihren Ausdruck in der Regel, dass die höherrangige Norm die niedere verdrängt[171]. Auf der höchsten Stufe stehen also die Normen, welche die stärkste Geltung beanspruchen sollen[172]. Für einen solchen Vorrang der Verfassung ist es nicht not-

---

[168] Art. 220 EG, 46 EU. Vgl. auch Grabitz/Hilf-*Pernice* EGV Art. 164 Rn. 7. Danach ist „Recht" im Sinne des Art. 220 EG nicht nur das geschriebene Recht (in den Verträgen), sondern auch der „Inbegriff der Gerechtigkeitsidee der abendländischen Verfassungskultur". Unbestritten ist aber, daß dadurch nur eine neue europäische Rechtsordnung geschaffen wurde; *ebenda*, Rn. 8; vgl. auch *Häberle*, Gemeineuropäisches Verfassungsrecht, EuGRZ 1991, 261 ff. So auch der EuGH seit EuGH Rs. 1/58 – Stork, Slg. 1958/59, 43, 63 f.; Vgl. unten § 6 I.

[169] *Schilling*, Rang und Geltung von Normen in gestuften Rechtsordnungen, S. 163 ff.; *Kelsen*, Rechtslehre, S. 228 ff.; *Nawiasky*, Rechtslehre, S. 31; *Adomeit*, Rechtstheorie, S. 41 ff. Im Völkerrecht ist die Hierarchie umstritten. Für eine Hierarchie ist *Verdross*, Völkerrechtsgemeinschaft, S. 21; dagegen ist *Gloria*, in: Ipsen, Völkerrecht, § 26 Rn. 3.

[170] *Bleckmann*, Die Rechtsquellen des Europäischen Gemeinschaftsrechts, NVwZ 1993, 824; *Heintzen*, Hierarchisierungsprozesse innerhalb des Primärrechts der Europäischen Gemeinschaft, EuR 1994, 35 mit jeweils weiteren Nachweisen.

[171] Auch bekannt als der Grundsatz *lex superior derogat legi inferiori*. Vgl. auch *Nawiasky*, ebenda.

[172] Dabei kann sich durchaus die Frage nach Ursache und Wirkung stellen: Steht eine Norm auf der höchsten Stufe der Hierarchie, weil sie die höchste Durchsetzungskraft besitzt oder wird einer Norm die höchste Durchsetzungskraft zugesprochen, weil sie auf der höchsten Stufe der Hierarchie steht?

Zur Lösung dieser Frage muß man sich zunächst die Frage nach dem Geltungsgrund von Normen stellen. Normen gelten, weil sie vom Normgeber einer Rechtsordnung erlassen wurden und in dieser Rechtsordnung durchgesetzt werden (notfalls mit Gewalt). Damit steht dem Normgeber die Aufgabe zu, seine Normen zu strukturieren. Durch die Regelungen, welche Normen anderen Normen vorgehen sollen, entsteht eine Hierarchie. Vgl. dazu auch *Kelsen*, Rechtslehre, S. 198 ff., 209 ff., insbesondere 212, 235 ff.

wendig, dass ein Verfassungsgericht in dieser Rechtsordnung existiert[173]. Der EuGH übernimmt aber die Funktion eines Verfassungsgerichtes, da ihm das Verwerfungsmonopol zusteht[174].

Es entspricht dem Wesen der Grundrechte, eine besonders hohe Geltungskraft zu beanspruchen[175]. Dies ergibt sich auch aus dem Begriff „Grund"–rechte. Es sollen nicht irgendwelche Rechte sein, sondern gerade die grundlegenden Rechte. Dies gilt im selben Maße für die Begriffe *fundamental rights* und *droits fondamentaux*. Ein Grundrecht muss also schon vom sprachlichen Sinn her zum Fundament der Rechtsordnung zählen. Somit besteht also eine Wechselwirkung zwischen der Stufe, auf der eine Norm in der Hierarchie der Rechtsordnung steht und ihrem Anspruch auf grundlegende Wirkung. Die geforderte grundlegende Wirkung können die Grundrechte nur entfalten, wenn sie auf der höchsten Stufe stehen. Würden sie auf einer anderen Stufe stehen, so gäbe es Normen, die den Grundrechten *per se* vorgingen. Das kann aber von einem Grundrecht nicht gewollt werden.

Mit der höchsten Stufe ist dabei aber nicht die Grundnorm im Sinne *Kelsens* gemeint[176], sondern die höchste Stufe, die dem Normgeber zugänglich ist. Diese Stufe ist die Stufe der materiellen Verfassung[177]. Als materielle Verfassung sieht man jene Normen an, welche die Schaffung neuer Normen in der Rechtsordnung formell und materiell regeln[178].

---

173 Es genügt, wenn die Gerichte verpflichtet sind, die Normen nicht anzuwenden, die mit Verfassungsnormen kollidieren. Vgl. dazu z.B. die Rechtsordnungen von Luxemburg oder der Niederlande – *Pieters*, Luxemburg, in: *Grabitz*, Grundrechte in Europa und USA, S. 437, 501 und *de Blois/Heringa*, Niederlande, in: *Grabitz*, ebenda, S. 511, 581.

174 EuGH Rs. 107/76 – Hoffmann/La Roche, Slg. 1977, 957, 972.

175 Vgl. nur *Stern*, Staatsrecht III/1, § 72 III; *Alexy*, Grundrechte, S. 473 ff.

176 *Kelsen*, Rechtslehre, S. 196 ff.

177 *Kelsen*, Rechtslehre, S. 228 ff. *Kelsen* setzt die Grundrechte auf die Stufe der materiellen Verfassung, da diese Normen den möglichen materiellen Inhalt einer zu setzenden Norm näher bestimmen, in dem sie den Inhalt begrenzen (negative Inhaltsbestimmung einer Norm). *Ebenda*, S. 230.

178 *Kelsen*, ebenda, S. 228; insbesondere für die EU *Bieber*, Verfassungsentwicklung und Verfassungsgebung in der Europäischen Gemeinschaft, in: Wildenmann, Staatswerdung Europas?, S. 393;

Vgl. auch *Pescatore*, Die Gemeinschaftsverträge als Verfassungsrecht – ein Kapitel Verfassungsgeschichte in der Perspektive des Europäischen Gerichtshofes, systematisch geordnet; in: FS Kutscher, S. 319, 320. *Pescatore* will die Normen Verfassung nennen, welche die Erschaffung neuer Normen regeln und die folgende Bedingungen erfüllen:

(2) Für die EU bedeutet dies, dass sich Grundrechte zunächst nicht aus dem Sekundärrecht ergeben können, da dieses Recht nicht auf der höchsten Stufe steht. Darüber hinaus können sich auch keine Grundrechte allein aus den Verträgen ergeben, welche die EG mit Dritten nach Art. 300 EG abschließt. Diese Verträge stehen in der Hierarchie zwischen dem Primärrecht und dem Sekundärrecht[179]. Um eine Norm aus einem völkerrechtlichen Vertrag zwischen der EG/EU und einem Dritten auf die Stufe des Primärrechts zu heben, wäre noch ein zusätzlicher Akt des Verfassungsgeber der EU notwendig.

Die Grundrechte können sich mithin nur aus dem Primärrecht ergeben, wenn das Primärrecht als materielle Verfassung der Rechtsordnung der EU anzusehen ist. Ob dem Primärrecht aber der Rang einer Verfassung zukommt, ist umstritten[180].

---

1. Die Normen geben an, wer Subjekt der Rechtsordnung ist.
2. Sie geben Struktur und Organisation der Rechtsordnung vor; etwa in dem Organe benannt werden und Zuständigkeit und Verfahren geregelt wird.
3. Die Normen geben die wesentlichen materiellen Werte und Spielregeln vor.

Die Verfassung wird damit zur „Grundnorm" in dem Sinne, daß sie der „archimedische Punkt [ist], auf dem die Rechtsordnung beruht" als „existentielle Grundlage" der Gemeinschaft.

Auch diese leicht abgewandelte Definition kann hier problemlos angewandt werden.

179 Vgl. Grabitz/Hilf-*Vedder*, EGV Art. 228 Rn. 53; *Schwarze*, Die EWG in ihren völkerrechtlichen Beziehungen, NJW 1979, 456, 461; *Meessen*, The application of rules of public international law within the Community law, CMLR 1976, 485, 498 ff.; *Emmert*, Europarecht § 12 Rn. 37 ff. ; Lenz- *Röttinger*, EGV Art. 228 Rn. 15, *Bleckmann*, Die Rechtsquellen des Europäischen Gemeinschaftsrechts, NVwZ 1993, 824.

180 Teilweise wird der Begriff der „Verfassung" abgelehnt, weil man von einem staatlichen Verfassungsbegriff ausgeht und nicht von einer Verfassung einer Rechtsordnung. So z.B. *Rupp*, Europäische "Verfassung" und demokratische Legitimation, AöR 120 (1995), 269, 270 f.; GTE-*Beutler*, EUV Art. F Rn. 3 ff. und *Böckenförde*, Staat, Verfassung, Demokratie, S. 94.

Andere wollen den Verfassungsbegriff voll auf die Verträge ausdehnen. So z.B. der EuGH Gutachten 1/9, Slg. 1991, I-6079, 6102 (Rn. 21): „Dagegen stellt der EWG-Vertrag ... die Verfassungsurkunde einer Rechtsgemeinschaft dar.", aber auch viele Stimmen in der Literatur: *Bleckmann*, Europarecht, Rn. 532; *ders.*, Problem der allgemeinen Rechtsgrundsätze im Europäischen Gemeinschaftsrecht; in: Studien zum Europäischen Gemeinschaftsrecht, S. 83, 102; Lenz-*Lenz*, EGV Art. 1 Rn. 3; *Heintzen*, Hierarchisierungsprozesse innerhalb des Primärrechts der Europäischen Gemeinschaft, EuR 1994, 35; *ders.*, Die "Herrschaft" über die Europäischen Gemeinschaftsverträge, AöR 119 (1994), 564; *Herdegen*, Vertragliche Eingriffe in das „Verfassungssystem" der Europäischen Union, in: FS Everling, 447 ff.; *Läufer*, Zum Stand der Verfassungsdiskussion in der Europäischen Union, in: FS Grabitz, 355 ff.; *Häberle*, Verfassungsrechtliche

Entscheidend ist dabei aber, um welchen Verfassungsbegriff gestritten wird. Mit dem Begriff „Verfassung" kann man zum einen die Verfassung eines Staates bezeichnen, zum anderen aber auch die Grundnorm einer Rechtsordnung[181]. Die Rechtsnatur der EU – und insbesondere ihre Staatlichkeit – ist umstritten. Sicher ist nur, dass die EU weder eine gewöhnliche internationale Organisation ist, noch ein Bundesstaat im klassischen Sinne[182]. Die Rechtsnatur der Gemeinschaft und der Union ist zur Zeit in einem stetigen Wandel. Die Verteilung der Aufgaben und der Befugnisse ändern sich; die politischen Ziele werden immer wieder überdacht. Der Begriff „Staat" scheint nicht unbedingt geeignet, das Wesen der EU zu erfassen[183]. Unumstritten ist aber der Umstand, dass es eine eigenständige Rechtsordnung der EU gibt[184]. Die hier postulierte Voraussetzung ist jedoch gerade nicht die Staatlichkeit eines Gebildes, sondern nur das Vorliegen einer Rechtsordnung. Die Existenz einer Rechtsordnung hängt aber nicht zwingend mit der Existenz eines Staates zusammen[185]. Es ist ausreichend, die Verträge „gewissermaßen als Verfassung der Gemeinschaft" anzusehen[186].

Fragen im Prozeß der europäischen Einigung, EuGRZ 1992, 429, 430; *Pernice*, Gemeinschaftsverfassung und Grundrechtsschutz, NJW 1990, 2409, 2418; *Müller-Graff*, Verfassungsziele der EG/EU Rn. 60 ff., in: *Dauses*, Handbuch des EU-Wirtschaftsrechts, A. I.; *Bothe*, "SOFT Law" in den Europäischen Gemeinschaften?, in: FS Schlochauer, S. 761 ff.

181 Vgl. dazu *Müller-Graff*, Verfassungsziele der EG/EU, Rn. 62 ff., in: *Dauses*, Handbuch des EU-Wirtschaftsrechts, A. I.

182 Zur Rechtsnatur der EU gibt es viele Meinungen und viel Literatur. Die weiteste Annäherung an einen Staat hat dabei *Hallstein* in: Die Europäische Gemeinschaft und Der unvollendete Bundesstaat, gemacht, der den Gemeinschaften die Natur eines „unvollendeten Bundesstaates" zugewiesen hat. Die Theorie, daß die EU eine „gewöhnliche" internationale Organisation sei, wird von *Fischer/Köck*, Europarecht, S. 336 vertreten. Eine Qualität als Staat wird jedoch meist zu Recht mit dem Hinweis verneint, daß die EU keine umfassende Kompetenz hat, sondern nur begrenzte Einzelermächtigungen in ihren Verträgen. Vgl. dazu *Müller-Graff*, Verfassungsziele der EG/EU, Rn. 47 ff., in: *Dauses*, Handbuch des EU-Wirtschaftsrechts mit vielen weiteren Nachweisen; *Everling*, Sind die Mitgliedstaaten der Europäischen Gemeinschaft noch die Herren der Verträge?, in: FS Mosler, S. 173 ff.

183 So schon 1972 *Ipsen*, Europäisches Gemeinschaftsrecht, S. 989. Vgl. auch *Kutscher*, Der Grundrechtsschutz im Europäischen Gemeinschaftsrecht, S. 36.

184 Vgl. *Grimm*, Braucht Europa eine Verfassung?, JZ 1995, 581, 585; GTE-*Beutler*, EUV Art. F Rn. 2 ff.; *Bieber*, Verfassungsentwicklung und Verfassungsgebung in der Europäischen Gemeinschaft, in: Wildenmann, Staatswerdung Europas?, S. 393, 396.

185 So sind etwa in der Völkerrechtsordnung die Staaten zwar Subjekte, aber es gibt keinen „Weltstaat", der die Völkerrechtsordnung gewährt.

186 So das BVerfG in BVerfGE 22, 293, 296 = NJW 1993, 3038 mit Anm. *Lenz*.

Ebenso wenig kann man bestreiten, dass die Verträge Normen enthalten, welche die Setzung neuer Normen regeln. Zwar steht der EU/EG keine umfassende Kompetenz zu, jeden Bereich des Lebens zu regeln; dies ist aber auch nicht zwingend notwendig[187]. Damit enthält das Primärrecht Regelungen, die den Verfassungen der Mitgliedstaaten ähnlich sind[188]. Auf dieser höchsten Stufe, dem Primärrecht, können also Grundrechte angesiedelt sein, denn Grundrechte, die dem Primärrecht angehören oder zumindest auf einer Stufe mit ihm stehen[189], nehmen in der oben geforderten Weise Einfluss auf die in der Hierarchie tiefer stehenden Normen.

c) Subjektives Recht

Bei dem fraglichen Recht muss es sich um ein subjektives Recht handeln. Dies ist bei der Entwicklung der Grundrechtstheorien nicht immer als selbstverständlich angesehen worden[190]. Die Grundrechte sollen den Menschen, die im räumlichen Bereich der Rechtsordnung leben, zu Gute kommen. Einen wirksamen Schutz können diese Grundrechte nur dann entfalten, wenn sie ein subjektives Recht darstellen. Nur so wird gewährleistet, dass der Bürger direkt geschützt wird und nur durch einen direkten Schutz ist ein grundsätzlicher Schutz zu erreichen[191]. Auch der EuGH neigt dazu, in den meist objektiv formulierten Rechten eine subjektive Komponente zu suchen und zu finden[192].

---

187 Eine umfassende Kompetenz zur Regelung jeglicher Bereiche ist auch bei Staaten nicht immer vorhanden. So haben etwa die deutschen Bundesstaaten nur noch einige Kompetenzen, aber bei weitem nicht mehr alle, Art. 72 ff. GG. Vgl. auch *Müller-Graff*, Verfassungsziele der EG/EU, Rn. 63, in: *Dauses*, Handbuch des EU-Wirtschaftsrechts.

188 Vgl. *Grimm*, Braucht Europa eine Verfassung?, JZ 1995, 581, 585. *Grimm* geht sogar noch einen Schritt weiter und will einen Kernvertrag als Verfassung der EU schaffen, ebenda, S. 590.

189 Zur Stellung der allgemeinen Rechtsgrundsätze siehe unten.

190 Vgl. *Stern*, Staatsrecht III/1, § 65 II 1; *Giese*, Grundrechte, S. 27 ff. und 74; *Grimm*, in: Birtsch, Grund- und Freiheitsrechte, 234 ff.

191 Dies entspricht der „Schutznormlehre" von *Bühler*, Die subjektiven oeffentlichen Rechte, S. 22; Vgl. auch *Stern*, Staatsrecht III/1, § 62 3 b).

192 Erstmalig in EuGH Rs. 26/62 – van Gend & Loos, Slg. 1963, 1, 24 ff, wo eine Direktwirkung des Gemeinschaftsrechts gefunden wurde. Seit dem st. Rspr. des EuGH. Vgl. dazu auch unten § 6 III. 3. und *Schilling*, Bestand und Lehren der bürgerschützenden allgemeinen Rechtsgrundsätze des Gemeinschaftsrechts, EuGRZ 2000, 3, 26.

Damit ist allerdings noch nicht die Klagbarkeit umfasst. Der EuGH (bzw. das EuG) kann aber gemäß Art. 230 IV EG von natürlichen oder juristischen Personen angerufen werden, sofern eine individuelle Betroffenheit vorliegt[193]. Das Gericht prüft dann die objektive Verletzung des europäischen Rechts. Die *Subjektivität* des Grundrechts wäre also im europäischen Rahmen nicht unbedingt notwendig, um eine *Klagbarkeit* zu erreichen. Teilweise wird aus diesem Grunde in Bezug auf die allgemeinen Rechtsgrundsätze nur von „bürgerschützenden Rechten“ gesprochen, die rein objektiv, aber klagbar seien[194]. Die Kriterien sind jedoch nicht überzeugend, da es sich hier nur um einen terminologischen Streit handelt[195].

Der Begriff der Grundrechte soll hier jedoch in der Tradition der Verfassungsüberlieferungen der Mitgliedstaaten gebildet werden[196]. Traditionell haben Grundrechte nicht nur ein objektiven Inhalt[197], der auch als „Werteordnung“ bezeichnet wird[198], sondern sie sind in allen Mitgliedstaaten als subjektive Rechte herausgebildet[199].

[193] Vgl. *Bleckmann*, Europarecht, Rn. 886 ff; Grabitz/Hilf-*Wenig*, EGV Art. 173 Rn. 53.

[194] *Schilling*, ebenda, S. 27 kommt zu dieser Schlussfolgerung mit dem Verweis auf die französischen Traditionen des EuGH.

[195] So auch *Schilling*, ebenda, S. 28.

[196] Vgl. Art. 6 II EU; auch *Stern*, Staatsrecht III/1, § 65 II.

[197] Vgl. *Schwabe*, Grundrechtsdogmatik, S. 147; *Bleckmann*, Staatsrecht II, S. 222; *Jarass*, Grundrechte als Wertentscheidungen bzw. objektivrechtliche Prinzipien in der Rechsprechung des Bundesverfassungsgerichts, AöR 110 (1985), 363, 369. *Stern* stellt die Frage in Staatsrecht III/1, § 69 I 1. anders: „Entspringen den grundrechtlichen Normen *nur* subjektive Rechte oder enthalten sie daneben noch zusätzliche [objektive] Rechtsgehalte?“

[198] Vgl. *Rengeling*, Grundrechtsschutz, S. 205, *Bleckmann*, Europarecht Rn. 461. Für Deutschland m.w.N. *Stern*, Staatsrecht III/1, § 69 I 3. c) β).

[199] Das gilt auch für Frankreich und England. In Frankreich wird der Schutz der Grundrechte als subjektives Recht durch die Verwaltungsgerichte gewährleistet. Vgl. dazu *Savoie*, Grundrechtsschutz in Frankreich, in: Grabitz, Grundrechte in Europa und USA I, 203, 251 und *Stahl*, Die Sicherung der Grundfreiheiten, S. 53 f. In England wird dies jetzt über die Anerkennung der EMRK als geltendes englisches Recht erreicht; davor galt dies als allgemeiner Rechtssatz. Vgl. oben § 1 III. und *Greer*, A Guide to the Human Rights Act 1998, ELR 24 (1999), 3 ff.

3. Eigenschaften, die Grundrechte nicht haben dürfen

a) Ausschließliche Begünstigung eines Trägers hoheitlicher Gewalt

Der Inhaber des subjektiven Rechts muss eine natürliche oder juristische Person des Privatrechts sein können. Das Recht darf nicht ausschließlich Träger hoheitlicher Gewalt begünstigen. Zu den Trägern hoheitlicher Gewalt gehören insbesondere die Verfassungsorgane und Mitgliedstaaten, aber auch Gemeinden und andere öffentlich-rechtliche Körperschaften.

In den Verfassungen ist auch das Zusammenspiel der Verfassungsorgane geregelt. Diesen Organen werden dabei Kompetenzen zugewiesen[200]. In der Rechtsordnung der EU nehmen die Mitgliedstaaten eine Sonderrolle ein. Sie sind nicht nur Parteien des Vertrages sondern auch Adressaten der darin festgelegten Rechte. Diese Rechte sollen das Funktionieren des Staatswesens, das Zusammenspiel der Verfassungsorgane an sich garantieren[201]. Das ist aber nicht das Ziel der Grundrechte.

Die Grundrechte begünstigen nicht die Verfassungsorgane, sondern sie verpflichten sie, indem die Verfassungsorgane gehalten sind, die Grundrechte bei ihrer Tätigkeit zu beachten[202]. Gleiches gilt für die Mitgliedstaaten, auch wenn die Verpflichtung der Mitgliedstaaten durch die Grundrechte der EU nicht unumstritten ist[203]. Die Mitgliedstaaten stehen auf der Seite der hoheitlichen Gewalt und sollen jedenfalls nicht primär Begünstigte der Grundrechte sein. Daher kann ein Recht, das ausschließlich Trägern hoheitlicher Gewalt zusteht, kein Grundrecht sein. Ob darüber hinaus Grundrechte auch Träger hoheitlicher Gewalt begünstigen dürfen, ist noch nicht abschließend geklärt[204].

---

[200] Diese Kompetenzen können dabei wie ein subjektives Recht formuliert sein. Ein solche Norm findet sich zum Beispiel in Art. 47 GG: „Die Abgeordneten sind berechtigt, über Personen ... sowie über diese Tatsachen selbst das Zeugnis zu verweigern." In dieser Norm liegt ein subjektiv-öffentliches Recht der Abgeordneten. Vgl. Sachs-*Magiera*, GG Art. 47 Rn. 3.

[201] Vgl. Sachs-*Sturm*, GG Art. 93 Rn. 34.

[202] Siehe unten § 9 .

[203] Vgl. unten § 9 (1) .

[204] Vgl. dazu unten § 8 III.

b) Sekundäranspruch

Die fragliche Norm darf nicht lediglich einen sekundären Haftungsanspruch zum Inhalt haben. Auf der Stufe der Verfassung gibt es auch Haftungsansprüche, die den Bürger bei schuldhaften Fehlverhalten, welches dem Staat zugerechnet werden kann, entschädigen sollen.

Solche Normen sollen den Bürger nicht primär schützen, sondern sie sollen vielmehr eine effektive Rechtsgewährleistung sicher stellen, indem sie dann eingreifen, wenn bereits ein Unrecht geschehen ist und dieses wieder bereinigt werden soll[205]. Grundrechte dagegen sollen ihren Schutz entfalten, bevor es zu einer Rechtsverletzung kommt[206]. Darüber hinaus ist auch die Stellung im Verfassungsgefüge eine andere: Die Haftungsansprüche greifen bei jedem staatlichen Fehlverhalten, sofern es nur schuldhaft[207] und unter Verletzung der eigenen Normen erfolgt. Dagegen betreffen Grundrechte immer nur einen bestimmten Aspekt, doch dieser wird umfassend geschützt, ohne dass es auf ein schuldhaftes Handeln ankäme. Das Verhältnis zwischen beiden Rechtsarten lässt sich auch so beschreiben: Bei einer Grundrechtsverletzung ergibt sich die Rechtswidrigkeit auf der Rechtsfolgenseite, während beim Kompensationsanspruch die Rechtswidrigkeit auf der Seite des Tatbestandes steht[208].

c) Reine Drittwirkung

Unter Drittwirkung versteht man die Verpflichtung von natürlichen oder juristischen Personen des Privatrechts durch ein Grundrecht. Die fragliche Norm darf aber nicht nur zwischen Privatpersonen wirken, um als Grundrecht zu gelten, sondern muss Träger hoheitlicher Gewalt verpflichten. Ein Beispiel hierfür wäre Art. 77 UAbs. 1 EG, der nur Privatpersonen verpflichtet, ansonsten aber alle anderen Punkte der Definition erfüllt. Solche Normen sollen keine Grundrechte sein, weil es ihnen an der Grundsätzlichkeit fehlt.

---

[205] Grabitz/Hilf-*v. Bogdany*, Art. 215 Rn. 13.

[206] Vgl. unten § 5 I.

[207] Im Verfahren nach Art. 288 EG ist es umstritten, ob es einer schuldhaften Verletzung bedarf. Ausführlich dazu Grabitz/Hilf-*v. Bogdany*, EGV Art. 215 Rn. 93 ff.

[208] Vgl. unten § 15 2.

Im Unterschied dazu richtet sich z.B. Art. 141 EG zunächst an die Mitgliedstaaten, um dann auch eine Drittwirkung zu entfalten[209]. Ein grundsätzlicher Schutz wird nur erreicht, wenn sich eine Norm zuerst an die Träger hoheitlicher Gewalt wendet, denn ihnen steht das Gewaltmonopol zu. Eine Drittwirkung kann es darüber hinaus geben, wenn bei einer Privatperson faktische Macht über andere derart konzentriert wird, dass sie mit staatlicher Gewalt gleichzusetzen ist[210]. Die Drittwirkung ist mithin eine an sich systembrechende Ausnahme und daher immer eng auszulegen. Bei einer reinen Verpflichtung von Privatpersonen liegt aber nur noch eine Regelung zwischen rechtlich Gleichgestellten vor.

4. Zusammenfassung

Als „Grundrecht" der Rechtsordnung der Europäischen Union soll jede Norm anerkannt werden, die zur Rechtsordnung der EU gehört, auf der höchsten Stufe der Normenhierarchie steht, ein subjektives Recht beinhaltet, nicht nur Träger hoheitlicher Gewalt begünstigt, nicht nur Privatpersonen verpflichtet und welche nicht nur einen Sekundäranspruch darstellt.

IX. Die Grundrechtscharta der EU

Die am 9. 12. 2000 proklamierte Charta der Grundrechte der EU stellt aus verschiedenen Gründen noch keinen abschließenden Katalog der Grundrechte der EU dar.

(1) Zunächst fehlt es an der rechtlichen Verbindlichkeit. Durch die Verkündung im Rahmen einer Regierungskonferenz und durch die Unterschrift von Vertretern von Parlament, Rat und Kommission ergibt sich zwar eine gewisse Selbstverpflichtung. Dennoch fehlt es an der Justiziabilität durch den EuGH und an der Bindung der Mitgliedstaaten. Die weitergehende Inkorporierung der

---

[209] Grabitz/Hilf-*Langenfeld/Jansen*, EGV Art. 119 Rn. 22.

[210] Siehe unten § 9 III.

Charta in das Vertragswerk wurde aufgrund der starken Differenzen zwischen den Mitgliedstaaten auf die Zukunft verschoben.

(2) In Absatz 4 der Präambel der Charta ist festgehalten, dass die Charta die Grundrechte „sichtbarer" macht. Das heißt, dass die Autoren der Charta davon ausgingen, dass die Grundrechte bereits vorher existierten und nur für den Bürger „griffiger" gemacht werden sollten. Die Charta beansprucht dabei selbst keinen Anspruch als umfassende Geltungsgrundlage. So heißt es in Art. 52 II der Charta:

> „Die Ausübung der durch diese Charta anerkannten Rechte, die in den Gemeinschaftsverträgen oder im Vertrag über die Europäische Union *begründet*[211] sind, erfolgt im Rahmen der darin festgelegten Bedingungen und Grenzen."

Die Charta wird daher aufgrund ihrer Konzeption nie einen abschließenden Grundrechtskatalog darstellen, sondern nur eine Quelle unter mehreren sein; obwohl ihr natürlich ein besonders hohes Gewicht zukommt.

---

[211] Hervorhebung durch den Autor.

§ 5 Grundrechtsfunktionen

In § 4 wurden die Grundrechtstheorien behandelt, welche bei einem gegebenen Recht feststellen konnten, ob es sich dabei um ein Grundrecht handelt. Hier soll nun festgestellt werden, welche Funktion ein Recht, das als Grundrecht anerkannt ist, in der Rechtsordnung der europäischen Gemeinschaft hat.

Grundrechte sind nicht auf eine Funktion begrenzt, sondern sie dienen vielmehr dazu, ein Bündel von Zielen zu erreichen. Die Funktionen der Grundrechte können in verschiedene Gruppen aufgeteilt werden. Die erste Unterscheidung, die man treffen kann, ist die Unterscheidung von subjektiven und objektiven Grundrechtsfunktionen.

I. Subjektive Grundrechtsfunktionen

Als subjektive Grundrechtsgehalte sollen jene Funktionen der Grundrechte verstanden werden, die direkt dem Grundrechtsadressaten zu Gute kommen sollen[212]. Diese Funktion bezwecken jeweils den Schutz des Grundrechtsadressaten. Der Schutz kann auf verschiedene Arten und Weisen erreicht werden. Generell kann man dabei zwischen den Abwehr-, den Nichtdiskriminierungs- und den Leistungsfunktionen unterscheiden[213].

Jedes Grundrecht hat dabei eine unterschiedlich starke Ausprägung der einzelnen Funktionen. Es ist aber dabei nicht einseitig ausgerichtet, sondern enthält meist von jeder Funktion einen Teil.

---

[212] Vgl. *Stern*, Staatsrecht III/1, § 65.

[213] *Jarass*, Bausteine einer umfassenden Grundrechtsdogmatik, AöR 120 (1995), 345, 347 ff.

1. Abwehrfunktionen

a) Positive Abwehrfunktion

(1) Die Abwehrfunktion[214] ist die klassische Funktion der Grundrechte schlechthin. Ihre Aufgabe ist es, die Freiheit des Bürgers im Staat dadurch zu schützen, dass der Staat die Privatsphäre, mithin die Freiheitssphäre des Bürgers respektiert[215]. Diese Funktion findet sich auch in der vereinfachten Formel „Grundrechte sind Abwehrrechte gegen den Staat" wieder[216]. Ebenso könnte man diese Funktion auch Freiheitsfunktion nennen. In dieser Funktion finden die Rechte ihren Ausdruck, mit denen der Grundrechtsinhaber sich gegen die Träger hoheitlicher Gewalt wenden kann[217].

Der Schutzbereich im Bereich der Abwehrfunktion ist also selbst der Freiheitsbereich, der dem Grundrechtsadressaten zugestanden wird. Ein Eingriff in diesen Schutzbereich liegt immer dann vor, wenn die zugestandene Freiheit beschränkt wird.

(2) Die Abwehrfunktion haben die Grundrechte im europäischen Recht seit Beginn der Anerkennung der Grundrechte. Dies zeigt sich bei der Betrachtung eines der ersten Urteile zum Grundrechtsschutz, der Rs. Hauer[218]:

> „Nach einer Bekräftigung der Achtung des Eigentums werden in dieser Vorschrift zwei Formen einer möglichen Beeinträchtigung der Eigentümerrechte in Betracht gezogen, je nachdem, ob die Beeinträchtigung darauf gerichtet ist, dem Eigentümer sein Recht zu entziehen, oder ob sie bezweckt, dessen Ausübung einzuschränken. Im vorliegenden Fall kann das Neuanpflanzungsverbot unbestreitbar nicht als Maßnahme zur Entziehung des Eigentums

---

214 Die Abwehrfunktion wird hier auch als „absolute Abwehrfunktion" bezeichnet, um sie besser von der Nichtdiskriminierungsfunktion der Gleichheitssätze unterscheiden zu können, die nur eine relative Freiheit und damit auch nur eine relative Abwehrfunktion beinhalten.

215 Vgl. für den europäischen Bereich: *Szczekalla*, Grundfreiheitliche Schutzpflichten, DVBl. 1998, 219, 220 f.; vgl. auch für die deutsche Grundrechtslehre *Isensee*, Das Grundrecht als Abwehrrecht und staatliche Schutzpflicht, in: *Isensee/Kirchhof*, HdbStR V § 111.

216 Vgl. dazu auch für das deutsche Recht BVerfGE 7, 198, 204 und BVerfGE 50, 290, 336 f.

217 *Isensee*, Das Grundrecht als Abwehrrecht und staatliche Schutzpflicht, in: *Isensee/Kirchhof* HdbStR V § 111, Rn. 76.

218 EuGH Rs. 44/79 – Hauer, Slg. 1979, 3727, 3746.

angesehen werden, da es dem Eigentümer unbenommen bleibt, über sein Gut zu verfügen und es jeder anderen, nicht untersagten Nutzung zuzuführen. Dagegen unterliegt es keinem Zweifel, dass das Verbot die Benutzung des Eigentums einschränkt."

An diesem frühen Beispiel der Prüfung des Grundrechts Eigentum durch den EuGH wird deutlich, wie die eben angesprochenen Funktions- und Strukturmerkmale auf die Grundrechte der EU übertragbar sind.

Der Schutzbereich des Eigentums wird nicht näher definiert[219]. In Übereinstimmung mit der allgemeinen Auffassung wird aber davon ausgegangen, dass ein Grundstück[220] zum Eigentum gehört. Die möglichen Eingriffe sind schon präziser beschrieben: Es gibt die Entziehung des Eigentums und die Beschränkung der Nutzung. Die Entziehung soll dann vorliegen, wenn das Eigentum dem Eigentümer vollständig entzogen wird; die Beschränkung der Nutzung liegt in dem Verbot einer bestimmten Nutzung[221].

Die Abwehrfunktion wird in der Verwendung von Schutzbereich und Eingriff deutlich: Der Schutzbereich eröffnet hier einen geschützten Freiraum für den Bürger, in den der Eingriff nur dann zulässig ist, wenn er gerechtfertigt werden kann.

b) Nichtdiskriminierungsfunktion

(1) Neben der Funktion der Freiheitsgewährung gibt es auch solche Rechte, die zwar keine positive Freiheit gewähren, aber doch das Recht darauf, nicht schlechter behandelt zu werden als andere. Damit liegt ebenfalls Abwehr gegen die Handlung eines Trägers öffentlicher Gewalt vor. Dieser Anspruch auf Nichtdiskriminierung ist unter den Grundrechten der EU viel häufiger anzutreffen als der Anspruch auf positive Freiheit[222].

Der Schutzbereich besteht hier nicht aus einer positiven Freiheitssphäre, die dem Adressaten zugeordnet ist, sondern aus einer Gruppe vergleichbarer

[219] Vgl. dazu unten § 11 II.

[220] Im vorliegenden Fall handelte es sich um einen Weinberg, der neu bepflanzt werden sollte.

[221] Hier zum Beispiel das Verbot der Nutzung als Weinberg.

[222] Vgl. dazu die Aufzählung unten § 10 0 Im Gegensatz dazu ist der Gleichheitssatz im deutschen Recht viel geringer ausgeprägt. Er findet sich originär nur in Art. 3 GG, während die anderen Grundrechte vom Grundsatz her Freiheitsrechte sind. Vgl. dazu auch *Jarass*, Bausteine einer umfassenden Grundrechtsdogmatik, AöR 120 (1995), 345, 349.

Personen und Sachverhalte. Der Grundrechtsadressat hat nur Anspruch auf Gleichbehandlung, nicht aber auf positive Freiheit. Daher entsteht nur ein Raum relativer Freiheit, der durch das Verbot der Willkür gekennzeichnet ist. Ebenso besteht der Eingriff nicht darin, die Freiheit zu beschränken, sondern darin, dass eine Beschränkung den Adressaten willkürlich stärker trifft als die anderen Mitglieder seiner Vergleichsgruppe.

Auch die verwendete Terminologie ist anders als die der positiven Abwehrfunktion. Anstelle des Schutzbereiches wird hier von der Vergleichsgruppe gesprochen, statt des Eingriffs liegt hier eine Diskriminierung vor.

(2) Die Funktion der Nichtdiskriminierung findet sich in vielen Entscheidungen des EuGH zum Grundrechtsschutz wieder. Klassische Beispiel sind hier die Entscheidungen zu Art. 141 EG[223]. Die Grundlagen für einen allgemeinen Gleichheitssatz lassen sich schon in dem sehr frühen Urteil Rs. Klöckner finden[224]:

„Eine Diskriminierung kann der Hohen Behörde nur vorgeworfen werden, wenn sie vergleichbare Sachverhalte in unterschiedlicher Weise behandelt und dadurch bestimmte Betroffene gegenüber anderen benachteiligt hat, ohne dass dieser Unterschied in der Behandlung durch das Vorliegen objektiver Unterschiede von einigem Gewicht gerechtfertigt wäre."

Der EuGH gibt damit nicht nur die Definition einer Diskriminierung wieder, wie sie in der deutschen Grundrechtslehre üblich ist[225], sondern er gibt dadurch, dass er die Diskriminierung allgemein definiert, zu erkennen, dass er einen allgemeinen Gleichheitssatz für möglich hält. In späteren Urteilen hat der EuGH dann auch konsequent diese Rechtsprechung fortgeführt, obwohl sich in den Verträgen nur spezielle Gleichheitssätze finden lassen:

„Das in der angeführten Vorschrift ausgesprochene Diskriminierungsverbot ist jedoch nur der spezifische Ausdruck des allgemeinen Gleichheitsgrundsatzes, der zu den Grundprinzipien des Gemeinschaftsrechts gehört."[226]

---

223 Vgl. nur EuGH Rs. 43/75 – Defrenne II, Slg. 1976, 455, Leitsatz 1; EuGH Rs. 149/77 – Defrenne III, Slg. 1978, 1365, 1379.

224 EuGH Rs. 17/61 – Klöckner, Slg. 1962, 653, 692 f.

225 Vgl. nur *Kirchhof*, Der allgemeine Gleichheitsgrundsatz, in: *Isensee/Kirchhof*, HdbStR V § 124, Rn. 82 ff.

226 EuGH Rs. 117/76 – Ruckdeschel, Slg. 1977, 1753, Leitsatz 1.

Eine Bestätigung dieser Rechtsprechung ist zuletzt im Urteil vom 19. November 1998, Rs. SFI ergangen[227].

c) Schutzpflichten

(1) Zusätzlich zu den eben besprochenen Abwehrfunktionen gibt es noch eine weitere Form der Abwehrfunktion: die Schutzpflicht[228]. Die Schutzpflicht als Unterform der Abwehrfunktion kommt dann zum Tragen, wenn ein Träger hoheitlicher Gewalt verpflichtet wird, der Freiheitssphäre des Bürgers dadurch Geltung zu schaffen, dass er gegen einen dritten Störer vorgeht. Dieser Dritte ist dabei selbst weder Träger hoheitlicher Gewalt, noch steht er in einem besonderen Verhältnis zum Träger hoheitlicher Gewalt.

(2) Bevor der EuGH die Schutzpflicht explizit anerkannt hatte[229], wurde die Figur der Schutzpflicht in der Literatur meist abgelehnt[230]. Gegen die Existenz von Schutzpflichten wurden insbesondere die fehlende Rechtsquelle[231] und

227 EuGH Rs. C-85/97 – SFI, Slg. 1998, I-7447, Rn. 30.

228 Dazu *Szczekalla*, Grundfreiheitliche Schutzpflichten, DVBl. 1998, 219 ff.; *Leutheusser-Schnarrenberger*, Neue Dimension des Politischen, ZRP 1999, 313, 314. Im deutschen Recht ist die Figur der Schutzpflicht anerkannt. Vgl. dazu nur *Klein*, Die grundrechtliche Schutzpflicht, DVBl. 1994, 489 ff. und *Isensee*, Das Grundrecht als Abwehrrecht und staatliche Schutzpflicht, in: *Isensee/Kirchhof*, HdbStR V § 111, Rn. 89, 112. Ablehnend gegenüber Schutzpflichten *Schnur*, Begründbarkeit der grundrechtlichen Schutzpflicht?, DVP 1998, 443 ff.

229 siehe unten (3) .

230 *Gersdorf*, Funktionen der Gemeinschaftsgrundrechte im Lichte des Solange II-Beschlusses des Bundesverfassungsgerichts, AöR 119 (1994), 400, 403; *Ruffert*, Subjektive Rechte im Umweltrecht der Europäischen Gemeinschaft, S. 59 ff.; *Nettesheim*, Grundrechtliche Prüfdichte durch den EuGH, EuZW 1995, 106, 108. *Nettesheim* erkennt aber die Notwendigkeit, daß die Union mit zunehmender Vergemeinschaftung auch grundrechtliche Schutzpflichten übernehmen muß. Für eine Schutzpflicht *Hofmann*, Die Bindung staatlicher Macht, in: *Hofmann*, Rechtsstaatlichkeit in Europa, S. 3, 13.

231 So *Ruffert*, ebenda, S. 59 ff.

die fehlende Staatlichkeit der EU[232] angebracht. Beide Argumente griffen aber auch schon vor der Klarstellung durch den EuGH zu kurz[233].

Die Notwendigkeit der Staatlichkeit wurde darauf zurückgeführt, dass der Staat der Schutzpflicht nachkommen sollte. Wie aber bereits oben bei der Definition der Grundrechte[234] dargelegt wurde, ist nicht die Staatlichkeit Voraussetzung für die Geltung der Grundrechte, sondern eine Rechtsordnung. Gleiches gilt für eine mögliche Schutzpflicht. In der älteren Literatur geht man natürlich von der Identität von Staat und Rechtsordnung aus, denn dies ist der Regelfall[235]. Der rechtliche Schutz des Bürgers ist aber eine Aufgabe der Rechtsordnung und daher ist die Schutzpflicht ein Bestandteil der Rechtsordnung und nicht ein Bestandteil des Staates. Die Rechtsordnung der EU ist genauso zum Schutz des Bürgers berufen wie jede Rechtsordnung der Mitgliedstaaten der EU. Insoweit kommt es also nicht auf eine Staatlichkeit an.

Das Rechtsquellenproblem wird in dem Umstand gesehen, dass nur die Rechtsordnungen Frankreichs, Irlands und Deutschlands eine grundrechtliche Schutzpflicht kennen. Daher fehle es an der gemeinsamen Verfassungstradition[236]. Eine gemeinsame Verfassungstradition setzt aber nicht voraus, dass jede Rechtsordnung eines Mitgliedstaates genau diese Rechtsfigur kennt. Entscheidend ist vielmehr, ob zumindest ein Mitgliedstaat eine solche Figur kennt und ob diese Figur in die Verfassungen der Mitgliedstaaten integriert werden könnte, ohne dass die bestehenden Strukturen verletzt würden. Mithin stellt sich die Frage, ob die Rechtsfigur in eine rechtstaatliche europäische Union integriert werden und ob sie sich in die bisher geschaffenen Rechtsstrukturen einfügen kann. Außerdem ist nach dem Bedarf für eine solche Rechtsfigur zu fragen.

Die Idee der Schutzpflichten der Grundrechte ist mit den rechtsstaatlichen und demokratischen Grundsätzen der Mitgliedstaaten und der EU vereinbar. Daher kann nur eine Argumentation, die sich gegen ein Bedürfnis nach einer Schutzpflicht richtet, Erfolg haben. Eine solche Argumentation ist von *Nettesheim* vorgetragen worden[237]. Er führt darin aus, dass sich die Gemeinschaft auf

232 *Ruffert*, ebenda, S. 61.

233 Vgl. auch *Schilling*, Bestand und Lehren der bürgerschützenden allgemeinen Rechtsgrundsätze des Gemeinschaftsrechts, EuGRZ 2000, 3, 32 f.

234 Vgl. oben § 4 VIII.

235 Vgl. *Szczekalla*, Hobbes: Feigheit als erste Bürgerpflicht, Der Staat 36 (1997), 237, 251 m.w.N. In dieser Ansicht spiegelt sich insbesondere die Lehre von *Hobbes* wieder, in der Schutz durch den Staat gewährt werden soll und muß. (*Hobbes*, Leviathan, Kap. 21).

236 *Ruffert*, ebenda, S. 59.

237 *Nettesheim*, Grundrechtliche Prüfdichte durch den EuGH, EuZW 1995, 106, 108.

eine wirtschaftsliberalisierende Tätigkeit beschränkt und allein die Mitgliedstaaten die Aufgabe haben, die öffentliche Sicherheit und Ordnung aufrechtzuerhalten. Diese Argumentation ist aber inzwischen durch die voranschreitende Integration Europas obsolet geworden[238]. Die EU betätigt sich in weitaus mehr Bereichen als nur in der Wirtschaftsliberalisierung. Mittlerweile hat die Regelungsdichte durch die EU im täglichen Leben der EU-Bürger derart zugenommen, dass in der Rechtsordnung der EU auch ein Bedürfnis nach Schutzpflichten besteht.

(3) Der EuGH hat eine Schutzpflicht erstmals im Urteil vom 9. Dezember 1997, Rs. Kommission/Frankreich ausdrücklich bejaht[239]:

„(24) Der freie Warenverkehr stellt einen der tragenden Grundsätze des EGV dar; das ist bei der Beurteilung der Begründetheit der Klage der Kommission zu berücksichtigen.

(25) Nach Art. 3 Buchst. c EGV umfasst die Tätigkeit der Gemeinschaft i.S. des Art. 2 einen Binnenmarkt, der durch die Beseitigung der Hindernisse u. a. für den freien Warenverkehr zwischen den Mitgliedstaaten gekennzeichnet ist.

(26) Nach Artikel 7a Absatz 2 EG-Vertrag umfasst der Binnenmarkt einen Raum ohne Binnengrenzen, in dem der freie Verkehr von Waren gemäß den Bestimmungen des EG-Vertrags gewährleistet ist.

(27) Dieser tragende Grundsatz wird durch die Artikel 30 ff. EG-Vertrag umgesetzt.

(28) Insbesondere sind nach Artikel 30 mengenmäßige Einfuhrbeschränkungen sowie alle Maßnahmen gleicher Wirkung zwischen den Mitgliedstaaten verboten.

(29) Das bedeutet nach dem Kontext dieser Bestimmung, dass alle unmittelbaren oder mittelbaren, tatsächlichen oder potentiellen Beeinträchtigungen der Einfuhrströme im innergemeinschaftlichen Handel beseitigt werden sollen.

(30) Artikel 30 ist für die Verwirklichung des Marktes ohne Binnengrenzen unabdingbar. Er verbietet damit nicht nur Maßnahmen, die auf den Staat zurückzuführen sind und selbst Beschränkungen für den Handel zwischen den Mitgliedstaaten schaffen, sondern kann auch dann Anwendung finden, wenn ein Mitgliedstaat keine Maßnahmen ergriffen hat, um

---

[238] In den letzten Jahren hat die EU viele Kompetenzen übernommen, die nicht mehr wirtschaftsliberale Tätigkeit darstellen, sondern vielmehr den Kernbereich der Souveränität betreffen. Dazu gehören z.B. die Währungsunion, die EZB, das Vorhaben, eigene Krisenreaktionskräfte aufzustellen und das Europäische Rechtshilfeabkommen (welches voraussichtlich am 27. März 2000 vom Rat für Justiz und Inneres verabschiedet wird).

[239] EuGH Rs. C-265/95, Kommission/Frankreich, Slg. 1997, I-6959, Rn. 24 ff. = DVBl. 1998, 228 ff.

gegen Beeinträchtigungen des freien Warenverkehrs einzuschreiten, deren Ursachen nicht auf den Staat zurückzuführen sind.

(31) Der innergemeinschaftliche Handelsverkehr kann nämlich ebenso wie durch eine Handlung dadurch beeinträchtigt werden, dass ein Mitgliedstaat untätig bleibt oder es versäumt, ausreichende Maßnahmen zur Beseitigung von Hemmnissen für den freien Warenverkehr zu treffen, die insbesondere durch Handlungen von Privatpersonen in seinem Gebiet geschaffen wurden, die sich gegen Erzeugnisse aus anderen Mitgliedstaaten richten.

(32) Artikel 30 verbietet den Mitgliedstaaten somit nicht nur eigene Handlungen oder Verhaltensweisen, die zu einem Handelshemmnis führen könnten, sondern verpflichtet sie in Verbindung mit Artikel 5 EG-Vertrag auch dazu, alle erforderlichen und geeigneten Maßnahmen zu ergreifen, um in ihrem Gebiet die Beachtung dieser Grundfreiheit sicherzustellen."

Der EuGH spricht in diesem Urteil eine klare Sprache. Er weist ausdrücklich darauf hin, dass der Mitgliedstaat gegen die Beeinträchtigung des freien Warenverkehrs durch Privatpersonen vorzugehen habe. Begründet wird dies mit der tragenden Funktion der Warenverkehrsfreiheit in der Rechtsordnung der EU.

Die Schutzpflicht ist von ihrer Struktur her auch mit der Leistungsfunktion verwandt. In beiden Fällen kann der Träger hoheitlicher Gewalt zu einer Handlung verpflichtet werden. Dabei liegen Art und Umfang der Handlung weiterhin im Ermessen des verpflichteten Trägers hoheitlicher Gewalt (in diesem Fall die Mitgliedstaaten). Der EuGH will nicht in jedem Fall einschreiten, sondern nur dann, wenn das Ermessen des Trägers hoheitlicher Gewalt unterschritten wird[240]:

„(33) Dabei steht es sicherlich im Ermessen der Mitgliedstaaten, die für die Aufrechterhaltung der öffentlichen Sicherheit und Ordnung allein zuständig bleiben, zu entscheiden, welche Maßnahmen in einer bestimmten Situation am geeignetsten sind, um Beeinträchtigungen der Einfuhr zu beseitigen.

(34) Es ist daher nicht Sache der Gemeinschaftsorgane, sich an die Stelle der Mitgliedstaaten zu setzen und ihnen vorzuschreiben, welche Maßnahmen sie erlassen und tatsächlich anwenden müssen, um den freien Warenverkehr in ihrem Gebiet zu gewährleisten.

(35) Es ist jedoch Sache des EuGH, unter Berücksichtigung des genannten Ermessens in dem ihm unterbereiteten Fällen zu prüfen, ob der betreffende Mitgliedstaat zur Sicherstellung des freien Warenverkehrs geeignete Maßnahmen ergriffen hat."

Eine solche Ermessensunterschreitung wird man wohl nur bei langanhaltenden oder schwerwiegenden Verstößen annehmen können, da hier eine Abwägung zwischen Gütern von Verfassungsrang vorgenommen werden muss: Das

---

240 EuGH Rs. C-265/95 – Kommission/Frankreich, Slg. 1997, I-6959, Rn. 33 ff.

Grundrecht auf der einen Seite und die Kompetenz der Mitgliedstaaten, die öffentliche Sicherheit und Ordnung in eigener Regie aufrecht zu erhalten, auf der anderen Seite.

(4) Von der Drittwirkung unterscheidet sich die Schutzpflicht dadurch, dass im Fall der Drittwirkung der Störer verpflichtet wird, die erforderliche Handlung vorzunehmen, während die Schutzpflichten den Träger hoheitlicher Gewalt verpflichten, gegen den Störer vorzugehen[241].

2. Staatsbürgerliche Rechte

(1) Die staatsbürgerlichen Rechte umfassen diejenigen Rechte, die es dem Bürger ermöglichen sollen, sich aktiv am Verfassungsleben zu beteiligen. Der Unterschied zur Teilhabefunktion liegt darin, dass dem Bürger keine Leistung zu teil wird, die er für sein eigenes Fortkommen benötigt, sondern es wird ihm die Möglichkeit eingeräumt, bestimmte staatsrechtlich relevante Handlungen vorzunehmen[242]. Während es hier also auf die aktive Teilhabe am Staatsleben ankommt, bezieht sich die Teilhabefunktion auf die passive Teilhabe[243].

(2) Die Grundrechte der EU enthalten auch staatsbürgerliche Rechte. Namentlich sind das die Rechte aus Art. 190, 19 und 21 EG, die das Europawahlrecht (Art. 190 I, 19 II EG), das Kommunalwahlrecht (Art. 19 I EG) sowie das Petitionsrecht (Art. 21 UAbs. 1 EG) enthalten.

---

[241] Vgl. dazu auch *Hofmann*, Die Bindung der staatlichen Macht, in: *Hofmann*, Rechtsstaatlichkeit in Europa, S. 3, 13.

[242] In der deutschen Grundrechtsliteratur wird der Begriff „Teilhaberechte" im Gegensatz dazu auch synonym verwand. Vgl. *v. Münch*, Grundbegriff des Staatsrechts I, Rn. 169 ff. und *Abelein*, Die Grundrechte als Teilhabrechte, in: FS Raschhofer, S. 11 ff. Vgl. auch dazu *Murswiek*, Grundrechte als Teilhaberechte, soziale Grundrechte, in: *Isensee/Kirchhof*, HdbStR V § 112 Rn. 6.

[243] So *Pieroth/Schlink*, Staatsrecht II, Rn. 75, 78.

3. Leistungsfunktion

(1) Durch die Leistungsfunktion wird der Träger hoheitlicher Gewalt verpflichtet, eine Leistung zu erbringen. Diese Funktion ist die bisher am geringsten ausgeprägte Funktion unter den subjektiven Grundrechtsfunktionen. In der deutschen Literatur wird dabei nochmals zwischen den Teilhabefunktionen und den Leistungsfunktionen im engeren Sinne unterschieden[244]. Eine solche Unterscheidung ist im Rahmen der Grundrechte der EU noch nicht notwendig, da sich die Leistungsaspekte derzeit kaum im Primärrecht oder der Rechtsprechung des EuGH finden lassen.

(2) In Art. 255 I EG ist das Recht auf Einsicht in die Dokumente der Gemeinschaft niedergelegt. Um eine Einsicht zu ermöglichen, sind die Organe der EG gezwungen, eine Leistung[245] zu erbringen. Leistungsaspekte lassen sich auch im Petitionsrecht, Art. 21 EG und im Anspruch auf diplomatischen und konsularischen Schutz, Art. 20 EG finden.

(3) Hinweise auf mögliche Leistungsfunktionen der Grundrechte lassen sich auch aus dem Sekundärrecht und aus der Rechtsprechung des EuGH ziehen.

Gemäß Art. 12 der Verordnung Nr. 1612/68[246] können Kinder von Wanderarbeitnehmern im Hoheitsgebiet eines Mitgliedstaates unter den gleichen Bedingungen am Schulunterricht teilnehmen, wie Kinder von Staatsangehörigen des betreffenden Mitgliedstaates. Darüber hinaus sollen die Mitgliedstaaten Bemühungen fördern, durch die es diesen Kindern ermöglicht wird, unter den besten Voraussetzungen am Unterricht teilzunehmen. Laut ihrer fünften Begründungserwägung ist diese Verordnung auch aus folgendem Grund ergangen:

> „Damit das Recht auf Freizügigkeit nach objektiven Maßstäben in Freiheit und Menschenwürde wahrgenommen werden kann, ... müssen alle Hindernisse beseitigt werden, die sich der Mobilität der Arbeitnehmer entgegenstellen, insbesondere in bezug auf das Recht des Arbeitnehmers, seine Familie nachkommen zu lassen und die Bedingungen für die Integration seiner Familie im Ausland."

---

244 *Murswiek*, Grundrechte als Teilhaberechte, soziale Grundrechte, in: *Isensee/Kirchhof*, HdbStR V § 112 Rn. 9 ff.

245 Die Leistung wäre hier etwa eine Kopie oder die Bereitstellung von Räumlichkeiten.

246 ABl. 1968 L 257/2.

Der Verordnungsgeber sieht somit in der Gewährung von Bildung für die Kinder eine Voraussetzung dafür, dass die Eltern ihr Grundrecht auf Freizügigkeit wahrnehmen können[247]. Daher sollen die Kinder beim Schulbesuch nicht diskriminiert werden und darüber hinaus ist eine Förderung der Integration notwendig. Daher liegt hier nicht nur eine Nichtdiskriminierung, sondern eine echte Teilhabe vor. Die Relevanz für eine allgemeine Dogmatik wird jedoch durch den Umstand beeinträchtigt, dass es sich hier um einen Einzelfall des Sekundärrechts handelt. Das Sekundärrecht kann aber nur Hinweise auf mögliche ungeschriebene Grundrechte liefern[248]. Die Teilhabefunktion anderer Grundrechte kann daher nicht allein aus diesem Beispiel gefolgert werden.

Der EuGH hat eine Teilhabefunktion der Grundrechte im Fall Gravier anerkannt[249]. In diesem Fall stritt eine ausländische Studentin gegen den belgischen Staat, weil sie – anders als ihre Kommilitonen – eine Studiengebühr zu bezahlen hatte. Vor dem EuGH sollte insbesondere geklärt werden, ob der Zugang zur Bildung durch das Grundrecht der Arbeitnehmerfreizügigkeit, Art. 39 I EG (Art. 48 EGV) oder durch das Diskriminierungsverbot nach Art. 12 UAbs. 1 EG (Art. 7 EGV) geschützt wird. Der EuGH machte dazu folgende Aussagen:

> „(24) Insbesondere der Zugang zur Berufsausbildung ist geeignet, die Freizügigkeit innerhalb der gesamten Gemeinschaft zu fördern, indem er den einzelnen die Möglichkeit gibt, eine Qualifikation in dem Mitgliedstaat zu erwerben, in dem sie ihre Berufstätigkeit ausüben wollen, sowie die Möglichkeit, in dem Mitgliedstaat, dessen berufliches Bildungswesen die entsprechende Spezialisierung anbietet, ihre Ausbildung zu vervollkommnen und ihre besonderen Fähigkeiten zu entwickeln."

Aus diesem Umstand hat der EuGH die Eröffnung der Rechtsordnung der EU ersehen. Außerdem sah er in der Studiengebühr einen Verstoß gegen Art. 12 UAbs. 1 EG. Daraus lässt sich die Schlussfolgerung ziehen, dass der EuGH die nichtdiskriminierende Teilhabe von (potentiellen) Arbeitnehmern an der Berufsausbildung als durch das Diskriminierungsverbot aus Gründen der Staatsangehörigkeit gewährt ansieht. Hierin liegt nicht eine bloße Nichtdiskriminierung.

---

[247] Außerdem fiel die Bildung damals gar nicht in die Kompetenz der EG. Vgl. dazu *Everling*, Brauchen wir ein Solange III? Zu den Forderungen nach Revision der Rechtsprechung des Bundesverfassungsgerichts, EuR 1990, 195, 217. Die Art. 149 f. EG wurden erst später hinzugefügt. Aber auch in der heutigen Form wären sie noch immer keine ausreichende Ermächtigungsgrundlage für eine solche Regelung. Der Anspruch auf Bildung wurde damit durch kraft Sachzusammenhangs abgeleitet und war nicht zufällig in der selben Verordnung geregelt.

[248] Vgl. unten § 6 V.

[249] EuGH Rs. 293/83 – Gravier, Slg. 1985, 593 = EuGRZ 1985, 307.

Mit der Nichtdiskriminierung ist zusätzlich ein Anspruch auf Teilhabe am Bildungssystem verbunden, der den Mitgliedstaat verpflichtet, die anfallenden Kosten wie bei eigenen Angehörigen zu übernehmen.

In beiden hier angesprochenen Beispielen handelte es sich um derivative Leistungsfunktionen, die nach der deutschen Grundrechtsdogmatik als Teilhabefunktionen angesehen werden[250]. Dagegen gibt es keine Beispiele für originäre Leistungsfunktionen (Leistungsfunktionen im engeren Sinne).

4. Verfahrensgarantien

(1) Die Verfahrensgarantien (Justizgrundrechte) stellen eine eigene Funktionsgruppe dar[251]. Von ihrer Wirkung her vermischen sich Abwehr- und Leistungsfunktionen. Darüber hinaus gibt es noch spezielle Aufgaben, die im besonderen Verhältnis von Bürger und hoheitlicher Gewalt während eines Rechtsverfahrens begründet sind[252]. So soll das Vertrauen der Bürger in die Rechtsordnung abgesichert werden. Ohne das Vertrauen der Bürger in die Rechtsordnung – und dabei bezieht sich das Vertrauen sowohl darauf, dass keine Willkür herrscht, als auch darauf, dass Recht angewendet und durchgesetzt wird – kann eine Gesellschaft nicht in Freiheit und Sicherheit leben.

(2) Durch den EuGH sind daher auch schon recht früh Justizgrundrechte anerkannt worden. Die wohl früheste Erwähnung findet sich im Urteil in der Rs. SNUPAT vom 28. 3. 1961[253]. Der darin erwähnte Grundsatz entspricht dem Anspruch auf rechtliches Gehör:

> „Es würde jedoch gegen elementare Rechtsgrundsätze verstoßen, eine gerichtliche Entscheidung auf Tatsachen und Urkunden zu gründen, von denen die Parteien selbst oder auch

---

250 Vgl. nur *Murswiek*, Grundrechte als Teilhaberechte, soziale Grundrechte, in: *Isensee/Kirchhof*, HdbStR V § 112 Rn. 9 ff.

251 Vgl. *Stern*, Idee und Elemente eines Systems der Grundrechte, in: *Isensee/Kirchhof*, HdbStR V, § 109, Rn. 27.

252 A.A. *Jarass*, Bausteine einer umfassenden Grundrechtsdogmatik, AöR 120 (1995), 345, 353. *Jarass* sieht als Besonderheit die Regelung des Verfahrens im Gegensatz zur Regelung der Materie.

253 EuGH verb. Rs. 42 und 49/59, SNUPAT, Slg. 1961, 109, 169.

nur eine der Parteien keine Kenntnis nehmen und zu denen sie daher auch nicht Stellung nehmen konnten."

Zwar wird hier noch nicht von einem Grundrecht gesprochen, aber dieser Grundsatz fügt sich schon in das hier postulierte System der Grundrechte der Europäischen Union ein.

5. *Vergleich mit der* Jellinekschen *Statuslehre*

Es drängt sich auf, hier einen Vergleich mit der *Jellinekschen* Statuslehre[254] vorzunehmen, die für die deutsche Grundrechtslehre noch immer Bedeutung hat[255].

Die *Jellineksche* Lehre bezieht sich auf den Status des Menschen im Staate. Bereits hier zeigt sich ein Unterschied zwischen der hier vorgestellten Grundrechtssystematik und der Statuslehre: Die Grundrechte regeln hier nicht das Verhältnis von Bürger und Staat, sondern das Verhältnis von Bürger und Trägern hoheitlicher Gewalt in der Rechtsordnung der EU[256]. Dieser Unterschied ist aber ohne Belang. Grundlage beider Systeme sind Rechtsordnungen, die das Verhältnis von Bürger und hoheitlicher Gewalt regeln wollen[257].

Im Gegensatz zur hier vorgeschlagenen Dogmatik will *Jellinek* die Beziehung zwischen Bürger und hoheitlicher Gewalt nicht mit einem System aus Ansprüchen darstellen, sondern durch ein System von Zuständen. Dabei kann es vier Zustände geben: den passiven Status, den negativen Status, den positiven Status und den aktiven Status.

---

254 *Jellinek*, System der subjektiven öffentlichen Rechte, 1905.

255 So beziehen sich beispielsweise auf die *Jellineksche* Statuslehre: *Alexy*, Theorie der Grundrechte, S. 168; *Jarass*, Bausteine einer umfassenden Grundrechtsdogmatik, AöR 120 (1995), 345, 357; *Hoffmann*, Grundpflichten und Grundrechte, in: *Isensee/Kirchhof*, HdbStR V § 114, Rn. 30; *Isensee*, Das Grundrecht als Abwehrrecht, in: *Isensee/Kirchhof*, HdbStR V § 111, Rn. 2 ff. und *Murswieck*, Grundrechte als Teilhaberechte, in: *Isensee/Kirchhof*, HdbStR V § 112, Rn. 12, 21.

256 Vgl. oben § 4 VIII. 1.

257 *Jellinek*, subjektive Rechte, S. 32 f.

a) Der passive Status

Der passive Status ist nach der Theorie *Jellineks* der Grundzustand, den jeder zunächst inne hat, der dem Staat angehört[258]. Dieser Status beinhaltet die individuelle Pflichtsphäre, ohne dabei Rechte zu gewährleisten. In diesem Status ist die Selbstbestimmung und damit die Persönlichkeit des Bürgers ausgeschlossen. Die Relation von Staat und Einzelpersönlichkeit wird dabei als Antagonismus verstanden. Mit dem Wachstum der Persönlichkeit nimmt der Umfang des passiven Status und damit der Machtsphäre des Staates ab[259]. Der passive Status ist dabei zunächst umfassend ausgestaltet, wird aber durch die anderen Zustände wiederum begrenzt.

Der passive Status drückt sich also durch die Pflichten des Bürgers in der Rechtsordnung gegenüber den Trägern hoheitlicher Gewalt aus. Solche „Grundpflichten" sind zwar in Art. 17 II EG anerkannt, bisher aber noch nicht normiert oder durch die Rechtsprechung des EuGH festgestellt worden.

b) Der negative Status

Nachdem der passive Status dem Bürger jegliche Freiheitssphäre zugunsten der Machtsphäre genommen hat, gibt der negative Status dem Bürger wieder einen Raum individueller Freiheit im Staat[260]. Seine besondere Ausgestaltung findet der negative Status in den klassischen Freiheitsrechten[261]. Der Zweck dieser Rechte ist dabei der Schutz des Bürgers gegen staatliche Eingriffe.

Im negativen Status werden somit die Rechte gesammelt, die der Abwehrfunktion dienen. Die Freiheitsrechte aus oben 1. a) und die Gleichheitsrechte aus oben 1. b) stellen damit den negativen Status der Unionsbürger dar.

---

258 Ebenda, S. 86.

259 Ebenda, S. 86 f. Gerade in der geschichtlichen Situation, in der *Jellinek* diesen Text schrieb, ist dieser Ansatz gut zu sehen. Der bis dahin absolute Staat wurde zurückgedrängt und die Rechte des Souverän (meist des Monarchen) beschnitten. Dabei wurden neue Rechte gewährt, die der Bürger bisher nicht kannte. Aus diesem Verständnis heraus ist es möglich, einen Staat zu sehen, der keine individuellen Rechte kennt.

260 Ebenda, S. 94 f. Vgl. zum status negativus auch *Isensee*, Das Grundrecht als Abwehrrecht, in: *Isensee/Kirchhof*, HdbStR V § 111, Rn. 2 und *Isensee*, Grundrechtsvoraussetzungen, in: *Isensee/Kirchhof*, HdbStR V § 115, Rn. 84.

261 Von *Jellinek* als die „Grundrechte" bezeichnet.

c) Der positive Status

Im positiven Status werden die Rechte erfasst, die dem Bürger Ansprüche gegen den Staat auf eine positive Handlung einräumen und nicht durch bloßes Unterlassen eines Eingriffes erfüllt werden können[262]. Durch den positiven Status wird gewährleistet, dass der Staat oder die Rechtsordnung nicht zum Selbstzweck erhoben werden, sondern dem Wohl ihrer Bürger dienen.

In der moderneren Literatur wir der positive Status in zwei Fälle unterteilt: in den status positivus libertatis und den status positivus socialis[263]. Der status positivus libertatis umfasst dabei die Schutzansprüche des Bürgers gegen den Staat[264], der status positivus socialis hingegen die Leistungsrechte im engeren Sinne[265].

Unter den positiven Status fallen in der Rechtsordnung der EU die Schutzpflichten aus oben 1. c), die Leistungsrechte aus oben 3. und die Verfahrensgrundrechte[266] aus oben 4.

d) Der aktive Status

Im aktiven Status werden die Rechte gesammelt, die es dem Bürger erlauben, den staatlichen Willen zu formen[267].

In der Rechtsordnung der EU gehören die staatsbürgerlichen Grundrechte zum aktiven Status[268].

---

[262] *Jellinek*, subjektive Rechte, S. 121.

[263] Vgl. dazu *Isensee*, Das Grundrecht auf Sicherheit, S. 21 und *Murswieck*, Teilhaberechte, in: *Isensee/Kirchhof*, HdbStR V § 112, Rn. 12.

[264] Damit sind die Schutzpflichten gemeint Vgl. dazu *Isensee*, Das Grundrecht auf Sicherheit, S. 22.

[265] Vgl. *Murswieck*, Teilhaberechte, in: *Isensee/Kirchhof*, HdbStR V § 112, Rn. 21.

[266] Das betrifft z.B. den Anspruch auf rechtliches Gehör, der nur durch eine aktive Leistung der Behörde oder des Gerichts erfüllt werden kann. Vgl. *Jarass*, Bausteine einer umfassenden Grundrechtsdogmatik, AöR 120 (1995), 345, 350.

[267] *Jellinek*, subjektive Rechte, S. 136.

[268] Vgl. oben 2.

II. Objektive Grundrechtsfunktionen

Die objektive Funktion der Grundrechte ist es, eine Wertordnung für die Rechtsordnung darzustellen. Als „objektive Wertordnung" wird dabei der Gehalt der Grundrechte bezeichnet, der mehr ist als das reine subjektive Interesse des einzelnen. Es ist der Teil, der positiv normiert, welche Werte für die Bürger und für das Gemeinschaftsleben von besonderer Bedeutung sind[269]. Die Konsequenz besteht in einer Ausstrahlung der Grundrechte auf die gesamte Rechtsordnung und – dadurch bedingt – in einem eigenständigen Schutzauftrag der Grundrechte durch die Träger hoheitlicher Gewalt[270].

1. Werteordnung

(1) Die Ansätze für eine solche Wertordnung kann man auch in der Rechtsordnung der EU finden.

In der Literatur sind zunächst die Grundfreiheiten als „Werte" verstanden worden[271]. Die Annahme eines „Wertes" in den Grundfreiheiten folgt in der Umkehrung der eben benannten Konsequenzen. Eine Norm, die auf die gesamte Rechtsordnung ausstrahlt und besonderen Schutz genießt, soll als „Wert" aufgefasst werden. Dieser Umkehrschluss ist durchaus logisch. Die besondere Bedeutung einer Norm korrespondiert mit einer besonderen Ausstrahlung und einem besonderen Schutz dieser Norm, denn das besonders Ausstrahlende ist das als besonders Anerkannte. Eine besondere Ausstrahlung liegt dann vor, wenn die Norm Beachtung findet, obwohl sie von ihrem Tatbestand her gar nicht eingreift.

---

269 Erstmalig bei *Wintrich*, Die Bedeutung der Menschenwürde für die Anwendung des Rechts, BayVBl 1957, 137, 138: „Dadurch verlieren die Freiheitsrechte den Charakter bloßer Abwehrrechte; sie haben vielmehr einen *positiven* Gehalt. In den Grundrechten der religiösen, sittlichen und geistigen Freiheit, die als Sondergestaltungen des Grundwerts der Personenwürde mit ihm ein einheitliches Wertgefüge bilden, verkörpern sich Höchstwerte, die nicht nur für den einzelnen, sondern für das gesamte, insbesondere das staatliche Gemeinschaftsleben bedeutsam sind. Sie bestimmen dessen Geist und Struktur."

270 Vgl. *Stern*, HdbStR III/1 § 69 II 5., S. 922.

271 *Bleckmann*, Europarecht, Rn. 764; *Bleckmann/Pieper*, Rechtsquellen des EG-Rechts, Rn. 124, in: Dauses, Handbuch des EU-Wirtschaftsrechts, B. I.; *Rengeling*, Grundrechtsschutz in der Europäischen Gemeinschaft, § 34 IV. 1.

Eine solche Ausdehnung der Grundrechte kann man in der Rs. Gouda[272] feststellen. Die niederländische Regierung hatte in diesem Fall die nach niederländischem Recht vorgesehenen Werberestriktionen für ausländische Rundfunkprogramme in Kabelanlagen mit zwingenden Erfordernissen ihrer Kulturpolitik gerechtfertigt. Diese Politik solle die Meinungsfreiheit der verschiedenen gesellschaftlichen, kulturellen, religiösen und geistigen Strömungen in den Niederlanden schützen. Der EuGH erkannte in seinem Urteil an, dass der niederländische Staat berechtigt und verpflichtet ist, die Meinungsfreiheit als allgemeines Gut zu schützen, ohne dass es eines subjektiven Anspruchs bedürfe[273]:

> „Zwar kann eine so verstandene Kulturpolitik einen zwingenden Grund des Allgemeininteresses darstellen, der eine Beschränkung des Dienstleistungsverkehrs rechtfertigt. Die Aufrechterhaltung eines pluralistischen Rundfunkwesens, die diese niederländische Politik gewährleisen soll, steht nämlich in einem Zusammenhang mit der durch Artikel 10 der Konvention zum Schutze der Menschenrechte und Grundfreiheiten garantierten Meinungsfreiheit, die zu den von der Gemeinschaftsordnung geschützten Grundrechten gehört.“

Eine besondere Ausstrahlung ist auch in der Drittwirkung der Grundrechte[274] zu sehen[275].

(2) Einen Hinweis auf die Werteordnung der Grundrechte findet *Pernice*[276] in den Urteilen, in denen die Grundrechte der EU Auslegungsmaßstab für Normen der Mitgliedstaaten waren[277]. In diesen Fällen lässt sich jedoch eine Grund-

---

272 EuGH Rs. C-288/89 – Gouda, Slg. 1991, I-4007.

273 EuGH Rs. C-288/89 – Gouda, Slg. 1991, I-4007, Rn. 23.

274 Erstmals in EuGH Rs. 36/74 – Walrave/Koch, Slg. 1974, 1405, 1419 f., der sich in diesem Fall auf die Grundfreiheiten der EG bezog.

275 *Bleckmann/Pieper*, Rechtsquellen des EG-Rechts, in: Dauses, Handbuch des EU-Wirtschaftsrechts, B. I., Rn. 124.

276 Grabitz/Hilf-*Pernice*, EGV Art. 164 Rn. 62e. Kritisch *Gersdorf*, Funktionen der Gemeinschaftsgrundrechte im Lichte des Solange II-Beschlusses des Bundesverfassungsgerichts, AöR 119 (1994), 400, 411.

277 Z.B. EuGH Rs. 5/88 – Wachauf, Slg. 1989, 2609, Rn. 19 und 22 oder Rs. C-260/89 – ERT, Slg. 1991, I-2925, 2964.

rechtsbindung der Mitgliedstaaten feststellen[278], so dass ein Rückgriff auf die objektive Wertordnung nicht notwendig ist.

2. *Handlungsaufträge an die Träger hoheitlicher Gewalt*

Neben der abstrakten Werteordnung findet man auch die darauf beruhenden Handlungsaufträge an die Träger hoheitlicher Gewalt[279]. Diese Handlungsaufträge unterscheiden sich von den subjektiven Funktionen dadurch, dass es sich dabei nicht um einklagbare Rechte handelt. Die Handlungsaufträge haben vielmehr eine politische Dimension, die durchaus von den Organen der EU wahrgenommen wird.

Erstmalig ist ein solcher Handlungsauftrag aufgrund eines Grundrechts in der fünften Begründungserwägung der Verordnung des Rates vom 15. 10. 1968 über die Freizügigkeit der Arbeitnehmer innerhalb der Gemeinschaft anerkannt worden[280]. In diesem Fall richtete sich die Verordnung auch an die Mitgliedstaaten, die dadurch aufgefordert wurden, die darin enthaltenen Ausformungen der Grundrechte umzusetzen.

Der Handlungsauftrag umfasst dabei größere Bereiche als die subjektiven Funktionen. Dies liegt insbesondere auch an der größeren Vorhersehbarkeit der Konsequenzen. Eine Verordnung oder Richtlinie, die auf einen Handlungsauftrag gestützt wird, der sich aus den Grundrechten ergibt, ist in ihrem Wirkungsbereich vorhersehbar. Dies betrifft vor allem auch die Kosten, die sich insbesondere aus den sozialen Aspekten der Grundrechte ergeben. Als Beispiel sei hier die Richtlinie des Rates über die schulische Betreuung der Kinder von Wanderarbeitnehmern[281] angegeben. Als Rechtsgrundlage diente allein Art. 49 EGV (entspricht Art. 40 EG), obwohl es hier weder um die Freizügigkeit noch um die Wanderarbeitnehmer an sich ging[282]. Für eine subjektive Leistungsfunktion (Teilhabefunktion) des Grundrechts auf Freizügigkeit ist daher hier kein Platz,

---

278 Siehe unten § 9 (2) 2. und 3.

279 Ausführlich *Gersdorf*, Funktionen der Gemeinschaftsgrundrechte im Lichte des Solange II-Beschlusses des Bundesverfassungsgerichts, AöR 119 (1994), 400, 404 ff.

280 Verordnung Nr. 1612/68, ABl. 1968 L Nr. 257, 2. Vgl. oben I. 3.

281 Richtlinie des Rates vom 25. 7. 1977, ABl. L 199/1977, 32.

282 Im Gegensatz dazu waren die obigen Fälle so gelagert, daß die Freizügigkeit primär eingriff und es sich bei den Leistungsfunktionen nur um „Anhänge" aus den Grundrechten handelte. Hier lag jedoch eine Richtlinie vor, die nur die Bildung an sich regelte.

da die Grenzen der einklagbaren Leistungsfunktion eng zu bestimmen sind[283]. Es bedarf der Beschränkung auf das Mögliche, da eine subjektive Leistungsfunktion die Handlungsfähigkeit des Staates stark einschränkt[284]. In der objektiven Dimension des Grundrechts auf Freizügigkeit entdeckt man aber einen Handlungsauftrag, der die Organe (hier den Rat) verpflichtet, Normen, die das Sozialleben betreffen, aufgrund dieser Grundrechte zu erlassen.

[283] Vgl. für die deutsche Grundrechtsdogmatik *Murswiek*, Grundrechte als Teilhaberechte, soziale Grundrechte, in: *Isensee/Kirchhof*, HdbStR V § 112 Rn. 49.

[284] *Isensee*, Verfassung ohne soziale Grundrechte, Der Staat 19 (1980), 367, 381 f. m.w.N.

§ 6 Anwendung der Grundrechtsdefinition

Die hier gefundene Definition der Grundrechte muss ihre Tauglichkeit beweisen. Zu diesem Zweck sollen jetzt verschiedene Gruppen von Rechten auf ihre Zugehörigkeit zu den Grundrechten der EU anhand der neuen Definition überprüft werden.

I. Verfassungsnormen der Mitgliedstaaten

Möglicherweise könnten sich die Grundrechte der EU direkt aus den Verfassungsnormen der Mitgliedstaaten ergeben. Bei diesen Verfassungsnormen der Mitgliedstaaten ist aber schon der erste Punkt problematisch: die Zugehörigkeit zur Rechtsordnung. Die Verfassungsnormen der Mitgliedstaaten beziehen ihre Geltungskraft aus den jeweiligen Rechtsordnungen der Mitgliedstaaten. Damit kann jede einzelne positive Norm keine Geltung für die gesamte Rechtsordnung der EU beanspruchen, auch wenn es eine gleichlautende Norm in allen anderen Verfassungen der Mitgliedstaaten geben sollte. Der EuGH bezeichnet diesen Umstand mit den Worten, dass er nicht befugt sei, eine Norm des europäischen Rechts an den Grundrechten der Mitgliedstaaten zu messen[285]. Daher können sich aus den Verfassungen der Mitgliedstaaten keine Grundrechte der EU in der Art ergeben, dass diese Normen direkt anwendbar wären. Damit ist jedoch noch

[285] Ständige Rspr. des EuGH seit EuGH Rs. 1/58 – Stork, Slg. 1958/59, 43, 63 f.: „Auch der Gerichtshof hat ... lediglich die Wahrung des Rechts bei der Auslegung und Anwendung des Vertrages ... zu sichern, im Regelfall aber sich nicht über nationale Rechtsvorschriften auszusprechen. Infolgedessen kann auch auf den Vorwurf, die Hohe Behörde habe mit ihrer Entscheidung Grundsätze des deutschen Verfassungsrecht ... verletzt, im Verfahren vor diesem Gerichtshof nicht eingegangen werden." und Rs. Ruhrkohlenverkaufsgesellschaft, Slg. 1960, 885, 920 f. wurde ein entsprechender Antrag als unzulässig abgelehnt.

Später hat der EuGH dies in EuGH Rs. 11/70 – Internationale Handelsgesellschaft, Slg. 1970, 1125, 1135 (Rn. 3) bekräftigt: „Die einheitliche Geltung des Gemeinschaftsrechts würde beeinträchtigt, wenn bei der Entscheidung über die Gültigkeit von Handlungen der Gemeinschaftsorgane Normen oder Grundsätze des nationalen Rechts herangezogen würde ..." Die „einheitliche Geltung" verweist hier auf die Einheit der Rechtsordnung.

Vgl. auch die Urteile EuGH 154/78 – Rs. Valsabbia et al, Slg. 1980, 907, 1010 f.; Rs. 240/83 – ADBHU, Slg. 1985, 531, 548.

keine Aussage über die Qualität dieser Normen als Quellen für eigenständige Normen der Rechtsordnung der EU getroffen[286].

II. Die EMRK

Es ist bereits oben dargelegt worden, dass die EMRK keinen abschließenden formellen Grundrechtskatalog der EU darstellen kann[287]. Möglicherweise beinhaltet die EMRK Grundrechte der EU, die neben anderen Grundrechten gelten.

1. Zugehörigkeit zur Rechtsordnung

(1) Um als formeller Grundrechtskatalog der EU zu gelten, müsste die EMRK nach der hier aufgestellten Definition zur Rechtsordnung der EU gehören.

Die EMRK als völkerrechtlicher Vertrag steht außerhalb des Rechts der europäischen Union und der europäischen Gemeinschaften. Der Katalog der EMRK kann natürlich in die Rechtsordnung der EU inkorporiert werden, so dass die Normen der EMRK zu Normen der Rechtsordnung der EU werden. Dies kann aber nur durch den Verfassungsgeber[288] oder Gesetzgeber[289] erfolgen. Man muss hier aber zwischen der EMRK als politischen Kompromiss für einen Grundrechtskatalog und der direkten Geltung der EMRK allein auf Grund der Tatsache, dass alle Mitgliedstaaten der EU auch Mitgliedstaaten des Europarates sind, unterscheiden[290]. Ersteres ist möglich und auch geschehen; der andere Weg ist nicht möglich. Dies findet seine Begründung darin, dass die EU eine *eigenständige* Rechtsordnung darstellt. Der EuGH betont dies, indem er darauf ver-

---

[286] Siehe unten § 7 II. 2.

[287] Siehe oben § 4 III.

[288] Dies sind die Mitgliedstaaten als die „Herren der Verträge".

[289] Möglich wäre das Verfahren nach Art. 300 EG. Aber auch eine Maßnahme nach Art. 249 EG wäre denkbar.

[290] Vgl. *Dauses*, Der Schutz der Grundrechte in der Europäischen Gemeinschaft, JöR 31 (1982), 1, 16.

weist, dass die Grundrechte aus den allgemeinen Rechtsgrundsätzen der EU folgen und somit gerade nicht aus den Rechtsordnungen der Mitgliedstaaten[291]. Damit ist aber auch der direkte Rückgriff auf Verträge, welche die Mitgliedstaaten abgeschlossen haben, ausgeschlossen. Auch bei der Verwendung der EMRK betont der EuGH, dass die EMRK eine Quelle der Erkenntnis ist und nicht geltendes europäisches Recht[292].

(2) *Streinz* geht dagegen von einer unmittelbaren Geltung der EMRK aus[293]. Diese Geltung will er aus den Urteilen des EuGH ablesen, in denen der EuGH Normen der EMRK prüft[294]. Die von *Streinz* beobachtete Tendenz ist jedoch nicht zur Linie des EuGH geworden. Im Urteil Johnston hat der EuGH klargestellt, dass die „leitenden Grundsätze" der EMRK im Gemeinschaftsrecht zu beachten sind[295]. In dieser Aussage liegt nicht, wie von *Streinz* vermutet, eine

---

[291] Grundlegend EuGH Rs. 29/69 – Stauder, Slg. 1969, 419, 425: „... die in den allgemeinen Grundsätzen der Gemeinschaftsrechtsordnung ... enthaltenen Grundrechte ..." Danach ständige Rspr. beginnend mit EuGH Rs. 11/70 – Internationale Handelsgesellschaft, Slg. 1970, 1125, 1135: „... die Beachtung der Grundrechte gehört zu den allgemeinen Rechtsgrundsätzen, deren Beachtung der Gerichtshof zu sichern hat."

[292] Ständige Rspr. seit EuGH Rs. 4/73 – Nold Slg. 1974, 491, 507: „Der Gerichtshof hat bereits entschieden, daß die Grundrechte zu den allgemeinen Rechtsgrundsätzen gehören, die er zu wahren hat ... Auch die internationalen Verträge über den Schutz der Menschenrechte, an deren Abschluß die Mitgliedstaaten beteiligt waren oder denen sie beigetreten sind, können *Hinweise* geben, die im Rahmen des Gemeinschaftsrecht zu berücksichtigen sind." und explizit auf die EMRK bezogen in Rs. 36/75 – Rutili, Slg. 1975, 1219, 1232: „Insbesondere stellen sich die Beschränkungen der ausländerpolizeilichen Befugnisse der Mitgliedstaaten als eine besondere *Ausprägung eines allgemeinen Grundsatzes* dar, der in den Artikeln 8, 9, 10 und 11 der am 4. November 1950 in Rom unterzeichneten und von allen Mitgliedstaaten ratifizierten Konvention zum Schutze der Menschenrechte und Grundfreiheiten und in Artikel 2 des am 16. September 1963 unterzeichneten Protokolls Nr. 4 zu dieser Konvention verankert ist ..." (Hervorhebungen durch den Autor).

Vgl. dazu auch die Urteile EuGH Rs. 44/79 – Hauer, Slg. 1979, 3727, 3745 und Rs. 222/84 – Johnston, Slg. 1986, 1651, 1682, Rn. 18.

[293] *Streinz*, Bundesverfassungsgerichtlicher Grundrechtsschutz, S. 400 f.

[294] Insbesondere die Urteile EuGH Rs. 136/79 – National Panasonic, Slg. 1980, 2033, 2057 und Rs. 130/75 – Prais, Slg. 1976, 1589, 1598. Vgl. auch *Streinz*, ebenda. In beiden Urteilen werden Artikel aus der EMRK zitiert (und teilweise auch geprüft).

[295] EuGH Rs. 222/84 – Johnston, Slg. 1986, 1651, 1682, Rn. 18: „Dieser Grundsatz ist auch in den Artikeln 6 und 13 der Konvention zum Schutze der Menschenrechte und Grundfreiheiten ... verankert. Wie in der Gemeinsamen Erklärung der Versammlung, des Rates und der Kommission vom 5. April 1977 [Vgl. oben § 2 II. 2. .; Anm. des Autors] und in

sprachliche Unklarheit[296]. Der EuGH gibt vielmehr zu verstehen, dass die EMRK nicht selbst, d.h. als direkte Norm im Gemeinschaftsrecht anwendbar ist, sondern nur als eine Quelle, aus der die allgemeinen Rechtsgrundsätze der EU erkannt werden können[297]. Der allgemeine Rechtsgrundsatz ist aber eben die Essenz, der leitende Grundsatz. Dies ergibt sich auch aus dem Umstand, dass der EuGH meistens auch die Verfassungstraditionen der Mitgliedstaaten als eine wichtige Quelle für die allgemeinen Rechtsgrundsätze zitiert[298]. Damit wird deutlich, dass die EMRK nur eine Quelle unter mehreren ist.

(3) Einen anderen Weg will *Pescatore* gehen. Seiner Meinung nach liegt eine direkte Geltung der EMRK vor, da die EG ein (Teil-) Rechtsnachfolger der Mitgliedstaaten ist und deswegen an die von den Mitgliedstaaten abgeschlossenen Verträge gebunden ist[299]. Er zieht dabei den Vergleich zu den GATT-Urteilen, in denen der EuGH festgestellt hatte, dass die EG an die WTO-Verträge gebunden ist, da sie insofern die „Sukzession und Substitution“[300] der Mitgliedstaaten angetreten habe[301]. Dieser Gedankengang stößt aber auf dogma-

---

der Rechtsprechung des Gerichtshofes anerkannt ist, sind die *leitenden Grundsätze* dieser Konvention im Rahmen des Gemeinschaftsrechts zu berücksichtigen.“

296 *Streinz*, ebenda, S. 401, dort Fn. 205.

297 Vgl. auch *Hilf/Wilms*, Rechtsprechungsübersicht 2. Quartal 1986, EuGRZ 1987, 380. Die Autoren vermuten dort, daß im Verweis auf die leitenden Grundsätze eine Rücknahme der Prüfungsdichte liegt. Diese Annahme hat sich zum Glück in der weiteren Rechtsprechung des EuGH nicht bewahrheitet. Vgl. dazu die Urteile EuGH 5/88 – Rs. Wachauf Slg. 1989, 2609, 2639 und verb. Rs. 46/87 und 227/88 – Hoechst, Slg. 1989, 2859. Informativ dazu auch *Hilf*, Union und Europäische Menschenrechtskonvention, in: FS Bernhardt. 1193, 1196. Zuletzt hat der EuGH in EuGH Rs. C-421/97 – Tarantik, noch nicht veröffentlicht, aber über Juris online zugänglich, Rn. 18 die EMRK herangezogen. Vgl. auch EuGH Rs. C-252/97, Slg. 1998, I-4871, Leitsatz Nr. 9.

298 Erstmalig in EuGH Rs. 4/73 – Nold, Slg. 1974, 491, 507 (Rn. 13): „... keine Maßnahme als rechtens anerkennen, die unvereinbar sind mit den von den Verfassungen dieser Staaten anerkannten und geschützten Grundrechten“. Vgl. auch *Streinz*, ebenda, S. 402.

299 *Pescatore*, Referat auf dem Kolloquium Grundrechtsschutz in Europa. in: Mosler, Grundrechtsschutz in Europa, 64, 71 f.; *ders.*, La Cour de justice des Communautés européennes et la Convention européenne des Droits de l'Homme, in: FS Wiarda, 441, 450; ihm folgt *Tomuschat*, Aller guten Dinge sind III?, EuR 1990, 340.

300 *Pescatore*, Referat, ebenda, S. 71.

301 EuGH Rs. 21/72 – International Fruit Company, Slg. 1972, 1219, 1227 (Rn. 14/18): „Die Gemeinschaft hat ... die mit der Zoll- und Handelspolitik verbundenen Aufgaben übernommen. Bei der Übertragung dieser Befugnisse auf die Gemeinschaft haben die Mitgliedstaaten ihren Willen erkennen lassen, die Gemeinschaft an die aufgrund des GATT

tische Bedenken[302]. Bei der Übertragung der Verpflichtung aus dem GATT handelte es sich um eine positive und ausdrückliche Übernahme der Tätigkeit; die EG verhandelt anstelle der Mitgliedstaaten mit den anderen Vertragsparteien[303]. Darüber hinaus gibt es eine spezielle primärrechtliche Norm, die diesen Fall regelt, Art. 133 EG. Eine solche Norm fehlt für die Grundrechte; insbesondere in Art. 6 II EU ist keine Regelung enthalten, die mit der aus Art. 133 EG vergleichbar wäre[304]. Eine Nachfolge wäre dann möglich, wenn die EU aktiv im Rahmen des Europarates auftreten würde, so dass ein erkennbarer Wille zur Selbstbindung nach außen treten würde[305]. Dieser Wille ist so aber nicht erkennbar[306]. Die EU – bzw. ihre Organe – haben selbst niemals eine Handlung im Europarat oder vor der EGMR vorgenommen. Gegen eine Sukzession und Substitution im Sinne *Pescatores* spricht somit nicht nur die Rechtsprechung des EuGH, sondern auch der Wortlaut der Verträge.

(4) Bei Art. 6 II EU handelt es sich daher nicht um eine deklaratorische, sondern um eine konstitutive Norm[307]. Es gibt keine direkte Bindung der EU an die EMRK in der Art, dass die EMRK geltendes positives Recht in der Rechtsordnung der EU wäre[308]. Auch die Europäische Kommission für Menschen-

---

eingegangenen Verpflichtungen zu binden." und Rs. 38/75 – Nederlanse Spoorwegen Slg. 1975, 1439, 1449.

302 Zutreffend *Dauses*, Der Schutz der Grundrechte in der Europäischen Gemeinschaft, JöR 31 (1982), 1, 16 und *Bleckmann*, Die Grundrechte im Europäischen Gemeinschaftsrecht, EuGRZ 81, 257, 271.

303 EuGH Rs. 21/72 – International Fruit Company, Slg. 1972, 1219, 1227 f.

304 So auch *Hilf*, Union und Europäische Menschenrechtskonvention, in: FS Bernhardt, 1193, 1206.

305 *Bleckmann*, Die Grundrechte im Europäischen Gemeinschaftsrecht, EuGRZ 1981, 257, 271 und *Griegerich*, Luxemburg, Karlsruhe, Straßburg – Dreistufiger Grundrechtsschutz in Europa?, ZaöRV 1990, 836, 860 ff.

306 Vgl. oben III. 2.

307 So auch *Pauly*, Strukturfragen des unionsrechtlichen Grundrechtsschutzes, EuR 1998, 242, 252; *Hilf*, Union und Europäische Menschenrechtskonvention, in: FS Bernhardt, 1193, 1201; vgl. auch EuG Rs. T-10/93, nicht veröffentlicht, Rn. 49.

308 Vgl. GTE-*Beutler*, EUV Art. F Rn. 117; *Dauses*, Der Schutz der Grundrechte in der Europäischen Gemeinschaft, JöR 31 (1982), 1, 16. *Dauses* verlangt, daß man zwischen dem „Substrat präpositiver Grundsätze und ihrer [der EMRK, Anm. des Autors] auf dem Willen der Vertragsparteien beruhenden positivrechtlichen Ausgestaltung" unterscheiden müsse.

rechte ging nicht von einer direkten Bindung der EU/EG oder ihrer Organe aus[309]. Daher können die EMRK und insbesondere die Rechtsprechung des EGMR nicht direkt als Normen der Rechtsordnung der EU angesehen werden. Damit können sie aber auch nicht die Grundrechte der EU darstellen.

2. Höchste Stufe in der Hierarchie

(1) Die EG könnte der EMRK beitreten und sie als völkerrechtlichen Vertrag nach Art. 300 EG inkorporieren. Über die Zulässigkeit eines solchen Beitritts ist in der Literatur und auch vor dem EuGH gestritten worden[310]. Die EMRK kann jedoch nicht allein durch den Beitritt der EG zum Grundrechtskatalog der EU werden, da völkerrechtliche Verträge unterhalb des Primärrechts stehen[311]. Dazu bedürfte es eines zusätzlichen Aktes, welcher die EMRK in den Rang des Primärrechts erhebt. Das ist bisher noch nicht geschehen[312].

(2) *Bleckmann* nimmt dagegen an, dass die EMRK in den Mitgliedstaaten Verfassungsrang genießt, auch wenn sie dort nicht formell in den Verfassungsrang erhoben wurden[313]. Er begründet dies mit der Notwendigkeit, den Weltfrieden zu schützen, und dem daraus resultierendem Willen der Staaten, diesen schützenden Normen ein besonderes Gewicht beizumessen. Daher sollten und wollten sie diese besonderen Normen, zu denen auch die Grundrechte gehörten, nicht nur im zwischenstaatlichen Bereich, sondern auch im innerstaatlichen Bereich besonders schützen. Daraus ließe sich ableiten, dass den Verträgen, beziehungsweise den in ihnen kodifizierten allgemeinen Rechtsgrundsätzen, die im

---

309 KOM Rs. C.F.D.T. in EuGRZ 1979, 431 und KOM Rs. M&Co., Dec. & Rep. 64 (1990), 138. Eine ausführliche Besprechung mit vielen weiteren Nachweisen bei *Griegerich*, Luxemburg, Karlsruhe, Straßburg – Dreistufiger Grundrechtsschutz in Europa?, ZaöRV 1990, 836, insbesondere 860 ff. Vgl. auch Grabitz/Hilf-*Hilf*, EUV Art. F Rn. 26 ff.

310 EuGH, Gutachten 2/94, Slg. 1996, I-1763 ff.

311 Vgl. oben 2. b)

312 Vgl. oben § 4 III. 2. und 3.

313 *Bleckmann*, Verfassungsrang der Europäischen Menschenrechtskonvention, EuGRZ 1994, 149, 153.

innerstaatlichen Bereich nur als einfaches (Gesetzes-) recht gelten[314], Verfassungsrang zukäme.

Diese Argumentation ließe sich durchaus auf die EU übertragen. Auch in der EU stehen völkerrechtliche Verträge im Rang zwischen Primär- und Sekundärrecht[315]. Die Argumentation von *Bleckmann* ist jedoch abzulehnen. Wenn einer Norm Verfassungsrang zugebilligt werden soll, so muss sich dies bei einer geschriebenen Norm aus dem niedergelegten Willen des Gesetzgebers ergeben. Es steht dem Gesetzgeber frei, jede gewünschte Norm auf die Stufe der Verfassung zu erheben. Das ist zwar regelmäßig mit besonderen Schwierigkeiten, wie etwa einem besonderen Verfahren verbunden und kann deswegen nicht immer durchgesetzt werden, auch wenn eine Zustimmung zum völkerrechtlichen Vertrag an sich vorliegt. Doch diese Hürden sind bewusst in die Verfassungen eingebaut worden und können nicht durch rechtspolitischen Willen umgestoßen werden, auch wenn dieser Wille noch so sinnvolle und anerkannte Gründe besitzt.

Anders sieht es bei den ungeschriebenen Normen aus, den allgemeinen Rechtsgrundsätzen. Wie bereits mehrfach gesagt, ist die EMRK eine Quelle dieser allgemeinen Rechtsgrundsätze. Zur Rezeption dieser allgemeinen Rechtsgrundsätze siehe unten III.

3. Ergebnis

Die EMRK ist nach dieser Definition der Grundrechte nicht der Grundrechtskatalog der EU. Der EMRK kommt damit nur der Rang einer Quelle für die allgemeinen Rechtsgrundsätze zu, aus denen sich die ungeschriebenen Grundrechte ergeben[316].

---

314 In den meisten Rechtsordnungen, so auch in Deutschland, stehen diese Normen zwischen der Verfassung und dem einfachen Gesetzesrecht.

315 Vgl. Grabitz/Hilf-*Vedder*, EGV Art. 228 Rn. 53; *Schwarze*, Die EWG in ihren völkerrechtlichen Beziehungen, NJW 1979, 456, 461; *Meessen*, The application of rules of public international law within the Community law, CMLR 1976, 485, 498 ff.; *Emmert*, Europarecht § 12 Rn. 37 ff. ; Lenz- *Röttinger*, EGV Art. 228 Rn. 15, *Bleckmann*, Die Rechtsquellen des Europäischen Gemeinschaftsrechts, NVwZ 1993, 824.

316 Vgl. unten § 7 II. 3.

III. Allgemeine Rechtsgrundsätze

Im Rahmen des europäischen Rechts können zwei Arten „allgemeiner Rechtsgrundsätze" unterschieden werden. Zum einen gibt es die „allgemeinen Rechtsgrundsätze" und zum anderen die „allgemeinen Rechtsgrundsätze des Gemeinschaftsrechts", die teilweise auch die „allgemeinen Grundsätze des Gemeinschaftsrechts" genannt werden[317]. Die „allgemeinen Rechtsgrundsätze" entstammen dabei anderen Rechtsordnungen[318], während die „allgemeinen Grundsätze des Gemeinschaftsrechts" autonome Schöpfungen sind, die ihre Geltung nur in der Rechtsordnung der EU haben, da sie Probleme betreffen, die ganz speziell im Europarecht auftreten[319]. Der EuGH ist in seiner Terminologie uneinheitlich[320].

In der Praxis ergeben sich jedoch keine Konsequenzen aus dieser Unterscheidung, denn der Unterschied betrifft nur die Quelle, aber nicht die Stellung der Norm innerhalb der Rechtsordnung der EU[321]. Unter „allgemeinen Rechtsgrundsätzen" versteht man dabei solche Grundsätze, Regeln und Prinzipien, die Bestandteil der Rechtsordnungen der Mitgliedstaaten oder zumindest einzelner Mitgliedstaaten sind und der Lösung von Problemen dienen, die sich so oder in

---

317 GTE-*Krück*, EGV Art. 164 Rn. 22.

318 Dabei kommen neben den Rechtsordnungen der Mitgliedstaaten auch das Völkerrecht in Betracht; im Völkerrecht können sich die allgemeinen Rechtsgrundsätze sowohl aus geschriebenem Völkerrecht (etwa den internationalen Verträgen zum Schutze der Menschenrechte) oder dem Gewohnheitsrecht ergeben. Vgl. GTE-*Krück*, EGV Art. 164 Rn. 23.

319 So hat der EuGH z.B. in EuGH Rs. ENEL, Slg. 1964, 1251, 1269 ff. den Grundsatz aufgestellt, daß die Normen des Gemeinschaftsrechts den nationalen Normen vorgehen. Dies ist notwendig, um eine effektive Durchsetzung des Gemeinschaftsrechts in allen Mitgliedstaaten zu erreichen. Damit handelt es sich aber um ein spezifisches Problem der Rechtsordnung der EU, welches so nicht in den Mitgliedstaaten auftritt. Weitere Grundsätze des Gemeinschaftsrechts sind der Grundsatz der begrenzten Einzelzuständigkeit oder die Gemeinschaftspräferenz. Vgl. dazu *Lechler*, Der Europäische Gerichtshof und die allgemeinen Rechtsgrundsätze, S. 145 ff.

320 Vgl. GTE-*Krück*, EGV Art. 164 Rn. 22 ff.

321 Dies zeigt etwa das Beispiel aus Fn. 319. Man kann bei diesem Beispiel einen Vergleich mit Art. 31 GG ziehen („Bundesrecht bricht Landesrecht"). Somit könnte es sich bei dem fraglichen Prinzip durchaus um einen allgemeinen Rechtsgrundsatz handeln. Hier zeigt es sich, daß die Unterscheidung weniger die Norm an sich betrifft, als vielmehr ihre Quelle.

vergleichbarer Weise in der Rechtsordnung der EU stellen[322]. Nicht offensichtlich ist der Geltungsgrund der allgemeinen Rechtsgrundsätze und ihre Stellung in der Hierarchie. Außerdem ergeben sich aus den allgemeinen Rechtsgrundsätzen wiederum subjektive Rechte und objektive Normen[323].

1. Geltungsgrund

(1) Die Frage nach dem Geltungsgrund ist mit der Frage nach der Zugehörigkeit zur Rechtsordnung gleichzusetzen. Der EuGH hat diese Frage bisher nicht explizit beantwortet[324]. Für ihn stammen die allgemeinen Rechtsgrundsätze aus dem Recht, das er zu wahren hat[325]. Die Verpflichtung des EuGH zur „Wahrung des Rechts" ergibt sich aus Art. 220 EG. Die „allgemeinen Rechtsgrundsätze" sind jedoch nicht in Art. 220 EG aufgeführt, sondern in Art. 288 II EG und Art. 6 II EU[326] im geschriebenen Primärrecht verankert. Der Begriff „Recht" in Art. 220 EG umfasst aber nicht nur das geschriebene Recht der Verträge, vielmehr umfasst es die Idee der Gerechtigkeit[327]. Damit wird dem EuGH nicht nur die Befugnis zur Auslegung des Vertrages an sich gegeben, sondern er kann und muss darüber hinaus auftretende Probleme lösen. Damit ist auch eine Befugnis zur Rechtsschöpfung impliziert, die allerdings auch engen Beschrän-

---

322 GTE-*Krück*, EGV Art. 164 Rn. 24. Im geschriebenen Völkerrecht gibt es außerdem die Definition aus Art. 38 I c der Satzung des Internationalen Gerichtshofes: „General principles of law recognized by civilized nations".

323 Vgl. zum Ganzen *Bleckmann*, Probleme der allgemeinen Rechtsgrundsätze im Europäischen Gemeinschaftsrecht, in: Bleckmann, Studien zum Europäischen Gemeinschaftsrecht, S. 83, 100 ff. Auch wenn die allgemeinen Rechtsgrundsätze regelmäßig dem Schutz von Individualinteressen dienen, sind sie nicht notwendigerweise immer subjektiv ausgeformt. Vgl. auch *ebenda*, S. 83 f. – Unterscheidung von „subjektivem" und „objektiven" Rechtsstaatsprinzip.

324 GTE-*Krück*, EGV Art. 164 Rn. 25.

325 EuGH Rs. 29/69 – Stauder, Slg. 1969, 419, 425.

326 Dort werden sie als „allgemeine Grundsätze des Gemeinschaftsrechts" bezeichnet. In dieser Wortwahl liegt aber wohl kein Verweis auf die eben angesprochene Terminologie, da diese in der Praxis kaum Beachtung findet. Vgl. GTE-*Beutler*, EUV Art. F Rn. 65.

327 Vgl. Grabitz/Hilf-*Pernice*, EGV Art. 164 Rn. 7; GTE-*Krück*, EGV Art. 164 Rn. 7; *Häberle*, Gemeineuropäisches Verfassungsrecht, EuGRZ 1991, 261, 164 f.; *Daig*, Die Gerichtsbarkeit der Europäischen Wirtschaftsgemeinschaft und der Europäischen Atomgemeinschaft, AöR 83 (1958), 132, 151; *Lechler*, Der Europäische Gerichtshof und die allgemeinen Rechtsgrundsätze, S. 181 f.

kungen unterliegt. Dem EuGH soll weder eine Kompetenz zur allgemeinen Rechtsetzung zufallen, noch soll er gar eine Kompetenz-Kompetenz haben[328]. Ihm steht vielmehr die Kompetenz zu, allgemeine Prinzipien aufzustellen, die als richterliche Rechtsschöpfung die Einheitlichkeit des Rechts und die Durchsetzung der Rechtsstaatlichkeit garantieren[329]. Diese Kompetenz wird dem Art. 220 EG entnommen und durch Art. 6 II EU und 288 II EG bestätigt[330].

(2) Andere Stimmen in der Literatur lehnen die Argumentation über Art. 288 II und 220 EG ab, ohne die allgemeinen Rechtsgrundsätze abzulehnen[331]. Danach liegt eine Rezeption der allgemeinen Rechtsgrundsätze durch den Abschluss der Verträge vor. Die Mitgliedstaaten mussten sich der Lückenhaftigkeit und Widersprüchlichkeit der Verträge bewusst gewesen sein, als sie Verträge abschlossen. Deswegen wollten sie dem Gerichtshof ein Mittel an die Hand geben, um diese Lücken zu schließen. Die Mitgliedstaaten werden dadurch auch nicht mehr gebunden, als sie es gewollt hatten, denn die allgemeinen Rechtsgrundsätze stellen nur Normen dar, die in den Rechtsordnungen der Mitgliedstaaten schon gelten[332].

Die allgemeinen Rechtsgrundsätze sind danach originärer Bestandteil der Rechtsordnung der EU[333].

(3) Eine weitere Meinung sieht die allgemeinen Rechtsgrundsätze als Gewohnheitsrecht an[334]. Gewohnheitsrecht benötigt jedoch einen gewissen Zeit-

---

328 Vgl. *Dänzer-Vanotti*, Unzulässige Rechtsfortbildung des Europäischen Gerichtshofes, RIW 1992, 733 ff. und *Lecheler*, Der Europäische Gerichtshof und die allgemeinen Rechtsgrundsätze, S. 196 ff.

329 Vgl. *Bleckmann*, Probleme der Allgemeinen Rechtsgrundsätze im Europäischen Gemeinschaftsrecht, in: Studien zum Europäischen Gemeinschaftsrecht, S. 83, 92 f.

330 In beiden Art. wird der EuGH angewiesen, die „allgemeine Rechtsgrundsätze“ zu beachten.

331 Vgl. *Lecheler*, Der Europäische Gerichtshof und die allgemeinen Rechtsgrundsätze, S. 185 und *Daig*, Die Gerichtsbarkeit der Europäischen Wirtschaftsgemeinschaft und der Europäischen Atomgemeinschaft, AöR 83 (1958), 132, 152 f.

332 *Lecheler*, ebenda.

333 *Stadler*, Die Berufsfreiheit in der Europäischen Gemeinschaft, S. 138 f., 144 f.; *Pernice*, Religionsrechtliche Aspekte im Europäischen Gemeinschaftsrecht, JZ 1977, 777, 779; *Rengeling*, Grundrechtsschutz, § 31 II.

raum, um gebildet zu werden. Die allgemeinen Rechtsgrundsätze, die Grundrechte der EU enthalten, wurden und werden jedoch nicht allmählich über einen längeren Zeitraum gebildet (im Sinne einer Übung durch Träger hoheitlicher Gewalt), sondern sehr plötzlich durch das Urteil des EuGH festgestellt. Eine gewohnheitsrechtliche Anerkennung kann daher erst für die späteren Urteile gelten, die sich auf frühere Urteile beziehen.

(4) Alle vertretenen Theorien kommen zum selben Ergebnis. Deswegen sind die allgemeinen Rechtsgrundsätze mit Sicherheit Normen, die der Rechtsordnung der EU angehören.

2. Stellung in der Hierarchie

In der obigen Definition wurde verlangt, dass die Grundrechtsnormen auf der höchsten Stufe der Hierarchie stehen. Es bleibt hier zu prüfen, ob die allgemeinen Rechtsgrundsätze auf dieser Stufe stehen, also dem Primärrecht gleichrangig sind.

Sicher ist zunächst, dass die allgemeinen Rechtsgrundsätze über dem Sekundärrecht stehen, da der EuGH Sekundärrecht anhand der allgemeinen Rechtsgrundsätze überprüft[335]. Ob sie darüber hinaus mit dem Primärrecht auf einer Stufe stehen, ist fraglich. Nach einem kleinen Teil der Literatur stehen die (verfassungsrechtlichen) allgemeinen Rechtsgrundsätze auf einer Stufe zwischen dem Primärrecht und dem Sekundärrecht[336]. Begründet wird dies mit dem Vergleich zur Stellung der allgemeinen Rechtsgrundsätze im Völkerrecht. Außerdem sei es dem EuGH verwehrt, das Primärrecht anhand allgemeiner Rechtsgrundsätze zu prüfen[337].

Richtigerweise wird man aber von einer Stellung der allgemeinen Rechtsgrundsätze auf der Stufe der Verfassung ausgehen müssen. Die Argumentation von *Bleckmann* führt nämlich nur dann zu einem überzeugenden Ergebnis, wenn

---

[334] *Zweigert*, Der Einfluß des Europäischen Gemeinschaftsrechts auf die Rechtsordnungen der Mitgliedstaaten, RabelsZ 28 (1964), 601, 607.

[335] Vgl. nur EuGH verb. Rs. 46/87 und 227/88 – Hoechst, Slg. 1989, 2859, 2923 f.

[336] *Bleckmann*, Probleme der Allgemeinen Rechtsgrundsätze im Europäischen Gemeinschaftsrecht, in: Studien zum Europäischen Gemeinschaftsrecht, S. 83, 104.

[337] *Odendahl*, Die Rechtsquellen der Europäischen Union, JA 1995, 780, 783.

es den Fall geben sollte, dass es einen allgemeinen Rechtsgrundsatz gibt, der zwar das Sekundärrecht beherrscht, aber selbst dem Primärrecht weichen muss. Diesen Fall gibt es aber in der Praxis nicht. Es mag Analogien geben, die der EuGH entwickelt hat und die den Anschein erwecken, allgemeine Rechtsgrundsätze zu sein[338]. Diese stehen dann auf der Stufe des Sekundärrechts. Die allgemeinen Rechtsgrundsätze weichen jedoch nicht vor dem Primärrecht. Der EuGH verlangt, dass sich die Grundrechte (die nach Ansicht des EuGH allgemeine Rechtsgrundsätze sind) in die Struktur und die Ziele der Gemeinschaft einfügen müssen[339]. Der Wesensgehalt der Grundrechte kann dabei aber nicht angetastet werden[340]. Im Falle einer Kollision wird eine Lösung gefunden, die in etwa der „praktischen Konkordanz" des deutschen Verfassungsrechts entspricht[341]. Dies wird besonders deutlich, wenn der EuGH das Zusammenspiel von Grundfreiheiten, Schranken und Grundrechten beschreibt:

> „Insbesondere wenn ein Mitgliedstaat sich auf Artikel 66 in Verbindung mit Artikel 56 beruft, um eine Regelung zu rechtfertigen, die geeignet ist, die Ausübung der Dienstleistungsfreiheit zu behindern, ist diese im Gemeinschaftsrecht vorgesehene Rechtfertigung im Lichte der allgemeinen Rechtsgrundsätze und insbesondere der Grundrechte auszulegen. Die in Artikel 66 in Verbindung mit Artikel 56 vorgesehenen Ausnahmen können daher für die betref-

---

[338] Vgl. *Bleckmann*, ebenda. *Bleckmann* spricht dabei von allgemeinen Rechtsgrundsätzen „zur Füllung von Lücken des Sekundärrechts". Diese Lückenfüllung ist aber Analogiebildung und nicht die Schöpfung neuer allgemeiner Rechtsgrundsätze. Wenn man diese Sätze als allgemeine Rechtsgrundsätze anerkennen würde, so müßte man sie „spezielle allgemeine Rechtsgrundsätze" nennen, den sie betreffen ja nur jeweils einen speziellen Teil des Sekundärrechts. Ein „spezieller allgemeiner Rechtsgrundsatz" wäre aber ein Widerspruch in sich.

Zur Abgrenzung von allgemeinen Rechtsgrundsätzen und Analogien vgl. *Lechler*, Der Europäische Gerichtshof und die allgemeinen Rechtsgrundsätze, S. 181 f.

[339] EuGH Rs. 11/70 – Internationale Handelsgesellschaft, Slg. 1970, 1125, 1135. Vgl. dazu auch unten § 11 IV. 1. c)

[340] EuGH Rs. 240/83 – ADBHU, Slg. 1985, 531, 549: „Der Grundsatz der Handlungsfreiheit gilt nicht absolut; er ist bestimmten Beschränkungen unterworfen, ... sofern das Wesen dieser Rechte nicht beeinträchtigt wird." Vgl. auch *Pernice*, Gemeinschaftsverfassung und Grundrechtsschutz – Grundlagen, Bestand und Perspektiven, NJW 90, 2409, 2416 und *Gerstner*, Grundrechtsschutz in Europa, Jura 93, 626, 629.

[341] Vgl. *Rengeling*, Grundrechtsschutz, § 30 I 2. d), § 31 I 2. und *Gerstner*, Grundrechtsschutz in Europa, Jura 1993, 626, 629.

fende nationale Regelung nur dann gelten, wenn sie im Einklang mit den Grundrechten stehen, deren Wahrung der Gerichtshof zu sichern hat.“[342]

und

„Die Grundsätze des freien Warenverkehrs und des freien Wettbewerbs sowie die grundrechtliche Handlungsfreiheit stellen allgemeine Grundsätze des Gemeinschaftsrechts dar.“[343]

In diesen Urteilen zeigt sich, dass der EuGH nicht die Regel *lex superior* anwendet, sondern vielmehr um einen Ausgleich zwischen Primärrecht und allgemeinen Rechtsgrundsätzen bemüht ist[344].

Teilweise wird angenommen, dass ein solcher Ausgleich durch eine Ausstrahlungswirkung der (niederrangigen) allgemeinen Rechtsgrundsätze auf das Primärrecht möglich wird. In diesem Fall muss man fragen, wann und warum ein allgemeiner Rechtsgrundsatz auf das Primärrecht ausstrahlen soll. Eine Ausstrahlung liegt dann vor, wenn die niedere Norm die höhere Norm beeinflusst, ohne dass sie eine konkretisierende, ausführende Norm ist oder in praktischer Konkordanz zu ihr steht. Durch die Annahme einer Ausstrahlung gibt man zu verstehen, dass man in der fraglichen Norm einen Ausdruck eines besonders wichtigen Prinzips oder Grundsatzes sieht, da man von der *lex superior*-Regel abweicht. Daraus ergibt sich die Frage, warum nicht dieser besonders wichtige Grundsatz eine Norm darstellt, welche auf der Stufe der höherrangigen Norm – also auf der Stufe des Primärrechts – steht?

Der Ausgleich ist einfacher und logischer möglich, wenn man auf die Figur der Ausstrahlungswirkung verzichtet. In diesem Fall müssten beide Rechte auf der selben Stufe stehen. Diese Stufe ist hier die Stufe des Primärrechts, also der materiellen Verfassung. Somit ergibt sich kein Widerspruch zur obigen Definition.

---

342 EuGH Rs. C-260/89 – ERT, Slg. 1991, I-2925, Rn. 43; bestätigt durch EuGH Rs. C-62/90, I-2575, 2609.

343 EuGH Rs. 240/83 – ADBHU, Slg. 1985, 531, 548.

344 Vgl. auch GTE-*Beutler*, EUV Art. F Rn. 73.

3. Subjektive allgemeine Rechtsgrundsätze

Nach der Rechtsprechung des EuGH und der Literatur[345] ergeben sich aus den allgemeinen Rechtsgrundsätzen subjektive Rechte, wie das Recht auf Eigentum[346], Berufsfreiheit[347], Wettbewerbsfreiheit[348], Freizügigkeit[349], Meinungsfreiheit[350], Schutz der Familie[351], Unverletzlichkeit der Wohnung[352], Achtung des Privatlebens[353], allgemeine Handlungsfreiheit[354], allgemeine Gleichheit[355], rechtliches Gehör[356], Gewährung effektiven Rechtsschutzes[357] und mehr. Diese Rechte sind klassische Grundrechte im Sinne der nationalen Rechtsordnungen. Sie erfüllen auch die eben aufgestellte Definition. Bei diesen Rechten handelt es sich somit auch um Grundrechte der Rechtsordnung der EU.

4. Objektive allgemeine Rechtsgrundsätze

Darüber hinaus gibt es auch etliche objektive Normen, die als allgemeine Rechtsgrundsätze der EU anerkannt sind. Namentlich handelt es sich um die Grundsätze der Verhältnismäßigkeit[358], des Vertrauensschutzes[359], der Rechtssi-

---

345 Vgl. nur GTE-*Beutler*, EUV Art. F Rn. 65; Grabitz/Hilf-*Pernice*, EGV Art. 164 Rn. 42; Grabitz/Hilf-*Hilf*, EUV Art. F Rn. 24; *Gerstner*, Grundrechtsschutz in Europa, Jura 1993, 626, 628; *Bleckmann*, Europarecht, Rn. 587.

346 EuGH Rs. 44/79 – Hauer, Slg. 79, 3727, 3745.

347 EuGH Rs. 4/73 – Nold, Slg. 74, 491, 506 f. und Rs. 44/79 – Hauer, ebenda.

348 EuGH Rs. 240/83 – ADBHU, Slg. 1985, 531, 549.

349 EuGH Rs. 36/75 – Rutili, Slg. 1975, 1219, 1232.

350 EuGH Rs. 43/82 – VBVB und VBBB, Slg. 1984, 19, 62; Rs. 60/84 – Cinéthèque, Slg. 1985, 2605, 2627.

351 EuGH Rs. 249/86, Slg. 1989, 1263, 1290.

352 EuGH verb. Rs. 46/87 und 227/88 – Hoechst, Slg. 1989, 2859, 2924.

353 EuGH Rs. C-62/90, Slg. 1992, I-2575, 2609.

354 EuGH Rs. 133/85 – Rau, Slg. 1987, 2289, 2338.

355 EuGH Rs. 117/76 – Ruckdeschel, Slg. 1977, 1753, Leitsatz 1.

356 EuGH Rs. 85/76 – Hoffmann-La Roche, Slg. 1979, 461, 511.

357 EuGH Rs. 222/84 – Johnston, Slg. 1986, 1651, 1681.

358 Vgl. EuGH Rs. 41/79 – Testa, Slg. 1980, 1979, 1997. Gerade in der Rechtsprechung zu den Grundrechten ist auch der Grundsatz der Verhältnismäßigkeit geprüft worden: EuGH

cherheit[360], des Rückwirkungsverbots[361], der Bestimmtheit[362], des Vorbehalts des Gesetzes[363] und der Gesetzmäßigkeit der Verwaltung[364].

Bei diesen allgemeinen Rechtsgrundsätzen fehlt es an der Subjektivität, obwohl auch sie dem Schutz von Individualinteressen dienen[365]. Der Unter-

---

Rs. 29/69 – Stauder, Slg. 1969, 419, 425 „In einem Fall wie dem vorliegenden ist der am wenigsten belastenden Auslegung der Vorzug zu geben, wenn sie genügt, die Ziele zu erreichen, denen die umstrittene Entscheidung dienen soll." Vgl. auch EuGH Rs. 11/70 – Internationale Handelsgesellschaft, Slg. 1970, 1125, 1137; Rs. 4/73 – Nold, Slg. 1974, 491, 508 und Rs. 44/79 – Hauer, Slg. 1979, 3727, 3747. Vgl. auch *Schwarze*, Europäisches Verwaltungsrecht II, S. 690 ff. Eine Kodifizierung kann man in Art. 5 III EG sehen: „Die Maßnahmen der Gemeinschaft gehen nicht über das für die Erreichung der Ziele dieses Vertrages erforderliche Maß hinaus."

359 Vgl. EuGH Rs. 1/73 – Westzucker, Slg. 1973, 723, 731: „Grundsatz ... wonach das berechtigte Vertrauen der Betroffenen zu schützen ist." Eine Verletzung dieses Grundsatzes löst eine Haftung nach Art. 288 II EG aus, EuGH Rs. 74/74 – CNTA Slg. 1975, 533, 547 ff. Vgl. auch *Schwarze*, Europäisches Verwaltungsrecht II, S. 843, 911 ff.

360 Vgl. EuGH Rs. 43/75 – Defrenne II, Slg. 1976, 455, 480; Rs. 262/88 – Barber, Slg. 1990, I-1889, 1955 f.; Rs. C-200/91 – Coloroll, Slg. 1994, I-4389, 4417 f., 4428.

361 Vgl. EuGH Rs. 212/80 – Salumi, Slg. 1981, 2735, 2751; Rs. 98/78 – Racke, Slg. 1979, 69, 86. In EuGH Rs. 99/78 – Decker, Slg. 1979, 101, 111: „Der Grundsatz der Rechtssicherheit verbietet es im allgemeinen, den Beginn der Geltungsdauer eines Rechtssatzes der Gemeinschaft auf einen Zeitpunkt vor dessen Veröffentlichung zu legen".

Das Verbot der Rückwirkung von Strafvorschriften wird wegen Art. 7 EMRK teilweise auch als Grundrecht anerkannt. Vgl. Grabitz/Hilf-*Pernice*, EGV Art. 164 Rn. 91. Der EuGH behandelt dieses Problem in Rs. 63/83 – Regina/Kirk, Slg. 1984, 2689, 2718: „ Das Verbot von Rückwirkung Strafvorschriften ist ein allen Rechtsordnungen der Mitgliedstaaten gemeinsamer Grundsatz, der in Artikel 7 der [EMRK] als *Grundrecht* verankert ist und zu den *allgemeinen Rechtsgrundsätzen* gehört, deren Wahrung der Gerichtshof zu sichern hat." Hier wird deutlich, daß es sich bei diesem Grundsatz zwar um ein *Grundrecht in der EMRK* handelt; gleichzeitig ist er im Rahmen der Rechtsordnung der EU nur ein (objektiver) *allgemeiner Rechtsgrundsatz.*

362 Vgl. EuGH Rs. 169/80 – Freres, Slg. 1981, 1931, 1942.

363 Vgl. EuGH verb. Rs. 46/78 und 227/88 – Hoechst, Slg. 1989, 2859, 2924: „Indessen bedürfen Eingriffe der öffentlichen Gewalt in die Sphäre der privaten Betätigung jeder – natürlichen oder privaten – Person einer Rechtsgrundlage und müssen aus den gesetzlich vorgesehenen Gründen gerechtfertigt sein." Vgl. auch Art. 5 I und III EG.

364 Bereits im Vertrag in Art. 230 I EG angedeutet: „Der Gerichtshof überwacht die *Rechtmäßigkeit ... der Handlungen des Rates, der Kommission und der EZB.*" Vgl. EuGH Rs. 42/59 – SNUPAT Slg. 1961, 109, 172: „Der zweifellos wichtige Grundsatz der Rechtssicherheit [kann] nicht absolut, sondern nur in Verbindung mit dem Grundsatz der Gesetzmäßigkeit der Verwaltung Anwendung finden." und Rs. 14/61 – Hoogovens, Slg. 1962, 511, 533. Vgl. dazu auch *Lecheler*, Der Europäische Gerichtshof und die allgemeinen Rechtsgrundsätze, S. 56 ff., 82.

schied besteht darin, dass es sich bei diesen Normen um allgemeingültige Prinzipien handelt, die nicht einer Person als „ihr Recht“ zugewiesen sind. Es handelt sich vielmehr um Prinzipien, die bei der Rechtsanwendung eine Rolle spielen, ohne dass sie eine Rechtsposition darstellen. Dies zeigt sich auch in der Struktur der Prüfung: es gibt weder den Eingriff in das Rückwirkungsverbot noch etwa eine praktische Konkordanz zwischen Eigentum und Verhältnismäßigkeit. Daher werden diese Rechte hier nicht als Grundrechte angesehen[366].

5. Ergebnis

Die subjektiven Rechte, die sich aus den allgemeinen Rechtsgrundsätzen der Rechtsordnung der EU ergeben, sind sowohl nach Meinung des EuGH, der Literatur als auch der eben aufgestellten Definition Grundrechte der EU. Keine Grundrechte sind dagegen die objektiven Normen, die sich auch aus den allgemeinen Rechtsgrundsätzen ergeben.

IV. Geschriebenes Primärrecht

Auch im geschriebenen Primärrecht gibt es verschiedene Normen, die Grundrechte im Sinne der obigen Definition sein könnten. Dabei kann man zwischen den Diskriminierungsverboten, den Grundfreiheiten, den Wettbewerbsregeln, den Normen des EUV und den Rechten der Unionsbürger unterscheiden.

---

365 Vgl. *Schilling*, Bestand und Lehren der bürgerschützenden allgemeinen Rechtsgrundsätze des Gemeinschaftsrechts, EuGRZ 2000, 3, 17 ff.

366 A.A. *Pernice* in Grabitz/Hilf-*Pernice*, EGV Art. 164 Rn. 88 und 65. *Pernice* bezeichnet dort den Vorbehalt des Gesetzes als „Auffanggrundrecht“. Bei den anderen Grundsätzen geht er wohl nicht von einem Grundrecht aus.

1. Grundfreiheiten

(1) Die Grundfreiheiten der EU sind als Grundsatz in Art. 14 II EG festgehalten[367]:

> „Der Binnenmarkt umfasst einen Raum ohne Binnengrenzen, in dem der freie Verkehr von Waren, Personen, Dienstleistungen und dem Kapital gemäß den Bestimmungen des Vertrages gewährleistet ist."

(2) Nach der hier vorgestellten Definition wären die Grundfreiheiten die klassischen Grundrechte in der Rechtsordnung der EU[368]: Sie gehören zur Rechtsordnung der EU, stehen auf der Stufe der materiellen Verfassung[369], sind nicht bloß ein Ersatzanspruch und begünstigen nicht nur Träger hoheitlicher Gewalt. Problematisch ist allein ihre Einstufung als subjektives Recht der Unionsbürger.

Nach ihrem Wortlaut begründen sie kein subjektives Recht für natürliche oder juristische Personen; so heißt es zum Beispiel in Art. 28 EG nur:

> „Mengenmäßige Beschränkungen sowie alle Maßnahmen gleicher Wirkung sind zwischen den Mitgliedsstaaten verboten."

Dennoch kann auch eine derart objektiv formulierte Norm ein subjektives Recht beinhalten. Beispiele dafür sind die Art. 3 I, 4 I und 14 I GG, die allesamt nur als objektive Norm formuliert sind und dennoch unbestritten subjektive Rechte enthalten[370]. Die Bestimmung des Charakters einer Norm ergibt sich somit nicht allein aus der wörtlichen Auslegung[371].

---

367 Vgl. auch *Fischer*, Europarecht, Rn. 24 f.

368 Vgl. auch *Lenz*, Der europäische Grundrechtsstandard in der Rechtsprechung des Europäischen Gerichtshofes, EuGRZ 1993, 585.

369 Dies folgt aus ihrer Stellung im geschriebenen Primärrecht.

370 Vgl. nur BVerfGE 6, 84, 91; BVerfGE 40, 296, 318; Dreier-*Heun* GG Art. 3 Rn. 15; Dreier-*Morlok* GG Art. 4 Rn. 68 ff.; Dreier-*Wieland*, GG Art. 14 Rn. 60.

371 Natürlich kann der Wortlaut auch nicht außer acht gelassen werden. Eine Norm, die als subjektives Recht formuliert ist, beinhaltet auch ein subjektives Recht. Nur der Umkehrschluß ist hier nicht zulässig – auch eine objektiv formulierte Norm kann ein subjektives Recht beinhalten. Vgl. dazu auch *Nawiasky*, Allgemeine Rechtslehre, S 156 und *Adomeit*, Rechtstheorie, S. 53 ff.

Allerdings gibt auch die historische und systematische Auslegung der Grundfreiheiten keinen eindeutigen Hinweis auf einen subjektiven Charakter. Die Grundfreiheiten sind durch einen völkerrechtlichen Vertrag entstanden, der zunächst nur die Unterzeichnerstaaten berechtigte und verpflichtete. Adressat der Normen aus dem EG-Vertrag sind daher zunächst nur die Mitgliedstaaten. Andererseits wurde durch den Vertrag eine neue Rechtsordnung geschaffen, in der auch natürliche Personen Rechtssubjekte sein können, obwohl dies nicht ausdrücklich im Vertrag festgehalten wurde[372]. Neue – zusätzliche – Rechte für natürliche Personen (Unionsbürger) wurden als subjektive Rechte in den EG-Vertrag durch die Verträge von Maastricht und Amsterdam eingefügt. Die ursprünglichen subjektiven Rechte der Angehörigen der Mitgliedstaaten sind aber in objektiv formulierten Normen enthalten[373].

Der EuGH begnügt sich seit der Rs. Reyners mit der Feststellung, dass die Grundfreiheiten unmittelbar anwendbar sind[374]:

> „Der Grundsatz der Inländergleichbehandlung ist einer der grundlegenden Rechtsätze der Gemeinschaft. Als Verweisung auf die Gesamtheit der vom Aufnahmestaat auf die eigenen Staatsangehörigen tatsächlich angewandten Rechtsvorschriften ist dieser Grundsatz seinem Wesen nach geeignet, von den Angehörigen aller übrigen Mitgliedstaaten unmittelbar geltend gemacht zu werden.“

Der Grundsatz der Inländergleichbehandlung bezog sich in diesem Beispiel auf die Niederlassungsfreiheit. Der EuGH stellt hier nicht nur fest, dass die Grundfreiheit (in diesem Fall die Inländergleichbehandlung aufgrund der Niederlassungsfreiheit) unmittelbar gilt, sondern auch, dass dies von den Angehörigen der anderen Mitgliedstaaten unmittelbar geltend gemacht werden kann. Durch diese Auslegung des Vertrages gibt der EuGH zu erkennen, dass er in den Grundfreiheiten nicht nur eine objektive, sondern auch eine subjektive Norm sieht, die den Unionsbürger begünstigt. Durch die unmittelbare Anwendung der Grundfreiheiten haben diese eine subjektive Komponente gewonnen. Diese Auslegung findet sich auch in der Literatur wieder[375]. In der neueren Rechtspre-

---

[372] Vgl. oben § 4 VIII. 1.

[373] Vgl. nur Grabitz/Hilf-*Langenfeld/Jansen*, EGV Art. 119 Rn. 22; EuGH Rs. Defrenne II Slg. 1976, 455, 475.

[374] EuGH Rs. 2/74 – Reyners Slg. 1974, 631, LS. 1 und S. 652.

[375] Vgl. nur GTE-*Müller-Graff*, EGV Art. 30 Rn. 1, 9; *Jarass*, Elemente einer Dogmatik der Grundfreiheiten, EuR 1995, 202, 209; *ders.*, Konflikte zwischen EG-Recht und nationalem Recht vor den Gerichten der Mitgliedstaaten, DVBl. 1995, 955 f.; *Roth*, Grundregeln der Niederlassungs- und Dienstleistungsfreiheit, in: *Dauses*, Handbuch des EU-Wirtschaftsrechts, E. I. Rn. 13; *Schweitzer/Hummer*, Europarecht, S. 330.

chung des EuGH findet sich dann auch der explizite Hinweis darauf, dass es sich bei den Grundfreiheiten um subjektive Rechte handelt:

„51. Unter derartigen Umständen erkennt das Gemeinschaftsrecht einen Entschädigungsanspruch an, sofern drei Voraussetzungen erfüllt sind, nämlich dass die Rechtsnorm, gegen die verstoßen worden ist, bezweckt, dem einzelnen Rechte zu verleihen, dass der Verstoß hinreichend qualifiziert ist und schließlich dass zwischen dem Verstoß gegen die dem Staat obliegende Verpflichtung und dem den geschädigten Personen entstandenen Schaden ein unmittelbarer Kausalzusammenhang besteht.

...

54. Die erste Voraussetzung ist bei Artikel 30 des Vertrages, um den es in der Rechtssache C-46/93, wie auch bei Artikel 52 des Vertrages, um den es in der Rechtssache C-48/93 geht, offensichtlich erfüllt. ...“[376]

Die Grundfreiheiten enthalten somit auch ein subjektives Recht der Unionsbürger und sind geeignet, nach der oben angegeben Definition als Grundrecht angesehen zu werden.

(3) In der Literatur werden die Grundfreiheiten teilweise zu den Grundrechten gezählt[377], teilweise wird die Gleichstellung aber abgelehnt[378]. Die Debatte ist kontrovers, zum Teil vertreten Autoren gleichzeitig beide Standpunk-

---

[376] EuGH verb. Rs. C-46 und 48/93 – Brasserie du Pêcheur, Slg. 1996, I-1029, Rn. 51 und 54.

[377] GTE-*Beutler*, EUV Art. F Rn. 107 ff.; *Pernice*, Grundrechtsgehalte, S. 86; *Bleckmann/Pieper*, Rechtsquellen des EG-Rechts, in: *Dauses*, Handbuch des EU-Wirtschaftsrechts, B. I. Rn. 109; *Bleckmann*, , in FS Sasse, S. 665, 676; *Nicolaysen*, Europarecht I, S. 67; *Schweitzer/Hummer*, Europarecht Rn. 787; *Dautzenberg*, RIW 1998, 537; *Gersdorf*, AöR 119 (1994), 400, 404 f.; *Lenz*, Der europäische Grundrechtsstandard in der Rechtsprechung des Europäischen Gerichtshofes, EuGRZ 1993, 585; *Szczekalla*, Grundfreiheitliche Schutzpflichten – eine „neue“ Funktion der Grundfreiheiten des Gemeinschaftsrechts, DVBl. 1998, 219, 222; *Oppermann*, Europarecht, Rn. 490; *Schwarze*, Schutz der Grundrechte in der Europäischen Gemeinschaft, EuGRZ 1986, 293, 296.

[378] GTE-*Beutler*, EUV Art. F Rn. 27 und 91; *Streinz*, Bundesverfassungsgerichtlicher Grundrechtsschutz, S. 44, 413; *Rengeling*, Grundrechtsschutz § 30 I. 2. a); *Bahlmann*, Der Grundrechtschutz in der Europäischen Gemeinschaft – Wege der Verwirklichung, EuR 1982, 1, 3; *Chwolik-Lanfermann*, Grundrechtsschutz, S. 74 f.; *Emmert*, Europarecht, § 23 Rn. 11 ff.; *Rohde*, Europarecht, S. 186; *Pfrang*, Das Verhältnis zwischen Europäischem Gemeinschaftsrecht und deutschem Recht nach der Maastricht-Entscheidung des Bundesverfassungsgerichts, S. 63; *Giannoulis*, Die Idee des „Europa der Bürger“ und ihre Bedeutung für den Grundrechtsschutz, S. 127; *Stadler*, Die Berufsfreiheit in der Europäischen Gemeinschaft, S. 65 ff.

te[379]. Es ist daher notwendig, auf die Argumentation der Gegner einer Gleichstellung einzugehen. Zusammengefasst werden folgende Argumente gegen eine Gleichstellung von Grundrechten und Grundfreiheiten aufgeführt:

a) Die Grundfreiheiten geben nur ein Recht gegenüber den Mitgliedstaaten, nicht aber gegen die Gemeinschaftsorgane[380]. Dagegen richten sich die Grundrechte in erster Linie gegen die Gemeinschaftsorgane[381].

b) Die Grundfreiheiten haben generell eine andere Zielrichtung als die Grundrechte[382].

c) Die Grundfreiheiten wirken nur in Fällen mit einem grenzüberschreitenden Bezug[383].

d) Die Grundfreiheiten berühren nur wirtschaftliche Belange und haben daher einen engeren Regelungsgehalt als Grundrechte[384].

a) Adressierung der Grundfreiheiten an die EG

(1) Die Grundrechtsqualität der Grundfreiheiten wird auch mit dem Argument bestritten, dass nur die Mitgliedstaaten, nicht aber die Gemeinschaftsorgane durch die Grundfreiheiten verpflichtet würden. In der obigen Definition tritt dieses Problem nicht zu Tage; es wird nur verlangt, dass kein Träger hoheitlicher Gewalt durch ein Grundrecht berechtigt wird.

Die Frage kann dahin gehend umformuliert werden, dass es fraglich ist, ob durch ein Recht jegliche hoheitliche Gewalt verpflichtet werden muss oder ob es genügt, dass irgendein Träger hoheitlicher Gewalt verpflichtet wird. Es handelt sich also eigentlich um die Frage nach der Reichweite des Grundrechtsschutzes.

---

379 Vgl. GTE-*Beutler*, EUV Art. F Rn. 27, 91, 107.

380 *Emmert*, Europarecht, § 23 Rn. 11 ff.; *Bahlmann*, Der Grundrechtsschutz in der Europäischen Gemeinschaft – Wege der Verwirklichung, EuR 1982, 1, 3; *Pfrang*, Das Verhältnis zwischen Europäischem Gemeinschaftsrecht und deutschem Recht nach der Maastricht-Entscheidung des Bundesverfassungsgerichts, S. 63.

381 Vgl. auch GTE-*Beutler*, EUV Art. F Rn. 91.

382 Vgl. *Streinz*, Bundesverfassungsgerichtlicher Grundrechtsschutz, S. 44, 413 und 444.

383 *Emmert*, ebenda.

384 *Chwolik-Lanfermann*, Grundrechtsschutz, S. 75.

(2) Im deutschen Recht heißt es in Art. 1 III GG:

„Die nachfolgenden Grundrechte binden Gesetzgebung, vollziehende Gewalt und Rechtsprechung als unmittelbares Recht."

Damit ist jeder Träger deutscher hoheitlicher Gewalt verpflichtet, die Grundrechte zu beachten. Dies gilt selbst für die Länder, obwohl dies eigentlich Staaten mit eigenen Verfassungen sind[385]. In den anderen Mitgliedstaaten der EU gelten vergleichbare Regelungen. Als Beispiele seien hier die finnische Verfassung:

„§ 16a. Die öffentliche Gewalt gewährleistet die Durchsetzung der Grund- und Menschenrechte."

die spanische Verfassung:

„Art. 53. (1) Die in Kapitel 2 dieses Titels anerkannten Rechte und Freiheiten binden die öffentliche Gewalt."

und die griechische Verfassung:

„Art. 25. (1) Die Rechte des Menschen als Einzelner und als Mitglied der Gesellschaft werden vom Staate gewährleistet; alle Staatsorgane sind verpflichtet, deren ungehinderte Ausübung sicherzustellen."

aufgeführt[386]. Es gibt somit einen Konsens zwischen den Rechtsordnungen der Mitgliedstaaten, dass die „öffentliche Gewalt" an die Grundrechte gebunden sein soll. Damit gibt es einen objektiven allgemeinen Rechtsgrundsatz der Bin-

---

385 Vgl. Dreier-*Dreier*, GG Art. 1 Rn. 21; *Rüfner*, Grundrechtsadressaten, HStR V § 117 Rn. 2; *Stern*, Staatsrecht I

386 Weitere Beispiele: In Belgien sind die Träger hoheitlicher Gewalt an die Grundrechte gebunden. Dabei wird „Träger öffentlicher Gewalt" umfassend verstanden; vgl. *Pieters*, Belgien, in: *Grabitz*, Grundrechte in Europa und USA I, 1, 39; Ebenso Dänemark, vgl. *Germer*, Dänemark, in: *Grabitz*, Grundrechte in Europa und USA I, 85, 104; Frankreich: *Savoie*, Frankreich, in: *Grabitz*, Grundrechte in Europa und USA I, 203, 231 und *Stahl*, Die Sicherung der Grundfreiheiten im öffentlichen Recht der Fünften Französischen Republik, S. 67 ff.; Irland: *Grehan*, Irland, in: *Grabitz*, Grundrechte in Europa und USA I, 259, 309; In Italien ist direkt nur die Legislative an die Grundrechte gebunden, Exekutive und Judikative nur mittelbar über die Gesetze. Dennoch ergibt sich eine Bindung aller Träger hoheitlicher Gewalt, vgl. *Monaco*, Italien, in: *Grabitz*, Grundrechte in Europa und USA I, 363, 402 ff.; Portugal: *Thomashausen*, Portugal, in: *Grabitz*, Grundrechte in Europa und USA I, 591, 623 ff. In den Verfassungen der anderen Mitgliedstaaten lassen sich Normen finden, die den gleichen Rechtssatz beinhalten.

dung der öffentlichen Gewalt an die Grundrechte, der wie die anderen allgemeinen Rechtsgrundsätze auch von der EU rezipiert werden muss.

(3) Die teleologische Auslegung der Norm „Die Grundrechte binden die öffentliche Gewalt" ergibt, dass der Sinn dieser Bindung nur dann erreicht werden kann, wenn tatsächlich die gesamte hoheitliche Gewalt einer Rechtsordnung an die Beachtung der Grundrechte gebunden ist. Anderenfalls würde eine Lücke im System entstehen, über die der Staat (als Summe der Träger hoheitlicher Gewalt) die Grundrechte umgehen könnte. Das lässt sich aber nicht mit dem Anspruch auf „grundsätzlichen Schutz" vereinbaren. Übertragen auf die EU bedeutet das, dass die Grundrechte alle Träger hoheitlicher Gewalt binden müssen. Die Grundfreiheiten können also nur dann als Grundrechte anerkannt werden, wenn sie nicht nur die Mitgliedstaaten sondern auch die anderen Organe der EG und der EU binden.

Eine Bindung der Organe der EG und der EU an die Grundfreiheiten kann man dem Wortlaut der Grundfreiheiten nicht entnehmen. Mit diesem Argument ist auch die Einordnung der Grundfreiheiten als Grundrechte abgelehnt worden[387]. Die wörtliche Auslegung greift in diesem Fall allerdings zu kurz, denn der Wortlaut ist absolut gefasst. Ein Adressat wird weder positiv noch negativ explizit benannt, so dass der Wortlaut kein Argument gegen eine Bindung der Gemeinschaft liefert. Deswegen ist hier eine teleologische Auslegung unter Beachtung der Ziele der Gemeinschaft notwendig. Diese Ziele sind in Art. 2 und 3 EG festgehalten. Darin heißt es:

> „Art. 2. Aufgabe der Gemeinschaft ist es, durch die Errichtung eines Gemeinsamen Marktes und einer Wirtschafts- und Währungsunion ... eine harmonische, ausgewogene und nachhaltige Entwicklung des Wirtschaftslebens ... zu fördern.
>
> Art. 3. (1) Die Tätigkeit der Gemeinschaft im Sinne des Artikels 2 umfasst nach Maßgabe dieses Vertrages und der darin vorgesehenen Zeitfolge:
>
> a) das Verbot von Zöllen und mengenmäßigen Beschränkungen bei der Ein- und Ausfuhr von Waren sowie aller sonstigen Maßnahmen gleicher Wirkung zwischen den Mitgliedstaaten;
> b) ...
> c) einen Binnenmarkt, der durch die Beseitigung der Hindernisse für den freien Waren-, Personen-, Dienstleistungs- und Kapitalverkehr zwischen den Mitgliedstaaten gekennzeichnet ist;"

---

[387] *Emmert*, Europarecht, § 23 Rn. 13; *Bahlmann*, Der Grundrechtschutz in der Europäischen Gemeinschaft – Wege der Verwirklichung, EuR 1982. 1. 3.

Insbesondere Art. 3 I c) EG weist ausdrücklich daraufhin, dass der Binnenmarkt von der Gemeinschaft durch die Grundfreiheiten geschaffen werden soll. Es wäre daher in sich widersprüchlich, wenn die absolut formulierten Grundfreiheiten von der Gemeinschaft, die sie schaffen und behüten soll, missachtet werden dürften[388]. Nach Sinn und Zweck des EGV muss die Gemeinschaft daher im gleichen Umfang wie die Mitgliedstaaten an die Grundfreiheiten gebunden sein[389].

Diese Bindung ist in der Praxis zuletzt bei der Frage nach der Zulässigkeit von Werbeverboten diskutiert worden[390]. Dabei zeichnet sich ab, dass die Bindung der Gemeinschaft an die Grundfreiheiten immer stärker akzeptiert wird[391].

Auch die umgekehrte Argumentation – die Grundfreiheiten seien keine Grundrechte, weil die Adressaten der Grundrechte nur die Organe der EG und der EU seien[392] – ist nicht schlüssig. Zum einen widerspricht sie der eben postulierten Voraussetzung, nach der die Grundrechte alle Träger hoheitlicher Gewalt in der fraglichen Rechtsordnung binden müssen und zum anderen widerspricht sie der Auslegung des Rechts durch den EuGH[393].

(4) Der EuGH geht in seiner Rechtsprechung von einer Bindung der Gemeinschaftsorgane an die Grundfreiheiten aus. So hat er im Fall Rewe[394] erklärt:

---

388 So auch *Bleckmann/Pieper*, Rechtsquellen des EG-Rechts, in: *Dauses*, Handbuch des EU-Wirtschaftsrechts, B. I. Rn. 110.

389 A.A. *Emmert*, Europarecht, § 23 Rn. 13. *Emmert* führt als Gegenbeispiel an: „ Die Grundfreiheiten wirken nur gegenüber den Mitgliedstaaten, nicht gegenüber den Gemeinschaftsorganen. So kann sich z.B. eine natürliche oder juristische Person nicht auf die Kapitalverkehrsfreiheit berufen, um sich gegen ein Fusionsverbot der Kommission zur Wehr zu setzen." Dieses Beispiel ist jedoch nicht vollständig durchdacht. Alle Normen des Primärrechts gelten nicht umfassend, sondern sind durch die anderen Normen des Primärrechts beschränkt (Normenkonkurrenz). Die Kapitalverkehrsfreiheit gestattet es dem Unionsbürger nur, Kapital von einem Mitgliedstaat in einen anderen zu transferieren. Es ist ihm nicht gestattet, dort alles mit seinem Kapital zu machen, was er will. Die gewährten Freiheiten sind immer beschränkbar. Das Fusionsverbot wirkt insoweit als verfassungsimmanente Schranke.

390 Vgl. *Di Fabio*, Werbeverbote – Bewährungsprobe für europäische Grundfreiheiten und Grundrechte, AfP 1998, 564 ff.; *Wallraf*, Werbeverbote – ihre Zulässigkeit aus europäischer und nationaler Sicht, AfP 1998, 609 ff.

391 *Di Fabio*, ebenda.

392 Vgl. auch GTE-*Beutler*, EUV Art. F Rn. 91.

393 Vgl. unten § 9 und EuGH Rs. C-260/89 – ERT Slg. 1991, I-2925, 2964, Rn. 43.

394 EuGH Rs. 37/83 – Rewe, Slg. 1984, 1229, 1248 f.

„Zwar zielen, wie die Kommission in ihren Erklärungen betont, die Artikel 30 bis 36 des Vertrages in erster Linie auf einseitige Maßnahmen der Mitgliedstaaten ab, nichtsdestoweniger müssen aber auch die Gemeinschaftsorgane die Freiheit des innergemeinschaftlichen Warenverkehrs, die ein fundamentaler Grundsatz des Gemeinsamen Marktes ist, beachten."

Diese Auslegung hat er in einem späteren Urteilen bestätigt[395].

(5) Als Ergebnis bleibt festzuhalten, dass die Grundfreiheiten im Normalfall zwar einen anderen Träger hoheitlicher Gewalt betreffen als die anderen Grundrechte. Dies ist aber ohne Belang, da jeder Träger hoheitlicher Gewalt in der Rechtsordnung der EU zur Beachtung der Grundfreiheiten verpflichtet ist[396]. Die Grundfreiheiten sind insoweit nicht anders strukturiert als andere Grundrechte.

b) Zielrichtung der Grundfreiheiten

(1) Die Frage nach der „Zielrichtung" der Grundfreiheiten[397] ist die Frage nach ihrer Aufgabe und damit nach der Funktion der Grundfreiheiten und Grundrechte, auf die schon oben eingegangen wurde[398].

Der sachliche Unterschied zwischen Grundfreiheiten und Grundrechten wird darin gesehen, dass die Grundfreiheiten nur die Aufgabe haben, das Verhalten der Mitgliedstaaten zu regeln, ohne dass sie die Aufgabe haben, einen allgemeinen Freiheitsbereich der Bürger zu schaffen[399]. Diese Argumentation ist eng mit der Argumentation unter a) verwandt. Während aber die Argumentation unter a) lediglich die formelle Bindung der Gemeinschaftsorgane an die Grundfreiheiten bestritt, ist der Kern dieser Argumentation die Ablehnung der Abwehrfunktion der Grundfreiheiten.

---

395 EuGH Rs. 15/83 – Denkavit, Slg. 1984, 2171, 2184.

396 Vgl. dazu auch unten § 9 .

397 GTE-*Beutler*, EUV Art. F Rn. 91; *Streinz*, Bundesverfassungsgerichtlicher Grundrechtsschutz, S. 44, 413.

398 Oben § 5 .

399 *Streinz*, ebenda, S. 44.

(2) Die Grundfreiheiten dienen aber gerade auch dem Zweck, die *Freiheit der Unionsbürger* zu gewährleisten[400]. Dabei handelt es sich jeweils um einzelne, begrenzte Freiheiten, die jeweils einen bestimmten Aspekt des Wirtschaftslebens beschreiben. Dies ist jedoch Eigenschaft, die allen Grundrechten gemein ist. Alle Grundrechte haben ihren *Schutzbereich*, der möglichst genau beschrieben wird. Dieser Schutzbereich wird vom Verfassungsgeber festgelegt und ist vollkommen willkürlich[401].

(3) Umstritten war früher allerdings, ob den Grundfreiheiten lediglich ein Diskriminierungsverbot zukommt, oder ob sie darüber hinaus ein allgemeines Freiheitsrecht beinhalten[402].

Diese Frage spielt hier allerdings keine Rolle; sowohl als Diskriminierungsverbot als auch als allgemeines Freiheitsrecht sind hier anerkannte Grundrechtsfunktionen[403]. Auf diese Frage soll daher erst bei der Einteilung eingegangen werden[404].

---

400 *Bleckmann/Pieper*, Rechtsquellen des EG-Rechts, in: *Dauses*, Handbuch des EU-Wirtschaftsrechts, B. I. Rn. 109; *Gersdorf*, AöR 119 (1994), 400, 404; GTE-*Beutler*, EUV Art. F Rn. 107 ff.

401 Dies zeigt sich beim Studium und Vergleich von geschriebenen Grundrechtskatalogen. Beispiele dafür sind oben zu finden.

402 *Jarass*, Elemente einer Dogmatik der Grundfreiheiten, EuR 1995, 203 ff.; *ders.*, Bausteine einer umfassenden Grundrechtsdogmatik, AöR 120 (1995), 593 ff.; *König*, Das Problem der Inländerdiskriminierung - Abschied von Reinheitsgebot, Nachtbackverbot und Meisterprüfung?, AöR 119 (1994), 400 ff.; *Classen*, Auf dem Weg zu einer einheitlichen Dogmatik der EG-Grundfreiheiten?, EWS 1995, 97 ff.; *Dörr*, Die Warenverkehrsfreiheit nach Art. 30 EWG-Vertrag – doch bloß ein Diskriminierungsverbot, RabelsZ 1990, 677 ff.

403 Siehe oben § 5 I. 1. a) und b) .

404 Unten § 10 I. 4.

c) Grenzüberschreitender Bezug

(1) Eine Berufung auf die Grundfreiheiten der EU soll nur dann möglich sein, wenn ein grenzüberschreitender Bezug vorliegt[405]. Beispielhaft ist hier die Rs. Saunders[406]:

Die Engländerin V. A. Saunders war im Zuge eines Strafverfahrens verpflichtet worden, sich für einen Zeitraum von drei Jahren nach Nordirland zu begeben und nicht nach England oder Wales zurückzukehren. Frau Saunders kam dieser Verpflichtung nicht nach. Der Crown Court Bristol wollte nun vom EuGH wissen, ob die Verbannung von Frau Saunders mit Art. 39 EG vereinbar sei. Der EuGH wies die Klage zurück, weil es sich hier um einen rein innerstaatlichen Sachverhalt handele, der keinen Bezug zum Gemeinschaftsrecht hätte.

Hier muss jetzt eine kleine, aber wichtige terminologische Differenzierung vorgenommen werden. Der EuGH wies den Fall nicht ab, weil er keinen grenzüberschreitenden Bezug hatte[407], sondern weil es am Bezug zum Gemeinschaftsrecht fehlte. Mit dieser Überlegung hat der EuGH seine Befugnisse nach Art. 220 EG abgegrenzt. Die Grundrechte der EU und die Grundfreiheiten greifen nur, wenn der Sachverhalt einen Bezug zur Rechtsordnung der EU hat. Und nur in diesem Fall kann und will der EuGH entscheiden. Der gemeinschaftsrechtliche Bezug ist immer gefragt, egal ob es sich um eine mögliche Verletzung der Arbeitnehmerfreizügigkeit oder des Eigentums handelt. Die Frage nach dem grenzüberschreitenden Bezug bei den Grundfreiheiten ist andererseits auch kein Zufall. Die Grundfreiheiten kommen ihrer Anlage nach immer dann zum Zuge, wenn Personen oder Güter die Grenzen zwischen Mitgliedstaaten überqueren. Dagegen greift das Grundrecht auf Eigentum oder Berufsfreiheit normalerweise dann ein, wenn die Organe der EG oder der EU handeln.

In beiden Fällen liegt das Augenmerk auf der Eröffnung der Rechtsordnung der EU. Unerheblich ist, durch welchen Umstand der Sachverhalt unter die Rechtsordnung der EU fällt. Wenn ein Sachverhalt unter die Rechtsordnung der EU fällt, so greifen alle Rechtsnormen der EU.

---

405 Vgl. *Emmert*, Europarecht, §23 Rn. 14. Fraglich ist, ob im Fall einer Inländerdiskriminierung ein grenzüberschreitender Bezug vorliegt. Während in der Vergangenheit ein solcher Bezug immer abgelehnt wurde, ist in der neuren Rechtsprechung des EuGH eine Wende abzusehen. Vgl. dazu unten § 12 I. 1.

406 EuGH Rs. 175/78 – Saunders, Slg. 1979, 1129, 1135.

407 A.A. *Emmert*, Europarecht, § 23 Rn. 14.

(2) Andererseits gibt es tatsächlich dieses Strukturmerkmal des grenzüberschreitenden Bezugs, welcher sich in der Formulierung „zwischen den Mitgliedstaaten“[408] findet. Dabei handelt es sich um eine Definition des Schutzbereichs. Generell sollen Grenzüberschreitungen erleichtert werden, die bisher durch besondere Vorschriften behindert wurden. In den letzten Jahren hat sich der Binnenmarkt derart entwickelt, dass man durchaus die Ansicht vertreten kann, dass es nicht mehr auf ein grenzüberschreitendes Element ankommen soll, sondern dass das Ziel der *Freiheit des Binnenmarktes* im Vordergrund steht[409]. Diese Auslegung wird auch durch die Art. 39 I und 76 I EG gestützt, die nur vom Verkehr „innerhalb der Gemeinschaft“ reden.

(3) Sofern die Grundfreiheiten aber durch diese Einschränkung nicht die *Grundrechtsfunktion* verlieren, ist dieser Umstand nicht geeignet, einen entscheidenden Unterschied zwischen den Grundfreiheiten und den anderen Grundrechten zu erzeugen. Eben wurde aber bereits dargelegt, dass die Funktionen der Grundfreiheiten sich sehr wohl in das System der Funktionen der Grundrechte einpassen. Dies betrifft sowohl die unbestrittene Nichtdiskriminierungsfunktion als auch die umstrittene absolute Abwehrfunktion.

Das Strukturmerkmal „grenzüberschreitender Bezug“ wirkt somit wie eine Schutzbereichsbegrenzung. Der Schutzbereich eines Grundrechts unterliegt aber keinen Einschränkungen, bis auf den Umstand, dass es sich doch um einen „grundsätzlichen“ Schutzbereich handeln müsse, da sonst das Ziel der „Grundsätzlichkeit des Schutzes“ wegfällt[410]. Die „Grundsätzlichkeit des Schutzes“ ist aber ein sehr unscharfer Begriff, der nicht zur Abgrenzung geeignet ist. Überdies liegt die Grundsätzlichkeit im Auge des Betrachters. Es bedarf daher einer objektiven Festlegung der Grundsätzlichkeit. Die Kompetenz zur Festlegung der Grundsätzlichkeit muss man dem Verfassungsgeber einräumen, denn er legt die Ziele und die Befugnisse der Rechtsordnung fest. Der Verfassungsgeber zeigt die Grundsätzlichkeit einer Norm dadurch, dass er sie auf die höchste Stufe der Normenhierarchie stellt. Das ist aber bei den Grundfreiheiten unstreitig der Fall.

Das Kriterium des „grenzüberschreitenden Bezugs“ ist daher nicht geeignet, einen sachlichen Unterschied zwischen den Grundfreiheiten und den ande-

---

408 Etwa Art. 28, 29, 56 EG.

409 Vgl. nur *König*, Das Problem der Inländerdiskriminierung - Abschied von Reinheitsgebot, Nachtbackverbot und Meisterprüfung?, AöR 119 (1994), 591, 594; GTE-*Beutler*, EUV Art. F Rn. 110.

410 Oben § 4 VIII.

ren Grundrechten festzustellen, der wesentliche Strukturmerkmale dieser Normgruppen betrifft.

d) Beschränkung auf wirtschaftliche Belange.

Auch die Beschränkung auf wirtschaftliche Belange bedeutet nicht, dass die Grundfreiheiten nicht zu den Grundrechten gezählt werden können. Die EU hat ihre Wurzeln in der Europäischen Wirtschaftsgemeinschaft und ist daher ganz selbstverständlich zunächst auf wirtschaftliche Belange ausgerichtet. Dies ist jedoch einer Einteilung der Grundfreiheiten als Grundrechte nicht abträglich. Klassische Grundrechte wie das Eigentum oder die Berufsfreiheit dienen ebenfalls dem Schutz des Wirtschaftslebens. Die Freiheit des Einzelnen ist eben auch die Freiheit, sich wirtschaftlich ungehindert betätigen zu können. Darüber hinaus muss die EU mit ihrer punktuellen Kompetenz leben, so dass Grundrechte auch nur in dem Maße greifen können, wie Sachverhalte unter die Rechtsordnung der EU fallen. Das sind im Moment noch überwiegend Sachverhalte aus dem Wirtschaftsleben, so dass hauptsächlich die Grundrechte greifen, die sich mit der Freiheit der Wirtschaft beschäftigen[411]. Dieses Verhältnis wird sich mit Sicherheit dann ändern, wenn sich die Wirtschaftsgemeinschaft zu einer tiefgreifenden politischen Union entwickelt.

e) Ergebnis

Die von den Gegnern einer Einordnung der Grundfreiheiten als Grundrechte vorgebrachten Argumente wiegen nicht so stark, dass sie eine Ausnahme aus der hier aufgestellten Definition rechtfertigen. Die Grundfreiheiten sind von ihrer Struktur und ihren Aufgaben so weit an die anderen Grundrechte angenähert, dass eine Gleichbehandlung angeraten scheint.

Andererseits besitzen die Grundfreiheiten gegenüber den anderen Grundrechten *zusätzliche* Strukturmerkmale, so dass es geraten erscheint, die Grundfreiheiten als Untergruppe der Grundrechte zu behandeln.

---

[411] Vgl. *Pernice*, Grundrechtsgehalte, S. 65 ff.; *Zuleeg*, Der Schutz der Menschenrechte im Gemeinschaftsrecht, DÖV 1992, 937, 942.

2. Zollfreiheit

Die nach Art. 25 EG gewährte Zollfreiheit ist ebenfalls ein subjektiv-öffentliches Recht im EGV[412]. Die Zollfreiheit ist analog zu den Grundfreiheiten als Grundrecht der EU einzustufen.

3. Diskriminierungsverbote

a) Art 12 EG

Das Verbot der Diskriminierung aufgrund der Staatsangehörigkeit ist in Art. 12 EG niedergelegt. Es ist nach der Meinung des EuGH[413] und der Literatur[414] direkt anwendbar. Art. 12 EG stellt eine spezielle Ausformung des allgemeinen Gleichheitssatzes dar[415]. Damit erfüllt Art. 12 EG alle Voraussetzungen der Grundrechtsdefinition und ist somit ein Grundrecht der EU[416].

b) Art. 141 EG

In Art. 141 EG ist das Verbot der Diskriminierung von Mann und Frau am Arbeitsplatz niedergelegt. Da Art. 141 EG auch ein subjektives Recht des Bür-

---

412 EuGH Rs. 26/62 – van Gend & Loos, Slg. 1963, 1, 24 ff.; Rs. 33/70 – Spa. SACE, Slg. 1970, 1213, Rn. 10; Rs. 251/78 – Denkavit, Slg. 1979, 3369, Rn. 3.

413 EuGH 293/83 – Rs. Gravier, Slg. 1985, 593, 609 ff.

414 Vgl. *Kischel*, Zur Dogmatik des Gleichheitssatzes in der Europäischen Union, EuGRZ 1997, 1, 9; *Pescatore*, Bestand und Bedeutung der Grundrechte in den Europäischen Gemeinschaften, EuGRZ 1978, 441, 444.

415 Vgl. EuGH Rs. 147/79 – Hochstrass, Slg. 1980, 3005, 3019; *Zuleeg*, Betrachtungen zum Gleichheitssatz im Europäischen Gemeinschaftsrecht, in: FS Börner, S. 473; *Fastenrath*, Inländerdiskriminierung, JZ 1987, 170, 171.

416 So auch Lenz-*Lenz*, EGV, 2. Aufl., Art. 12 Rn. 9 und Calliess/Ruffert-*Epiney*, EGV Art. 12 Rn. 2. Vgl. auch *Kischel*, Zur Dogmatik des Gleichheitssatzes in der Europäischen Union, EuGRZ 1997, 1, 8.

gers gegenüber dem Staat enthält[417], zählt er nach der hier vorgestellten Definition als Grundrecht. Dieses Ergebnis stimmt mit den Erkenntnissen der Literatur[418] und des EuGH[419] überein, auch wenn früher teilweise nur von einer Grundrechtsähnlichkeit gesprochen wurde[420].

c) Art. 39 II EG

Das spezielle Diskriminierungsverbot des Art. 39 II EG ist Teil der Arbeitnehmerfreizügigkeit und ebenfalls direkt anwendbar[421]. Damit erfüllt Art. 39 II EG alle Voraussetzungen, um nach der hier vorgeschlagenen Definition als Grundrecht zu gelten.

d) Art. 34 II UAbs. 2 EG

In Art. 34 II UAbs. 2 EG ist eine spezielle Ausformung des allgemeinen Gleichheitssatzes für die Organisation des Landwirtschaftsmarktes enthalten[422]. Seine direkte Anwendbarkeit ist anerkannt[423]. Damit liegt auch hier ein Grundrecht vor.

---

417 EuGH Rs. 43/75 – Defrenne II, Slg. 1976, 455, 480.

418 Vgl. nur Lenz-*Coen*, EGV, 2. Aufl., Art. 141 Rn. 3; *Schwarze*, Lohngleichheit für Männer und Frauen bei gleicher Arbeit, EuR 1977, 44; *Louis*, Lohngleichheit vor dem Gerichtshof der Europäischen Gemeinschaften, EuGRZ 1976, 178 und *Pernice*, Grundrechtsgehalte, S. 200 ff.

419 EuGH Rs. 149/77 – Defrenne III, Slg. 1978, 1365, 1379.

420 Vgl. etwa *Bahlmann*, Der Grundsatz der Gleichbehandlung von Mann und Frau im Gemeinschaftsrecht, RdA 1984, 98, 103.

421 EuGH Rs. 15/69 – Württembergische Milchverwertung, Slg. 1969, 369 und Rs. 41/74 – Van Duyn, Slg. 1974, 1337.

422 So EuGH Rs. C-122/95 – Deutschland/Rat, Slg. 1998, I-973, Rn. 62.

423 EuGH verb. Rs. 201 und 202/85 – Klensch et al., Slg. 1986, 3477.

e) Art. 3 II und 13 EG

Ein allgemeiner Gleichheitsgrundsatz unter besonderer Berücksichtigung der Gleichstellung von Mann und Frau ist außerdem als Vertragsziel und Kompetenznorm in Art. 3 II und 13 EG festgehalten. Durch die Ausgestaltung als Vertragsziel kommen den Normen keine subjektivrechtlicher Charakter zu[424]. Somit handelt es sich bei den Art. 3 II und 13 EG nicht um ein Grundrecht.

4. Rechte der Unionsbürger

a) Freizügigkeit

In Art. 18 I EG ist bestimmt, dass jeder Unionsbürger das Recht hat, „sich im Hoheitsgebiet der Mitgliedstaaten vorbehaltlich der in diesem Vertrag und in den Durchführungsvorschriften vorgesehen Beschränkungen und Bedingungen frei zu bewegen und aufzuhalten."

Strittig ist, ob es sich bei dieser Norm um ein subjektiv-öffentliches Recht der Unionsbürger handelt. Gegen einen subjektiv-rechtliche Charakter spricht nach einer in der Literatur vertretenen Meinung der Wortlaut, der die Freizügigkeit nur „vorbehaltlich der ... vorgesehen Beschränkungen" gewährleisten will[425]. Ein subjektiver Inhalt sei nicht gewollt, da Art. 18 EG auch so effektiv umgesetzt werden könnte[426]. Diese Argumentation ist jedoch nicht schlüssig. Der Passus „vorbehaltlich der ... vorgesehenen Beschränkungen" weist gerade auf eine Einschränkbarkeit des Rechts hin, die nur dann sinnvoll ist, wenn dem Bürger zunächst überhaupt ein subjektives Recht zusteht[427]. Auch der übrige Wortlaut passt nicht recht zu einem rein objektiven Inhalt. In Art. 18 I EG heißt

---

[424] So auch Lenz-*Lenz*, EGV, 2. Aufl., Art. 13 Rn. 11 und Calliess/Ruffert-*Epiney* EGV Art. 13 Rn. 1. Vgl. auch *Berg/Karpenstein*, Änderungen der rechtlichenGrundlagen der EU durch den Vertrag von Amsterdam, EWS 1998, 77, 81.

[425] Lenz-*Kaufmann-Bühler*, EGV, 2. Aufl., Art. 18 Rn. 1; *Degen*, Die Unionsbürgerschaft nach dem Vertrag über die Europäische Union unter besonderer Berücksichtigung des Wahlrechts, DöV 1993, 749, 752; *Pechstein/Bunk*, Das Auffenthaltsrecht als Auffangrecht, EuGRZ 1997, 547 ff.

[426] So *Pechstein/Bunk*, Das Auffenthaltsrecht als Auffangrecht, EuGRZ 1997, 547 ff.

[427] So auch Calliess/Ruffert-*Kluth*, Art. 18 Rn. 9.

es: „Jeder Unionsbürger hat das Recht, sich im Hoheitsgebiet ... frei zu bewegen und aufzuhalten.“ Eine Formulierung, die noch mehr die Subjektivität betont, ist kaum anzutreffen. Weder der Wortlaut noch das teleologische Argument vermögen daher einen rein objektiven Gehalt des Art. 18 EG zu begründen. Der EuGH hat die Entscheidung über die subjektive Qualität des Art. 18 I EG bisher offengelassen, tendiert aber wohl zur Annahme eines subjektiven Gehalts[428].

Damit erfüllt auch dieses Recht die obige Definition. In der Literatur wird es auch als Grundfreiheit bezeichnet[429]. Nach den Ausführungen unter 1. sind aber auch Grundfreiheiten Grundrechte der EU. Damit handelt es sich hier um das Grundrecht auf allgemeine Freizügigkeit[430].

b) Wahlrechte

Im EGV sind auch die Rechte der Unionsbürger zur aktiven und passiven Teilnahme an der Wahl zum Europaparlament, Art. 190 I, 19 II EG und zur aktiven und passiven Teilnahme an der Kommunalwahl, Art. 19 I EG enthalten. Während das Wahlrecht zum Europaparlament ein echtes Teilhaberecht ist, wird das Wahlrecht zur Kommunalwahl als Diskriminierungsverbot angesehen[431]. Auch bei diesen Rechten handelt es sich nach der Definition um Grundrechte[432].

c) Diplomatischer und konsularischer Schutz

(1) Nach Art. 20 EG genießen Unionsbürger in Drittstaaten den diplomatischen und konsularischen Schutz, den die Mitgliedstaaten dort ihren Bürgern zukommen lassen.

---

428 EuGH Rs. C-378/97 – Wijsenbeek, EuR 1999, 635, 641

429 Vgl. GTE-*Haag*. EGV Art. 8a Rn. 1

430 Calliess/Ruffert-*Kluth*, EGV Art. 18 Rn. 9; Dreier-*Pernice*, EGV Art. 11 Rn. 5. Schlußanträge des GA *Jacobs* in Rs. Bickel/Franz, Slg. 1998, I-7637, Rn. 24. Vgl. auch GTE-*Haag*, EGV Art. 8a Rn. 4.

431 Vgl. GTE-*Haag*, EGV Art. 8b Rn. 7.

432 Calliess/Ruffert-*Kluth*, Art. 19 Rn. 1. Das Wahlrecht gilt in Deutschland dagegen als grundrechtsgleiches Recht. Vgl. dazu *Stern*, Staatsrecht III/1, § 63 IV. 2.

Bei dieser Norm ist wie bei Art. 18 EG der subjektive Charakter strittig. Zum Teil wird ein subjektiver Charakter abgelehnt, weil in Anlehnung an die Prinzipien des Völkerrechts in dieser Norm ein Recht des Heimatstaates und nicht des Individuums gesehen wird[433]. Die Zulässigkeit des diplomatischen Schutzes aufgrund des Völkerrechts bedeute nicht, dass der Schutzbegehrende einen Anspruch gegen seinen Heimatstaat auf Schutz habe[434]. Dieser Argumentation muss man zunächst zustimmen. Man muss jedoch zusätzlich die Struktur des Art. 20 EG genau beachten. Dort heißt es „Jeder Unionsbürger genießt ... den diplomatischen und konsularischen Schutz eines jeden Mitgliedstaates *unter denselben Bedingungen wie Staatsangehörige* dieses Staates." In Art. 20 EG ist tatsächlich kein Anspruch auf diplomatischen Schutz enthalten, sondern ein Gleichbehandlungsgebot. Dieses Gleichbehandlungsgebot ist aber wiederum individuell und durchsetzbar ausgestaltet[435].

Darüber hinaus sehen Teile der Literatur in Art. 20 EG aber dennoch einen subjektiven Anspruch auf den diplomatischen Schutz an sich. Dieser Anspruch wird aus dem Wortlaut genommen und entspringt aus dem Gedanken, dass nur ein subjektives Leistungsrecht effektiv die Unionsbürgerschaft umsetzen würde[436]. Der Umfang des Anspruches wird dabei aber immer wieder auf ein Diskriminierungsverbot[437] bzw. einen Anspruch auf fehlerfreie Ermessensausübung[438] zurückgenommen.

---

433 Lenz-*Kaufmann-Bühler*, 2. Aufl., EGV Art. 20 Rn. 3.

434 Dazu ausführlich *Doehring*, Handelt es sich bei einem Recht, das durch diplomatischen Schutz eingefordert wird, um ein solches, das dem die Protektion ausübenden Staat zusteht, oder geht es um die Erzwingung von Rechten des betroffenen Individuums?, in: *Ress/Stein*, Der diplomatische Schutz im Völker- und Europarecht, S. 13, 20. In Deutschland besteht die Ausnahme, daß das Individuum gegen den Staat einen gerichtlich durchsetzbaren Anspruch auf diplomatischen Schutz hat, *Stern*, Staatsrecht III/1, § 69 IV. 3. a) und § 72 V 8 c). Vgl. außerdem BVerfGE 37, 217, 241.

435 Calliess/Ruffert-*Kluth*, EGV Art. 20 Rn. 16.

436 *Ruffert*, Diplomatischer und konsularischer Schutz zwischen Völker- und Europaerecht, ArchVöR 35 (1997), 459, 472 und *Stein*, Die Regelung des diplomatischen Schutzes im Vertrag über die Europäische Union, in: *Ress/Stein*, Der diplomatische Schutz im Völker- und Europarecht, S. 97, 101, 104. *Stein* spricht dabei von einem „konditionierten Bürgerrecht", welches unter der (erfüllten) Bedingung der Umsetzung durch die Mitgliedstaaten stehe.

437 So *Ruffert*, ebenda, S. 471.

438 So *Stein*, ebenda, S. 104.

(2) Außerdem steht dem Unionsbürger aufgrund des Beschlusses 95/553/EG[439] ein beschränktes subjektives Recht auf diplomatischen Schutz zu. Dabei handelt es sich um die Ausführungsregelungen zu Art. 20 Satz 2 EG, die als uneigentlicher Ratsbeschluss[440] ergangen sind. Dieser Beschluss gehört zwar nicht zum Sekundärrecht, aber auch nicht zum Primärrecht. Daher kann er nach der hier vorgelegten Definition keine Grundrechte enthalten[441]. Statt dessen gibt er einen weiteren Hinweis darauf, dass Art. 20 EG selbst als subjektives Recht mit einer Leistungs- und nicht nur Diskriminierungsfunktion gedacht ist, da er ansonsten im Widerspruch zu Art. 20 EG stehen würde.

(3) Somit handelt es sich bei Art. 20 EG um ein subjektives Recht der Unionsbürger, welches zumindest einen Gleichbehandlungsanspruch und darüber hinaus möglicherweise eine Leistungsfunktion enthält. Daher ist Art. 20 EG ein Grundrecht.

d) Petitionsrecht

Nach Art. 21 EG haben die Unionsbürger das Recht, sich mit Petitionen an das Europäische Parlament (Art. 21 I EG) und an den Bürgerbeauftragten (Art. 21 II und 195 EG) zu wenden. Bei diesen Rechten handelt es sich ebenfalls um Grundrechte[442]. Diese Rechte binden insbesondere auch alle Träger hoheitlicher Gewalt. Zwar werden nur das Parlament und der Bürgerbeauftragte positiv verpflichtet, aber die anderen Träger hoheitlicher Gewalt trifft insoweit das Gebot, diesen Zugang nicht zu verhindern, erschweren oder zu beeinflussen.

---

439 ABl. 1995 L 314/73.

440 Bei einem uneigentlichen Ratsbeschluß handelt es sich um eine gemeinsame Handlung der Mitgliedstaaten, die zwar durch die Mitglieder des Rates, aber nicht durch den Rat an sich tätig werden. Vgl. zum Begriff *Schweitzer/Hummer*, Europarecht, Rn. 182 ff. und *Ruffert*, Diplomatischer und konsularischer Schutz zwischen Völker- und Europaerecht, ArchVöR 35 (1997), 459, 467.

441 Der Beschluß 95/553/EG steht nicht auf der höchsten Stufe der Normenhierarchie.

442 Vgl. in Deutschland Art. 17 GG.

e) Zugang zu Dokumenten der Organe

Nach Art. 255 EG haben die Unionsbürger und Personen mit Wohnsitz in der EU das subjektive Recht, die Dokumente des Europäischen Parlamentes, des Rates und der Kommission einzusehen. *Hetmeier* bezeichnet es nur als „grundrechtsähnliches Recht“[443]. Nach der hier verwendeten Definition ist es jedoch als vollwertiges Grundrecht anzusehen, da auch hier wie eben dargestellt alle Träger hoheitlicher Gewalt verpflichtet werden[444].

5. Wettbewerbsregeln

a) Art. 81 I EG

Auch in Art. 81 I EG könnte man ein Grundrecht sehen. Diese Norm steht auf der höchsten Stufe der Hierarchie, begründet ein subjektives Recht[445], begünstigt keinen Träger hoheitlicher Gewalt und ist nicht nur ein Sekundäranspruch. Allein die Frage nach der reinen Drittwirkung ist problematisch. Dieser Artikel wendet sich in erster Linie an Privatpersonen und erst danach an die Mitgliedstaaten[446]. Nach der obigen Definition kommt es aber auch darauf an, ob sich die Norm gegen eine Machtkonzentration richtet, die der staatlichen Macht ähnlich ist[447]. Die Wettbewerbsregeln sollen gerade gegen Kartelle wirken, also gegen Zusammenschlüsse, deren Machtposition als zu groß empfunden wird. Aus diesem Grund sind die Art. 81 ff. EG zumindest als grundrechtsähnlich angesehen worden[448].

---

443 Lenz-*Hetmeier*, EGV, 2. Aufl., Art. 255 Rn. 3

444 So auch Calliess/Ruffert-*Wegener*, EGV Art. 255 Rn. 1.

445 EuGH Rs. 127/73 – BRT/SABAM, Slg. 1974, 51, Rn. 15-17; Vgl. auch Lenz-*Grill*, EGV Vorbem. Art. 85 Rn. 8.

446 EuGH Rs. 13/77 – INNO/ATAB, Slg. 1977, 2115, Rn. 30-35; Lenz-*Grill*, EGV Vorbem. Art. 85 Rn. 35.

447 Oben § 4 VIII. 3. c) .

448 *Gersdorf*, Funktionen der Gemeinschaftsgrundrechte im Lichte des Solange II-Beschlusses des Bundesverfassungsgerichts, AöR 119 (1994), 400, 421.

Der Art. 81 I EG ist ein Grenzfall. Während sich Art. 141 EG zunächst an die Mitgliedstaaten richtet und außerdem eine Abwandlung des Diskriminierungsverbotes enthält und damit Grundrecht ist, richtet sich Art. 81 I EG zunächst an Privatpersonen und enthält als Prinzip den wirksamen, unverfälschten Wettbewerb des Gemeinsamen Marktes[449]. Die Struktur des Art. 81 I EG ist damit zu verschieden, als dass eine Einordnung als Grundrecht zu einer wesentlichen Erleichterung bei der Verwendung führen würde.

b) Art. 88 II und III EG

Kingreen/Störmer sehen in Art. 88 II und III EG ein subjektives Recht der Unionsbürger[450]. Dieses subjektive Recht ergibt sich aber erst, wenn die Kommission im Einzelfall eine endgültige Entscheidung nach Art. 88 II UAbs. 2 und III Satz 2 EG getroffen hat[451]. Damit kann dieser primärrechtliche Anspruch nur geltend gemacht werden, wenn ein Akt des Sekundärrechts von einem Organ der EG ausgeführt wird. Dieser Bedarf nach einem Akt eines Organs schadet aber der Grundrechtsqualität, da sich der Anspruch nun nicht mehr unmittelbar aus dem Primärrecht ableiten lässt.

c) Ergebnis

Das Wettbewerbsrecht der Art. 81 ff. EG enthält keine europäische Grundrechte.

---

[449] GTE-*Schröter*, EGV Art. 85 Rn. 13.

[450] *Kingreen/Störmer*, Die subjektiv-öffentlichen Rechte des primären Gemeinschaftsrechts, EuR 1998, 263, 269.

[451] EuGH Rs. 78/76 – Steinike und Weinlig, Slg. 1977, 595, 610, Rn. 10. So auch *Götz*, Subventionsrecht, in: *Dauses*, Handbuch des EU-Wirtschaftsrechts, Band II, H. III. Rn. 15.

6. Steuerliche Vorschriften

In Art. 90 I und II EG ist festgelegt, dass die Mitgliedstaaten weder unmittelbar noch mittelbar höhere Abgaben für ausländische Waren festsetzen dürfen als sie inländischen Waren auferlegt sind. Die Abgaben dürfen auch nicht dazu dienen, die inländische Produktionen zu schützen.

In diesen Normen liegt ein subjektiv-öffentliches Recht[452]. Als Adressat der Norm sind in der Vorschrift nur die Mitgliedstaaten benannt. Der EuGH hat sie aber auch auf die Gemeinschaftsorgane ausgedehnt[453]. Daher liegt in dieser Norm ein Grundrecht der EU.

7. Art. 72 EG

In Art. 72 EG ist die Verpflichtung der Mitgliedstaaten niedergelegt, keine Vorschriften zu erlassen, die unmittelbare oder mittelbare Auswirkungen auf die Verkehrsunternehmer anderer Mitgliedstaaten im Vergleich zu inländischen Verkehrsunternehmern haben. Art. 72 EG ist nach Meinung der Literatur ein subjektiv-öffentliches Recht[454]. Aus Art. 72 1. Halbsatz EG ergibt sich jedoch in der systematischen Auslegung, dass Art. 72 EG nur die Mitgliedstaaten, nicht aber die Organe der EU verpflichtet. Aus diesem Grund handelt es sich bei Art. 72 EG nicht um ein Grundrecht.

8. Art. 136 EG

Nach Art. 136 EG beachten die EG und die Mitgliedstaaten die sozialen Grundrechte, wie „sie in der am 18. Oktober 1961 in Turin unterzeichneten Europäischen Sozialcharta und in der Gemeinschaftscharta der sozialen Grund-

---

[452] *Kingreen/Störmer*, Die subjektiv-öffentlichen Rechte des primären Gemeinschaftsrechts, EuR 1998, 263, 269.

[453] EuGH Rs. 15/81 – Schul BV, Slg. 1982, 1409, Rn. 42.

[454] Calliess/Ruffert-*Jung*, EGV Art. 72 Rn. 7; Lenz-*Mückenhausen*, 2. Aufl., EGV Art. 72 Rn. 3; GTE-*Erdmenger*, EGV Art. 76 Rn. 15; Grabitz/Hilf-*Frohnmeyer*, EGV Art. 76 Rn. 7; *Geiger*, EGV Art. 76 Rn. 2; *Kingreen/Störmer*, Die subjektiv-öffentlichen Rechte des primären Gemeinschaftsrechts, EuR 1998, 263, 269.

rechte der Arbeitnehmer von 1989 festgelegt sind". Art. 136 EG ist jedoch ausdrücklich als Zielbestimmung aufgebaut und begründet daher keine individuellen Rechte[455]. Art. 136 EG ist daher nur eine Auslegungshilfe für andere, sekundäre Normen[456] und keine eigenständige Grundrechtsnorm.

9. Art. 294 EG

Nach Meinung von *Kingreen/Störmer* liegt in Art. 294 EG ist ein subjektiv-öffentliches Recht[457]. Art. 294 hat jedoch keine eigenständige Bedeutung mehr[458] und wird vollständig von der Niederlassungs- oder Kapitalverkehrsfreiheit konsumiert. Damit ist Art. 294 EG kein Grundrecht der EU.

10. Ersatzansprüche

Auch bei dem Entschädigungsanspruch aus Art. 288 II EG ist teilweise ein Grundrecht angenommen worden[459]. Solche Ansprüche stellen aber nach obiger

---

455 EuGH Rs. 149/77 – Defrenne III, Slg. 1978, 1365, 1378; Lenz-*Coen*, EGV 2. Aufl., Art. 136 Rn. 5.

456 *Zuleeg*, EuGRZ 1992, 329.

457 *Kingreen/Störmer*, Die subjektiv-öffentlichen Rechte des primären Gemeinschaftsrechts, EuR 1998, 263, 269.

458 Calliess/Ruffert-*Bröhmer*, EGV Art. 294 Rn. 1.

459 So *Pfrang*, Das Verhältnis zwischen Europäischem Gemeinschaftsrecht und deutschem Recht nach der Maastricht-Entscheidung des Bundesverfassungsgerichts, S. 62; *Claudi*, Die Bindung der EWG an die Grundrechte, S. 91. Vgl. auch *Fuß*, Grundfragen der Gemeinschaftshaftung, EuR 1968, 353, 359 f.: Zur damaligen Zeit war der Grundrechtsschutz noch gar nicht durch den EuGH anerkannt. Dennoch lassen die Ausführungen von *Fuß* darauf schließen, das er eine Schutzfunktion in Art. 288 (215 a.F.) EG sah, die einem Grundrechtsschutz entsprechen würde. Vgl. dazu auch GA *Reischl*, Schlußanträge, Rs. 116/77 – Amylum, Slg. 1979, 3497, 3571; Grabitz/Hilf-*v. Bogdany*, EGV Art. 215 Rn. 15.

Definition ausdrücklich kein Grundrecht dar[460]. Damit beinhaltet Art. 288 II EG kein Grundrecht[461].

11. Normen des EUV

(1) Im EUV werden die Grundrechte mehrfach erwähnt (Art. 6 I und II; 7 I; 11 I 5. Spiegelstr. und 29 I EU). Bei diesen Normen handelt es sich jedoch nur um eine Verpflichtung der Mitgliedstaaten und der EU, die Grundrechte zu achten. In ihnen werden keine neuen, eigenständigen Rechte der Unionsbürger begründet. Mithin fehlt zumindest der subjektive Charakter[462], so dass in diesen Normen nur ein Geltungsgrund für Grundrechte enthalten ist, nicht aber Grundrechte selbst.

(2) Ein Grundrecht auf Datenschutz könnte in Art. 30 I lit. b) 2. Halbsatz EU zu finden sein:

> „Das gemeinsame Vorgehen ... schließt ein:
> b) das Einholen, Speichern, Verarbeiten, Analysieren und Austauschen sachdienlicher Informationen, einschließlich Informationen der Strafverfolgungsbehörden zu Meldungen über verdächtige finanzielle Transaktionen, insbesondere unter Einschaltung von Europol, *wobei die entsprechenden Vorschriften über den Schutz personenbezogener Daten zu beachten sind*;“

Fraglich ist, ob in dem Verweis auf die „entsprechenden Vorschriften“[463] auch ein eigenes subjektives Recht auf Datenschutz in dieser Vorschrift enthalten ist.

Der Wortlaut ist insoweit unklar. Zum einen kann der Verweis bedeuten, dass nur die Vorschriften zu beachten sind, die bereits existieren oder in Zukunft

---

460 Oben § 4 VIII. 3. b) .

461 So auch Grabitz/Hilf-*v. Bogdany*, EGV Art. 215 Rn. 15.

462 Vgl. GTE-*Beutler*, EUV Art. F Rn. 42 f.

463 Das sind das EuropolÜ selbst (ABl. 1995 C 316/3), dort insbesondere Art. 19 I, 20 IV und 26 I, die Richtlinie 95/46/EG vom 24.10.1995 (ABl. 1995 L 281/31) und die jeweiligen nationalen Umsetzungsgesetze, sowie laut Art. 14 III EuropolÜ das Übereinkommen des Europarates über den Schutz des Menschen bei der automatischen Verarbeitung personenbezogener Daten vom 28.1.1981 (BGBl II 1985, S. 538 ff.).

errichtet werden, zum anderen kann er darauf verweisen, dass es solche Normen zum Schutz der personenbezogenen Daten geben muss. Wenn Art. 30 I lit. b) 2. Halbsatz EU sich nur auf die (zufällig) existierenden Normen beziehen würde, hätte dieser Teil der Norm keinen eigenen rechtlichen Gehalt, sondern wäre rein deklaratorischer Natur. Dagegen spricht aber seine Stellung im Vertrag. Eine deklaratorische Normierung des Grundrechtsschutzes findet sich bereits am Anfang des Titels VI in Art. 29 I EU, der auch die Ziele statuiert. In Art. 30 EU befinden sich materielle Vorschriften über die Aufgaben und Befugnisse der polizeilichen Zusammenarbeit. In einem untergeordneten Abschnitt wäre es sehr ungewöhnlich, eine rein deklaratorische Bekräftigung des Grundrechtsschutzes aufzunehmen. Die systematische Auslegung von Art. 30 I lit. b) 2. Halbsatz EU spricht daher gegen eine rein deklaratorische Bedeutung.

Sinnvoller ist daher die Auslegung, nach der Art. 30 I lit. b) 2. Halbsatz EU bedeutet, dass es Vorschriften zum Schutze der Grundrechte geben muss. Damit ist aber noch keine Aussage über den Umfang dieser Vorschriften oder über den subjektiv-rechtlichen Charakter von Art. 30 I lit. b) 2. Halbsatz EU getroffen worden.

(a) Der Umfang der Vorschriften ist in Art. 30 I lit. b) 2. Halbsatz EU nicht angegeben. Die „entsprechenden Vorschriften" sind bislang Sekundärrecht oder andere internationale Verträge[464]. Diese Unbestimmtheit oder der Verweis auf niederrangiges Recht spricht aber noch nicht gegen einen subjektiv-rechtlichen Charakter. So heißt es in Art. 14 I GG:

> „Das Eigentum und das Erbrecht werden gewährleistet. *Inhalt und Schranken werden durch die Gesetze bestimmt.*"

Der Gesetzgeber ist damit verpflichtet, diesem Grundrecht durch niederrangige Normen Gestalt zu geben. Die Ausgestaltung ist dabei sowohl durch Gesetz als auch durch Richterrecht geschehen[465]. Eine vergleichbare Ausgangslage bieten die „entsprechenden Vorschriften" des Art. 30 I lit. b) 2. Halbsatz EU an, so dass eine mangelnde Ausgestaltung nicht gegen eine subjektivrechtliche Ausgestaltung spricht.

---

[464] Siehe oben Fn. 463.

[465] *Kimminich*, in: Bonner Kommentar, GG Art. 14 Rn. 23 ff.

(b) aa) Damit ist aber noch nicht gesagt, dass Art. 30 I lit. b) EU tatsächlich eine subjektive Norm ist. Grundsätzlich enthält der EUV keine subjektiven Rechte der Unionsbürger. Art. 30 I lit. b) EU ist auch nicht subjektiv formuliert. Die Vorschriften, auf die Art. 30 I lit. b) EU verweist, sind jedoch teilweise subjektiv ausgestaltet. So enthalten beispielsweise Art. 19 I, 20 IV und 24 IV EuropolÜ subjektive Ansprüche für jedermann[466]. Ein subjektiver Charakter des Art. 30 I lit. b) EU lässt sich also weder aus dem Wortlaut noch aus der systematischen Auslegung entnehmen. Allein der Telos könnte auf einen subjektivrechtlichen Charakter hinweisen. Sinn der Vorschrift ist der Schutz des Unionsbürgers. Dieser Schutz muss aber nicht zwingend subjektiv ausgestaltet sein. Es ist durchaus denkbar, das ein rein objektives Schutzverfahren möglich ist und die subjektiven Ansprüche aus den entsprechenden Vorschriften nur zusätzlich und ohne Verpflichtung eingeführt wurden. Dieses Argument spricht aber auch nicht zwingend gegen einen subjektiv-rechtlichen Charakter. Gerade Grundrechte werden oft auch bei objektiver Formulierung als subjektives Recht verstanden, um dem Sinn des Schutzes der Bürger zur Effektivität zu verhelfen[467].

bb) Ein Hinweis auf den subjektiv-rechtlichen Charakter könnte in der Klagbarkeit der Vorschrift liegen. Wenn der Unionsbürger die Beachtung von Art. 30 I lit. b) EU durch Klage vor dem EuGH erzwingen könnte, so wäre es logisch, darin ein subjektives Recht der Unionsbürger zu sehen. Gemäß Art. 46 lit. b) EU ist der EuGH nach Maßgabe des Art. 35 EU zu einer Entscheidung berufen. In Art. 35 EU sind wiederum drei Verfahren normiert. Art. 35 VI EU enthält ein Streitverfahren über die Rechtmäßigkeit von Beschlüssen und Rahmenbeschlüssen, bei dem die Mitgliedstaaten und die Kommission beteiligtenfähig sind. Art. 35 VII EU normiert ein Verfahren über Streitigkeiten, welche die Anwendung oder Auslegung eines nach Art. 34 II EU erlassenen Rechtsaktes betreffen, in dem wiederum nur die Mitgliedstaaten beteiligtenfähig sind. Diese Verfahren geben dem einzelnen Unionsbürger keine Klagemöglichkeit und vermögen daher auch nicht, eine subjektive Auslegung von Art. 30 I lit. b) 2. Halbsatz zu stützen.

Nach Art. 35 I EU kann der EuGH im Vorlageverfahren über die Gültigkeit und Auslegung von Beschlüssen, Rahmenbeschlüssen und Durchführungsbe-

466 Art. 19 I EuropolÜ enthält einen Auskunftsanspruch, Art. 20 IV EuropolÜ einen Anspruch auf Löschung unrichtiger oder nicht zulässig gespeicherter Daten und Art. 24 IV EuropolÜ einen Anspruch auf Entscheidung eines Streitfalles durch die Gemeinsame Kontrollinstanz.

467 Vgl. für das deutsche Recht Dreier-*Heun*, GG Art. 3 Rn. 15 m.w.N.

stimmungen entscheiden, die aufgrund des Titels VI des EUV ergangen sind. Dies sind sämtlich Rechtsakte des Rates. Die Erfassung, Speicherung und Verwendung von personenbezogenen Daten nach Art. 30 I lit. b) EU sind aber Handlungen der Mitgliedstaaten oder von Europol. Außerdem ist eine Anrufung des EuGH nur dann möglich, wenn der Mitgliedstaat eine fakultative Erklärung nach Art. 35 II EU abgegeben hat[468]. Diese Klausel wurde aufgenommen, weil England ausdrücklich keine Klagemöglichkeit wünschte[469].

Sofern der Unionsbürger gegen eine Handlung von Europol selbst vorgehen möchte, kann er nach Art. 24 IV EuropolÜ die Gemeinsame Kontrollinstanz (GKI) anrufen. Eine Klage vor dem EuGH ist ausgeschlossen. Die Mitglieder der GKI sollen unabhängig und müssen keine Juristen sein. Es gibt keine dem Art. 220 EG vergleichbare Regelung, nach der die GKI zur Wahrung des Rechts verpflichtet wäre. Außerdem wird die GKI für Europol beratend tätig, so dass die Unparteilichkeit nicht gewährleistet ist. Die GKI ist aus diesen Gründen kein Gericht[470].

Art. 30 I lit. b) EU ist also weder vor dem EuGH noch vor einem anderen Gericht der EU von einem Individuum durchsetzbar. Die überwiegenden Argumente sprechen gegen einen subjektiven Gehalt von Art. 30 I lit. b) 2. Halbsatz EU.

(3) Der EUV enthält somit keine eigenen europäischen Grundrechte.

---

[468] Eine Erklärung zur Ermächtigung der letztinstanzlichen Gerichte haben Irland und Frankreich abgegeben. Belgien, Deutschland, Griechenland, Italien, Luxemburg, die Niederlande, Österreich, Portugal und Finnland haben erklärt, alle Gerichte zur Vorlage zu ermächtigen. Eine Verpflichtung der letztinstanzlichen Gerichte zur Vorlage haben neben Deutschland (EuGH-Gesetz vom 6.8.1998, BGBl 1998, S. 2035) auch Belgien, Griechenland, Italien, Luxemburg, die Niederlande, Österreich und Portugal eingeführt. Dänemark und Spanien wollen eine Erklärung erst noch abgeben. Siehe dazu die Gemeinsame Erklärung in BGBl II 1997, 2173. Allein England will keine Ermächtigungserklärung abgeben.

[469] Vgl. *Frowein/Krisch*, Der Rechtsschutz gegen Europol, JZ 1998, 589, 590; *Soria*, Die polizeiliche Zusammenarbeit in Europa und der Rechtschutz des Bürgers, VerwArch 1998, 400, 424; *Schomburg*, Auf dem Wege zu einem europäischen Rechtsraum?, DRiZ 1999, 107, 110.

[470] *Frowein/Krisch*, Der Rechtsschutz gegen Europol, JZ 1998, 589, 592 ff. Die Autoren machen außerdem geltend, daß die Zweidrittel-Mehrheit, welche die GKI benötigt, um eine für den klagenden Bürger positive Entscheidung zu fällen, die Eignung der GKI als rechtstaatliches Gericht weiter mindert.

12. Normen im EGKSV, EAGV

Im bis zum 23. Juli 2002 gültigen EGKSV finden sich in Art. 4 und Art. 70 UAbs. 2 subjektive Rechte, die wie die Grundfreiheiten (Art. 4 EGKSV) bzw. Diskriminierungsverbote (Art. 70 UAbs. 2 EGKSV) Grundrechte sind. In Art. 36 I und 88 I EGKSV ist das Grundrecht auf rechtliches Gehör niedergelegt. Art. 87 EAGV enthält ein spezielles Grundrecht auf Nutzung und Verbrauch von spaltbaren Stoffen.

In Art. 188 UAbs. 2 EAGV ist analog zu Art. 288 II EG kein Grundrecht zu sehen.

V. Sekundärrecht

Teilweise werden Grundrechte auch im Sekundärrecht gesehen. So wird zum Beispiel von Art. 27 II Beamtenstatut angenommen, dass darin ein Grundrecht liege[471].

Nach der hier angewendeten Definition sind diese Normen keine Grundrechte, da sie nicht auf der höchsten Stufe der Normenhierarchie stehen. Sie können aber dennoch die geschriebene Formulierung eines Grundrechts sein, welches in der Rechtsordnung der EU nur als ungeschriebener Rechtsgrundsatz verbürgt ist.

VI. Ergebnis

Die Überprüfung der Definition hat gezeigt, dass die hier gefundene Definition von Grundrechten in der Rechtsordnung der EU brauchbare Ergebnisse liefert. Aus den Verfassungen der Mitgliedstaaten und aus der EMRK selbst ergeben sich keine Grundrechte der EU, wohl aber aus den allgemeinen Rechtsgrundsätzen, die in diesen Texten enthalten sind. Auch im geschriebenen Primärrecht finden sich Grundrechte, nämlich die Grundfreiheiten, die Diskriminie-

---

[471] *Rengeling*, Grundrechtsschutz, § 31 III.

rungsverbote und die Rechte der Unionsbürger. In den Wettbewerbsregeln, den Ersatzansprüchen und im Sekundärrecht finden sich keine Grundrechte.

Teil 2 Einheitliche Grundrechtsdogmatik

§ 7 Quellen der Grundrechte

Als Grundrechtsquellen der EU kommen das geschriebene Primärrecht, die Verfassungstraditionen der Mitgliedstaaten, die EMRK sowie andere internationale Verträge in Betracht. In der systematischen Betrachtung zeigt sich, dass die geschriebenen Grundrechte eine andere Quelle haben als die ungeschrieben[472].

I. Geschriebene Grundrechte

Die geschriebenen Grundrechte ergeben sich nur aus dem geschriebenen Primärrecht[473]. Diese Grundrechte sind die Grundfreiheiten, die Rechte der Unionsbürger und die Diskriminierungsverbote. Alle geschriebenen Grundrechte finden ihre Wurzel mithin im EGV, EGKSV und EAGV.

II. Ungeschriebene Grundrechte

1. Geschriebenes Primärrecht

Auch die ungeschriebenen Grundrechte können ihre Quelle im geschriebenen Primärrecht haben. Von dieser Möglichkeit haben der EuGH und die Literatur bisher aber nur sehr zurückhaltend Gebrauch gemacht. Hauptsächlich ist diese Quelle für das allgemeine Diskriminierungsverbot genutzt worden[474].

---

[472] Das ist nicht selbstverständlich. In Deutschland haben sowohl die geschriebenen als auch die ungeschriebenen Grundrechte die selbe Quelle, nämlich den Grundrechtskatalog.

[473] Dies folgt zwangsläufig aus der Definition der Grundrechte, § 4 VIII. b) .

[474] Vgl. EuGH verb. Rs. 117/76 und 16/77 – Ruckdeschel, Slg. 1977, 1753, Leitsatz1 und S. 1769f.: „Artikel 40 Absatz 3 Unterabsatz 2 des Vertrages zielt nicht eindeutig auf die Beziehungen zwischen verschiedenen Handels- oder Gewerbezweigen im Bereich landwirt-

Teilweise wird versucht, ein Grundrecht auf Handelsfreiheit und freien Warenverkehr als ungeschriebenes Grundrecht aus den Bestimmungen des Vertrages zu lesen[475]. Dazu besteht aber keine Notwendigkeit, da die Grundfreiheiten ja schon selbst Grundrechte der EU sind[476].

2. *Verfassungstraditionen der Mitgliedstaaten*

(1) Aus dem vom EuGH verwendeten Begriff „Verfassungstradition“[477] kann man ersehen, dass Quelle der Grundrechte nicht die jeweilige Verfassung der Mitgliedstaaten ist, sondern vielmehr die Gesamtheit von Verfassung, Rechtsprechung und Lehre[478]. Dabei liegt ein dynamischer Verweis vor. So wie sich die Betrachtung der Grundrechte in den Mitgliedstaaten ändert[479], ändert sich auch ihr Gehalt in der EU. Teilweise wird darin ein Nachteil gesehen, der nur durch die Kodifikation eines Grundrechtskataloges behoben werden könnte[480]. Aber auch ein Grundrechtskatalog verhindert nicht, dass Rechtsprechung und Lehre neue Betrachtungsweisen einführen oder alte Rechtsprechungen aufgeben. Dieser dynamische Verweis, der vom jeweiligen Bestand an Mitglied-

---

schaftlicher Verarbeitungserzeugnisse. Das in der angeführten Vorschrift ausgesprochene Diskriminierungsverbot ist jedoch nur der spezifische Ausdruck des allgemeinen Gleichheitsgrundsatzes, der zu den Grundprinzipien der Gemeinschaft gehört.“

Vgl. auch die Schlußanträge des Generalanwalts *Trabucchi*, EuGH Slg. 1974, 887, 891: „Doch selbst wenn man von dem allgemeineren Diskriminierungsverbot ausgeht, das dem Vertrag selbst innewohnt ..., ist keine Unvereinbarkeit der untersuchten Regelung mit diesem Grundsatz festzustellen.“

[475] So *Rengeling*, Grundrechtsschutz, § 31 II. Vgl. auch *Pernice*, Gemeinschaftsverfassung und Grundrechtsschutz – Grundlagen, Bestand und Perspektiven, NJW 1990, 2409, 2415.

[476] Auch eine Vereinfachung der Schrankensystematik, wie sie *Rengeling*, ebenda, S. 181 in einer solchen Trennung sehen will, ist nicht zu erkennen.

[477] EuGH Rs. 44/79 – Hauer, Slg. 1979, 3727.

[478] Vgl. *Hailbronner*, Gemeinschaftsverfassung und Grundrechtsschutz – Grundlagen, Bestand und Perspektiven, ZaöRV 36 (1976), 190, 221 und *Hilf*, Der Gerichtshof der europäischen Gemeinschaften als Integrationsfaktor; in: *Frowein*, Die Grundrechte in der Europäischen Gemeinschaft, S. 23, 33.

[479] So ist gerade die Grundrechtslehre in Deutschland in den letzten Jahrzehnten recht dynamisch gewesen. Vgl. *Jarass*, Bausteine einer umfassenden Grundrechtsdogmatik, AöR 120 (1995), 345 ff. und *Hilf*, ebenda, S. 25.

[480] *Wetter*, Die Grundrechtscharta des Europäischen Gerichtshofes, S. 235.

staaten und deren Verfassungstraditionen abhängig ist, ist insoweit nicht wesentlich unberechenbarer als eine nationale Verfassungstradition.

(2) Aus dem eben Gesagten ergibt sich auch, dass die Verfassungen aller Mitgliedstaaten als Quelle in Betracht kommen. Die EU hat aber im Laufe ihrer Geschichte immer wieder neue Mitgliedstaaten aufgenommen und auch zur Zeit wird mit verschiedenen Staaten wieder verhandelt. Damit ändert sich jeweils der Bestand an Verfassungen und Verfassungstraditionen, so dass eine zusätzliche Dynamik in den Quellen besteht.

(3) Für eine Folgenabschätzung muss man jedoch zwischen den etablierten Grundrechten und den noch zu entwickelnden Grundrechten unterscheiden. Für die bereits etablierten Grundrechtsnormen ist die Dynamik der Quellen nicht von gleicher Bedeutung wie für die noch zu entwickelnden Normen. Sofern eine Grundrechtsnorm erst einmal entwickelt, d.h. als allgemeiner Rechtsgrundsatz vom EuGH akzeptiert wird, ist die Norm in der Rechtsordnung der EU vorhanden und es bedarf keines Rückgriffes mehr auf die Quelle. Die Quelle kann sich danach verändern, der allgemeine Rechtsgrundsatz bleibt. In der Rechtsprechung des EuGH drückt sich das dadurch aus, dass der EuGH nicht immer wieder auf die Quelle „Verfassungstraditionen der Mitgliedstaaten" zurückgreift, sondern auf seine eigenen früheren Urteile[481]. Eine einmal gefestigte Rechtspre-

---

[481] Ausgewählte Beispiele: EuGH Rs. 265/87 – Schräder, Slg. 1989, 2237, 2267: „Wie der Gerichtshof insbesondere, so in dem genannten Urteil vom 13. Dezember 1979 [EuGH Rs. 44/79 – Hauer, Slg. 1979, 3727; Anm. des Autors], anerkannt hat, gehören sowohl das Eigentumsrecht als auch die freie Berufsausübung zu den allgemeinen Grundsätzen des Gemeinschaftsrechts.

EuGH Rs. C-44/89 – van Deetzen, Slg. 1991, I-5119, Rn. 19: „Die Gültigkeit dieser Bestimmung ist daher in erster Linie anhand des in diesen Urteilen [Urteile EuGH Rs. Mulder, Slg. 1988, 2321 und Rs. van Deetzen, Slg. 1988, 2355; Anm. des Autors] angewandten Grundsatzes des Vertrauensschutzes zu prüfen."

EuGH verb. Rs. C-143/88 und C-92/89, Slg. 1991, I-415, Rn. 49: „49 Der Gerichtshof hat bereits insbesondere in seinen Urteilen vom 25. Januar 1979 in den Rechtssachen 98/78 (Racke, Slg. 1979, 69) und 99/78 (Decker, Slg. 1979, 101) sowie vom 30. September 1982 in der Rechtssache 108/81 (Amylum, a. a. O.) festgestellt, daß der Grundsatz der Rechtssicherheit es zwar im allgemeinen verbietet, den Beginn der Geltungsdauer eines Rechtsakts der Gemeinschaft auf einen Zeitpunkt vor dessen Veröffentlichung zu legen, daß dies aber ausnahmsweise dann anders sein kann, wenn das angestrebte Ziel es verlangt und das berechtigte Vertrauen der Betroffenen gebührend beachtet ist." und Rn. 73: „73 Der Gerichtshof hat bereits entschieden (vgl. insbesondere Urteil vom 11. Juli 1989

chung steht daher nicht zur Disposition, wenn später weitere Verfassungen als Quellen hinzukommen. Nur wenn neue allgemeine Rechtsgrundsätze begründet werden müssen, greift die Rechtsordnung der EU auf die Quellen und damit auf alle Verfassungen zurück, die dem aktuellen Stand der Mitgliedstaaten entsprechen. Die Dynamik, die eine solche Verweisung erzielt, ist also nur relativ und gefährdet daher nicht die Rechtssicherheit[482].

3. Die EMRK

a) Materielle Bestimmungen

Die materiellen Bestimmungen der EMRK[483] sind seit der Rs. Rutili[484] als spezielle Quelle für die allgemeinen Rechtsgrundsätze anerkannt:

> „32. Insgesamt stellen sich die Beschränkungen der ausländerpolizeilichen Befugnisse der Mitgliedstaaten als eine besondere Ausprägung eines allgemeineren Grundsatzes dar, der in den Artikeln 8, 9, 10 und 11 der am 4. November 1950 in Rom unterzeichneten und von allen Mitgliedstaaten ratifizierten Konvention zum Schutze der Menschenrechte und Grundfreiheiten und in Artikel 2 des am 16. September 1963 in Straßburg unterzeichneten Protokolls Nr. 4 zu dieser Konvention verankert ist, die gleichlautend bestimmen, dass sie zum Schutz der öffentlichen Sicherheit und Ordnung vorgenommenen Einschränkungen der in den genannten Artikeln zugesicherten Rechte nicht den Rahmen dessen überschreiten dürfen, was für diesen Schutz „in einer demokratischen Gesellschaft" notwendig ist."

---

in der Rechtssache 265/87, Schraeder, Slg. 1989, 2237, Randnr. 15), daß die Ausübung des Eigentumsrechts und die freie Berufsausübung namentlich im Rahmen einer gemeinsamen Marktorganisation Beschränkungen unterworfen werden können, sofern diese Beschränkungen tatsächlich dem Gemeinwohl dienenden Zielen der Gemeinschaft entsprechen und nicht einen im Hinblick auf den verfolgten Zweck unverhältnismäßigen, nicht tragbaren Eingriff darstellen, der die so gewährleisteten Rechte in ihrem Wesensgehalt antastet.

[482] A.A. *Preuß*, Grundrechte in der Europäischen Union, KJ 98, 1, 2.

[483] Europäische Konvention zum Schutze der Menschenrechte und Grundfreiheiten vom 4. November 1950, BGBl. II 1952, 685 ff.

[484] EuGH Rs. 36/75 – Rutili, Slg. 1975, 1219, 1232.

Die besondere Bedeutung der EMRK als Quelle für die allgemeinen Rechtsgrundsätze wurde später insbesondere in der Rs. ERT betont[485]. Dabei ist jedoch nicht der Wortlaut der EMRK entscheidend, sondern nur die Essenz, die „leitenden Grundsätze"[486].

b) Urteile des EGMR

Da die EMRK nur eine Quelle für die allgemeinen Rechtsgrundsätze ist, sind auch die Urteile des EGMR nicht für den EuGH bindend. Der EuGH hat jedoch in der Rs. Hoechst darauf verwiesen, dass noch keine Rechtsprechung des EGMR zu der vorgelegten Frage existiere[487]. In der Rs. Familiapress hat der EuGH die Schranken der Meinungsfreiheit aus einem Urteil des EGMR entnommen[488]:

> „Artikel 10 der Konvention zum Schutze der Menschenrechte und Grundfreiheiten lässt jedoch Ausnahmen von dieser Freiheit zum Zweck der Aufrechterhaltung der Medienvielfalt zu, soweit sie durch Gesetz geregelt und in einer demokratischen Gesellschaft erforderlich sind (Urteil des Europäischen Gerichtshofes für Menschenrechte vom 24. November 1993, Informationsverein Lentia u. a./Österreich, A Nr. 276)."

Damit zählen auch die Urteile des EGMR zu den Quellen der Grundrechte.

---

485 EuGH Rs. C-260/89 – ERT, Slg. 1991, I-2925, 2964: „Dabei geht der Gerichtshof von den gemeinsamen Verfassungstraditionen der Mitgliedstaaten sowie von den Hinweisen aus, die die völkerrechtlichen Verträge über den Schutz der Menschenrechte geben, an deren Abschluß die Mitgliedstaaten beteiligt waren oder denen sie beigetreten sind (siehe insbesondere Urteil vom 14. Mai 1974 in der Rechtssache 4/73, Nold, Slg. 1974, 491, Randnr. 13). Hierbei hat die Europäische Menschenrechtskonvention eine besondere Bedeutung (siehe insbesondere Urteil vom 15. Mai 1986 in der Rechtssache 222/84, Johnston, Slg. 1986, 1651, Randnr. 18).

486 EuGH Rs. 222/84 – Johnston, Slg. 1986, 1651, Rn. 18.

487 EuGH verb. Rs. 46/87 und 227/88 – Hoechst, Slg. 1989, 2859, 2924, Rn. 18.

488 EuGH Rs. C-368/95 – Familiapress, Slg. 1997, I-3689, Rn. 26.

4. Andere Internationale Verträge

Neben der EMRK kommen auch andere internationale Verträge als Grundrechtsquellen in Betracht. Namentlich wären dies die Europäische Sozialcharta[489] und die Konvention Nr. 111 der Internationalen Arbeitsorganisation (ILO)[490], die bereits vom EuGH als Quelle verwand wurden[491]. Auch andere Verträge mit grundrechtlichen Inhalten könnten als Quelle in Betracht kommen, sind aber bisher noch nicht genutzt worden.

5. Soft Law

Das Soft Law der Gemeinschaft[492] kann nicht als eigenständige Grundrechtsquelle betrachtet werden. Der EuGH hat sich zwar die Gemeinsame Grundrechtserklärung der Versammlung, des Rates und der Kommission vom 5. April 1977[493] und die Präambel der EEA zunutze gemacht[494], aber er hat dabei jeweils nur Bestätigung für seine Befugnis gesucht, Grundrechte und allgemeine Rechtsgrundsätze aus den Quellen finden zu dürfen.

Auch der uneigentliche Ratsbeschluss 95/553/EG[495] ist keine Grundrechtsquelle, sondern nur ein Auslegungshinweis für Art. 20 EG.

---

[489] Europäische Sozialcharta vom 18. November 1061, BGBl. II 1954, 1261 ff.

[490] Übereinkommen Nr. 111 über Diskriminierung in Beschäftigung und Beruf der Internationalen Arbeitsorganisation vom 25. Juni 1958, BGBl. II 1961, 98 ff.

[491] EuGH Rs. 149/77 – Defrenne III, Slg. 1978, 1365, 1379, Rn. 26/29. Vgl. dazu auch *Pescatore*, Bestand und Bedeutung der Grundrechte in den Europäischen Gemeinschaften, EuGRZ 78, 441, 443, der von einer Integration dieser Abkommen in die Rechtsordnung der EG ausgeht.

[492] Zum Begriff des „Soft Law" vgl. *Bothe*, "SOFT Law" in den Europäischen Gemeinschaften?, in: FS Schlochauer, S. 761 ff.

[493] ABl. EG 1977 C 103/1.

[494] EuGH Rs. 44/79 – Hauer, Slg. 1979, 3727, 3744 und Rs. 222/84 – Johnson, Slg. 1986, 1651, 1682 beziehen sich auf die Gemeinsame Erklärung. EuGH Rs. 249/86, Slg. 1989, 1286, 1290 bezieht sich auf die Präambel.

[495] ABl. 1995 L 314/73. Vgl. oben § 6 IV. 4. c) .

6. Methoden der Gewinnung

(1) Die allgemeinen Rechtsgrundsätze, die in diesen Quellen enthalten sind, können durch verschiedene Methoden entnommen werden. Diskutiert werden dabei die Methoden der wertenden Rechtsvergleichung, sowie die Methode des minimalen, die Methode des maximalen und die Methode des variablen[496] Grundrechtsschutzes[497]. Der EuGH und vor allem die Schlussanträge der Generalanwälte verwenden – wenn sie denn die Gewinnung beschreiben – die Methode der wertenden Rechtsvergleichung[498].

(2) Ein allgemeiner Rechtsgrundsatz ist nach der Methode der wertenden Rechtsvergleichung „nicht, was die Mehrheit der Rechtsordnungen übereinstimmend anordnet", sondern vielmehr, „was sich bei einer kritischen Analyse der Lösungen, die sich nach einer rechtsvergleichenden Umschau ergeben, als die beste Lösung darstellt"[499]. Diese Methode lässt viel Raum für den Richter und die gewöhnlich recht knapp gehaltenen Urteile haben zu einem Defizit in der Transparenz geführt, welches in der Literatur immer wieder kritisiert wird[500].

---

496 D.h. von der Nationalität des Grundrechtsberechtigten abhängigen Grundrechtsschutzes.

497 Diese Methoden sind in der Literatur bereits hinreichend oft untersucht worden und sollen hier nicht weiter diskutiert werden. Es sei dazu nur auf die umfassenden Darstellungen von *Bleckmann*, Die wertende Rechtsvergleichung bei der Entwicklung europäischer Grundrechte, in: FS Börner, S. 29 ff.; *Heintzen*, Gemeineuropäisches Verfassungsrecht in der Europäischen Union, EuR 1997, 1, 9; *Meessen*, Zur Theorie allgemeiner Rechtsgrundsätze des internationalen Rechts: Der Nachweis allgemeiner Rechtsgrundsätze des Europäischen Gemeinschaftsrechts, JIR 17 (1974), 283, 301; *Zweigert*, Der Einfluß des Europäischen Gemeinschaftsrechts auf die Rechtsordnungen der Mitgliedstaaten, RabelsZ 28 (1964), 601, 610 f.; *Stadler*, Die Berufsfreiheit in der Europäischen Gemeinschaft, S. 168 bis 211 und *Wetter*, Die Grundrechtscharta des Europäischen Gerichtshofes, S. 41 ff. hingewiesen. Kritisch dazu *Weiß*, Die Verteidigungsrechte im EG-Kartellverfahren, S. 62.

498 Vgl. dazu EuGH verb. Rs. 7/56 und 3-7/57 – Algera, Slg. 1957, 83, 118 sowie Rs. 44/79 – Hauer, Slg. 1979, 3727, 3746. Vgl. auch Schlußanträge des GA Warner und GA Sir Gordon Slynn zu EuGH Rs. 155/79 – AM&S, Slg. 1982, 1575, 1619 ff., 1642 ff.; Schlußanträge des GA Mischo zu EuGH verb. Rs. 46/87 und 227/88 – Hoechst, Slg. 1989, 2859, 2884 ff.

499 *Zweigert*, Der Einfluß des Europäischen Gemeinschaftsrechts auf die Rechtsordnungen der Mitgliedstaaten, RabelsZ 28 (1964), 601, 611.

500 Vgl. nur *Streinz*, Bundesverfassungsgerichtlicher Grundrechtsschutz, S. 384 f. m.w.N.; *Meessen*, Zur Theorie allgemeiner Rechtsgrundsätze des internationalen Rechts: Der

Diese Kritik ist berechtigt, aber dennoch kein Grund für eine Abkehr von diesem Prinzip. Der EuGH hat seinerseits mit immensen Problemen zu kämpfen. Die Rechtsordnungen von 15 Mitgliedstaaten müssen immer wieder untersucht werden. Die dabei gefundenen Normen weisen oft nicht mal eine gemeinsame Schnittmenge auf[501]. Die Lösungen, die der EuGH für diese Probleme findet, zeigen eine hohe Sensibilität und Ausrichtungen an den Bedürfnissen der Gemeinschaft[502]. Man kann auch davon ausgehen, dass die Kenntnisse der einzelnen Richter über ihr Heimatrecht mit in die Urteile einfließen[503].

Die so gefundenen Grundrechte weisen meist einen mittleren Standard aus, zum Teil wird aber auch ein Maximal- oder Minimalstandard gewährt. So entschied der EuGH im Fall AM&S[504], dass die gesamte Korrespondenz zwischen Anwalt und Mandant grundrechtlich geschützt sei. Damit orientierte er sich am Stand des englischen Rechts, welches insoweit das höchste Schutzniveau aufweist. Ein besonders niedriges Schutzniveau nahm der EuGH in für das Grundrecht der Unverletzlichkeit der Wohnung im Fall Hoechst[505] an, in dem er die Geschäftsräume nicht in den grundrechtlichen Schutzbereich aufnehmen wollte. Der Schutz von Privatwohnungen stellt einen europäischen Minimalstandard dar und bleibt hinter dem Schutzniveau in Deutschland oder der EMRK[506] zurück.

Nachweis allgemeiner Rechtsgrundsätze des Europäischen Gemeinschaftsrechts, JIR 17 (1974), 283, 302; Grabitz/Hilf-*Pernice*, EGV Art. 164 Rn. 58; *Hoffmann*, Ein Grundrechtskatalog für die EG?, S. 26.

501 Vgl. dazu unten § 8 III. für das Bespiel der Grundrechtsberechtigung einer juristischen Person des öffentlichen Rechts.

502 Vgl. *Meessen*, Zur Theorie allgemeiner Rechtsgrundsätze des internationalen Rechts: Der Nachweis allgemeiner Rechtsgrundsätze des Europäischen Gemeinschaftsrechts, JIR 17 (1974), 283, 303.

503 So auch *Bothe*, Die Bedeutung der Rechtsvergleichung in der Praxis internationaler Gerichte, ZaöRV 36 (1976), 280, 287.

504 EuGH Rs. 155/79 – AM&S, Slg. 1982, 1575, 1611.

505 EuGH verb. Rs. 46/87 und 227/88 – Hoechst, Slg. 1989, 2859. 2924.

506 Vgl. Urteil des EGMR Rs. 72/1191/324/396, Niemietz/Bundesrepublik Deutschland, EuGRZ 93, 65, 66. Es muß jedoch angemerkt werden, daß dieses Urteil erst nach dem Urteil des EuGH in der Rs. Hoechst erging. Vgl. auch Frowein-Peukert-*Frowein*, EMRK Art. 8 Rn. 28, der noch nicht von einer eindeutigen Klärung durch den EGMR ausgeht.

§ 8 Grundrechtsberechtigung

I. Unionsbürger

(1) Zweifelsfrei ist zunächst jede natürliche Person, die ein Unionsbürger ist, grundrechtsberechtigt[507]. Über eine postmortale oder pränatale Grundrechtsberechtigung musste der EuGH bisher noch nicht entscheiden. Grundsätzlich wird eine solche Berechtigung abzulehnen sein, es sei denn, ein Grundrecht hat generell Wirkungen über die Lebensspanne des Menschen hinaus. Dies könnte etwa bei den Grundrechten auf Datenschutz oder informationelle Selbstbestimmung gegeben sein. Die Lebensbereiche, die in die Rechtsordnung der EU fallen, haben bisher aber noch keine Fallgestaltung erlaubt, in der dieser Umstand problematisch sein könnte.

(2) Juristische Personen des Privatrechts sind analog zu Art. 19 III GG insoweit grundrechtsberechtigt, als die Grundrechte ihrem Wesen nach anwendbar sind[508]. Insbesondere sind die Grundrechte anwendbar, die sich auf die Freiheit der Wirtschaft beziehen[509]. Nicht anwendbar sind dagegen die Grundrechte der Unionsbürger[510], da sie ihrem Wortlaut nach eine natürliche Person voraussetzen[511].

---

507 Vgl. *Rengeling*, Grundrechtsschutz, § 33 II.

508 Vom EuGH unproblematisch angenommen, vgl. nur EuGH Rs. 11/70 – Internationale Handelsgesellschaft, Slg. 1970, 1125 ff.; Vgl. auch *Bleckmann/Pieper*, Rechtsquellen des EG-Rechts, in: *Dauses*, Handbuch des EU-Wirtschaftsrechts, B. I. Rn. 136.

509 Etwa Eigentum, Warenverkehrsfreiheit (Art. 28 EG).

510 Etwa Wahlrechte (Art. 19 EG), Freizügigkeit (Art. 18 EG).

511 A.A. Calliess/Ruffert-*Kluth*, EGV Art. 17 Rn. 10.

II. Angehörige von Drittstaaten

Zur Frage der Grundrechtsberechtigung von Personen, die nicht Unionsbürger sind, hat der EuGH noch keine Stellung genommen[512]. In der Rs. Al-Jubail Fertilizer[513] hat der EuGH jedoch problemlos eine Grundrechtsberechtigung für das Grundrecht auf rechtliches Gehör angenommen.

Richtigerweise müssen auch solche Personen grundrechtsberechtigt sein, sofern das Grundrecht nicht seinem Wesen oder Wortlaut nach einen Unionsbürger voraussetzt (z.B. Art. 19 bis 21, Art. 39 I EG)[514], da sonst der Grundrechtsschutz in der EU auf nicht hinnehmbare Weise verkürzt würde. Insbesondere ist hier auch zu beachten, dass einige Grundfreiheiten (z.B. Art. 28, 56 EG) gerade nicht an den Unionsbürger anknüpfen, sondern an die Eigenschaft eines Objekts (etwa Gemeinschaftsware). Diese Grundrechte können daher von jeder Person wahrgenommen werden, egal ob sie Unionsbürger ist oder nicht oder ob sich innerhalb oder außerhalb des Hoheitsgebiets der EU befindet[515].

III. Juristische Personen des öffentlichen Rechts

(1) Die – im deutschen Recht umstrittene – Frage nach der Grundrechtsberechtigung von juristischen Personen des öffentlichen Rechts ist für die Rechtsordnung der EU bisher noch nicht geklärt worden.

Die Verfassungen der Mitgliedstaaten geben hier kein einheitliches Bild ab, das zu einer eindeutigen Aussage für die EU führen würde. In einigen Mitgliedstaaten können juristische Personen des öffentlichen Rechts wie juristische Personen des Privatrechts Grundrechtsträger sein[516], in anderen generell nicht[517]

---

512 *Rengeling*, Grundrechtsschutz, § 33 II. 3.

513 EuGH Rs. C-49/88 – Al-Jubail Fertilizer, Slg. 1991, I-317, Rn. 15.

514 So auch GTE-*Beutler*, EUV Art. F, Rn. 79; Calliess/Ruffert-Kingreen, EUV Art. 6 Rn. 51 f.; Hilf, Der Gerichtshof der europäischen Gemeinschaften als Integrationsfaktor, dargestellt anhand der Rechtsprechung zu den Grundrechten, in: *Frowein*, Die Grundrechte in der Europäischen Gemeinschaft, S 23, 31; *Bleckmann/Pieper*, Rechtsquellen des EG-Rechts, in: *Dauses*, Handbuch des EU-Wirtschaftsrechts, B. I. Rn. 118 und 139.

515 Natürlich muß sich das Objekt – etwa die Gemeinschaftsware – im Hoheitsgebiet der EU befinden.

516 Belgien: *Pieters*, Belgien, in: *Grabitz*, Grundrechte in Europa und USA I, 1, 36; Dänemark: § 73 dänischer Verfassung gewährt das Eigentum auch für öffentliche Behörden,

und in dritten Staaten ist diese Frage umstritten[518] oder unklar[519]. Damit ist eine direkte Übernahme der Regelungen nicht möglich, sondern es muss nach einem originär europäischen Ansatz geforscht werden.

(2) Nach der hier vorgestellten Dogmatik darf ein Grundrecht nicht nur Träger hoheitlicher Gewalt begünstigen. Eine Grundrechtsberechtigung der Träger hoheitlicher Gewalt kommt danach grundsätzlich in Betracht. Ob ein Träger hoheitlicher Gewalt grundrechtsberechtigt ist hängt dabei von der Handlung ab, für die er ein Grundrecht beansprucht.

Träger hoheitlicher Gewalt können sowohl fiskalisch (privatrechtlich) als auch hoheitlich tätig werden. Im fiskalischen Bereich wird dabei – im Gegensatz zum deutschen Recht[520] – eine generelle Grundrechtsberechtigung der Träger hoheitlicher Gewalt und den von ihnen abhängigen Wirtschaftsbetrieben angenommen. Dies zeigt sich zum Beispiel ausdrücklich in Art. 48 UAbs. 2 und Art. 55 EG, die explizit auch die juristischen Personen des öffentlichen Rechts in den Schutzbereich der Niederlassungs- und Dienstfreiheit aufnehmen[521]. Eine Grundrechtsberechtigung kommt aber dann nicht in Betracht, wenn der Träger hoheitlicher Gewalt im fraglichen Vorgang Grundrechtsverpflichteter ist[522].

---

vgl. *Germer*, Dänemark, in: *Grabitz*, Grundrechte in Europa und USA I, 85, 102; Portugal: *Thomashausen*, Portugal, in: *Grabitz*, Grundrechte in Europa und USA I, 591, 621; Spanien: *Prats-Canut*, Spanien, in: *Grabitz*, Grundrechte in Europa und USA I, 651, 675; England: *Kingston/Imrie*, Vereinigtes Königreich von Großbritannien und Nordirland, in: *Grabitz*, Grundrechte in Europa und USA I, 717, 748; Schottland: *ders.*, 838.

517 Frankreich: *Savoie*, Frankreich, in: *Grabitz*, Grundrechte in Europa und USA I, 202, 229; Irland: *Grehan*, Irland, in: *Grabitz*, Grundrechte in Europa und USA I, 259, 303.

518 Deutschland; vgl. *Stern*, Staatsrecht III/1, § 71 VII.

519 Italien: *Monaco*, Italien, in: *Grabitz*, Grundrechte in Europa und USA I, 363, 397; Luxemburg: *Pieters*, in: *Grabitz*, Grundrechte in Europa und USA I, 437, 473; Niederlande: *de Blois/Heringa*, in: *Grabitz*, Grundrechte in Europa und USA I, 511, 534.

520 Vgl. *Stern*, ebenda und *Rüfner*, Grundrechtsträger, in: *Isensee/Kirchhof*, HdbStR V, § 116 Rn. 80.

521 Dies gilt auch für die übrigen Grundfreiheiten. Vgl. *Bleckmann*, Europarecht, Rn. 756; *Rengeling*, Grundrechtsschutz, § 33 II.; *Tettinger*; Zur Grundrechtsberechtigung von Energieversorgungsunternehmen im Europäischen Gemeinschaftsrecht, in: FS Börner, 625, 638.

522 Das ist dann der Fall, wenn z.B. eine Gemeinde einen Auftrag ausschreibt und nah EU-Recht verpflichtet ist, alle Anbieter nach dem Gleichheitsgrundsatz zu behandeln.

Hoheitliches Handeln ist wiederum in zwei grundsätzlichen Formen möglich, dem obrigkeitlichen und dem schlicht-hoheitlichen Handeln[523]. Obrigkeitliches Handeln liegt dann vor, wenn die Verwaltung einseitig verbindlich regelnd tätig wird. Das schlicht-hoheitliche Handeln umfasst die restlichen Handlungsformen der Verwaltung, wie etwa den Verwaltungsvertrag, die Information und ähnliches[524]. Ein Träger hoheitlicher Gewalt, der obrigkeitlich tätig ist, kann keine Grundrechtsberechtigung für sich in Anspruch nehmen; vielmehr ist er der klassische Grundrechtsverpflichtete.

Im Bereich der schlicht-hoheitlichen Handlungen muss weiter differenziert werden. Es gibt zunächst die juristischen Personen des öffentlichen Rechts, die in bestimmten Gebieten mit speziellem Grundrechtsschutz tätig sind, z.B. Religionsgemeinschaften, Rundfunkanstalten und Universitäten. Diese sind dann (wie im deutschen Recht[525]) im Bezug auf die speziell geschützten Handlungen grundrechtsberechtigt. Andere schlicht-hoheitliche Handlungen führen dagegen regelmäßig zu einer Grundrechtsverpflichtung und schließen damit eine Grundrechtsberechtigung aus.

(3) Eine Grundrechtsberechtigung für juristische Personen des öffentlichen Rechts ist vom EuGH für die Prozessgrundrechte anerkannt worden[526]:

„(37) Was das Argument hinsichtlich der Verteidigungsrechte des betroffenen Mitgliedstaates angeht, so ist darauf hinzuweisen, dass der Umstand, dass Artikel 90 Absatz 3 im Gegensatz zu Artikel 93 kein Verfahren vorsieht, das die Beachtung dieser Rechte gewährleistet, für sich genommen kein Grund ist, der Kommission die Zuständigkeit für den Erlass der streitigen Entscheidung abzusprechen; nach ständiger Rechtsprechung ist nämlich die Beachtung der Verteidigungsrechte, auch wenn ausdrückliche entsprechende Bestimmungen fehlen, ein allgemeiner Grundsatz, an den sich jedes Gemeinschaftsorgan bei der Vornahme einer Handlung, die für den Adressaten beschwerend sein kann, halten muss (siehe z. B. Urteil vom 14. Februar 1990 in der Rechtssache C-301/87, Frankreich/Kommission, Slg. 1990, I-307)."

---

[523] Vgl. *Wolff/Bachof/Stober*, Verwaltungsrecht I, 10. Aufl., § 23 Rn. 39 ff.

[524] Vgl. dazu *Schulte*, Schlichtes Verwaltungshandeln.

[525] Vgl. *Stern*, Staatsrecht III/1, § 71 VII und BVerfGE 39, 302, 314 (Universitäten), 19, 1, 5 (Kirchen) und 31, 314, 322 (Rundfunkanstalten).

[526] EuGH Rs. C-48/90 und C-66/90, Slg. 1992, I-565, 637.

Aus dem Umstand, dass selbst den Mitgliedstaaten alle Prozessgrundrechte zustehen soll, kann man schließen, dass auch allen anderen juristischen Personen des öffentlichen Rechts die Prozessgrundrechte zustehen.

(4) Klärungsbedürftig ist auch die Anwendung der Gleichheitsrechte auf die Träger hoheitlicher Gewalt. Unbestritten ist die Existenz eines allgemeinen Gleichheitssatzes für die Mitgliedstaaten[527]:

> „Wenn es auch gerechtfertigt war, dass die ursprünglichen Mitgliedstaaten solche Ungleichheiten vorübergehend hinnahmen, so widerspräche es doch dem Grundsatz der Gleichheit der Mitgliedstaaten vor dem Gemeinschaftsrecht, ihr Fortdauern für unbestimmte Zeit zuzulassen."

Darin ist aber keine Ausformung des Grundrechts auf Gleichbehandlung zu sehen. Hier handelt es sich um die Gleichbehandlung von Vertragspartnern, die auf der Ebene des Vertrages handeln. Für ein Grundrecht fehlt es hier an der möglichen Begünstigung von natürlichen Personen. Dieser Gleichheitssatz bezieht sich nur auf die Mitgliedstaaten untereinander, aber nicht auf die Gleichheit von Unionsbürger und Mitgliedstaat. Damit handelt es sich um einen Grundsatz verfassungsrechtlicher Art.

Die speziellen Gleichheitssätze und Diskriminierungsverbote gelten ebenfalls nicht für die Mitgliedstaaten oder ihre Gemeinden; Sinn und Zweck der Verträge ist es gerade nicht, einen Träger hoheitlicher Gewalt zu zwingen, andere Träger hoheitlicher Gewalt gleichzubehandeln.

---

527 EuGH Rs. 231/78, Slg. 1979, 1447, 1462.

§ 9 Grundrechtsverpflichtung

Eine Grundrechtsverpflichtung soll sich nach Definition und Funktion der Grundrechte für jeden Träger hoheitlicher Gewalt ergeben. Die Grundrechte der EU gelten aber nur im Rahmen der Rechtsordnung der EU. Daher können auch nur solche Träger hoheitlicher Gewalt verpflichtet sein, die hoheitliche Gewalt in der Rechtsordnung der EU ausüben. Wenn aber hoheitliche Gewalt in der Rechtsordnung der EU ausgeübt wird, dann muss auch der jeweilige Träger dieser hoheitlichen Gewalt verpflichtet sein, die Grundrechte zu beachten.

Unter dieser Voraussetzung kann man zwischen zwei Gruppen von Grundrechtsverpflichteten unterscheiden: Solche, die immer in der Rechtsordnung der EU handeln und solche, die nur teilweise in der Rechtsordnung der EU handeln.

I. Generell Grundrechtsverpflichtete

(1) Die Grundrechtsbindung der Union folgt aus Art. 6 II EU[528]. Die Organe der EU handeln immer im Rahmen der Rechtsordnung der EU und sind somit immer verpflichtet, die Grundrechte zu achten. Diese Verpflichtung betrifft alle Organe[529] und alle Grundrechte (also auch die Grundfreiheiten[530] oder den Anspruch auf diplomatischen und konsularischen Schutz, Art. 20 EG[531]) der EU. Die Bindung bezieht sich dabei nicht nur auf die Gemeinschaften, sondern auch

[528] So auch Calliess/Ruffert-*Kingreen*, EUV Art. 6 Rn. 55; Grabitz/Hilf-*Hilf*, EUV Art. F Rn. 40; GTE-*Beutler*, Art. F Rn. 79 und 84.

[529] Neben dem Rat und der Kommission sind dies auch das Parlament, die EZB oder der Bürgerbeauftragte.

[530] Vgl. dazu auch die umfassende Darstellung bei *Schwemer*, Die Bindung des Gemeinschaftsgesetzgebers an die Grundfreiheiten, insb. S. 209. Vgl. auch EuGH Rs. 37/83 – Rewe, Slg. 1984, 1229, 1248 f. und EuGH Rs. 15/83 – Denkavit, Slg. 1984, 2171, 2184. Für Art. 90 I, II EG: EuGH Rs. 15/81 – Schul BV, Slg. 1982, 1409, Rn. 42. A.A. von *Emmert*, Europarecht, § 23 Rn. 13 ff. – vgl. oben § 6 IV. 1. a) .

[531] So auch *Szczekalla*, Die Pflicht der Gemeinschaft und der Mitgliedstaaten zum diplomatischen und konsularischen Schutz, EuR 1999, 325, 333 ff. Die Kommission nimmt auch ihre diesbezüglichen Pflichten wahr. Vgl. die Antwort von Kom. *van den Broek* vom 17.2.1997 betreffend die schriftliche Anfrage des MdEP *Vecchi* in bezug auf die diplomatischen Maßnahmen der Kommission gegenüber der Türkei betreffend das Eigentum griechischer Staatsbürger auf der Insel Imbros, ABl. 1997 C 186/146.

auf die Handlungen im Rahmen der ZBJI und GASP[532]. Eine Überprüfung an den Grundrechten der Mitgliedstaaten ist ausgeschlossen[533].

(2) Die Verpflichtung zur Achtung aller Grundrechte trifft auch die Träger hoheitlicher Gewalt, die durch zusätzliche Übereinkommen zwischen den Mitgliedstaaten im Rahmen des EUV geschaffen werden, wenn diese Übereinkommen zur Rechtsordnung der EU zählen. Die Rechtsordnung der EU umfasst die Europäischen Gemeinschaften, die justiziablen Artikel des EUV und alles von diesen Normen abgeleitete Recht[534]. Daneben gibt es einen weiterhin völkerrechtlichen Bereich, der zwar im EUV geregelt, aber von der neuen Rechtsordnung EU abgekoppelt ist[535].

II. Partiell Grundrechtsverpflichtete

Partiell grundrechtsverpflichtet sind die Mitgliedstaaten und von ihnen abgeleitete Träger hoheitlicher Gewalt[536], da sie ihre hoheitliche Gewalt nur zum Teil für die EU und damit in der Rechtsordnung der EU ausüben. Eine Berührung der Mitgliedstaaten mit dem Unionsrecht gibt es bei der direkten Ausführung von Unionsrecht und bei der Regelung von Sachverhalten, die durch die Rechtsordnung der EU geregelt werden[537].

---

532 So auch Calliess/Ruffert-*Kingreen*, EUV Art. 6 Rn. 55; Grabitz/Hilf-*Hilf*, EUV Art. F Rn. 40.

533 Dies ist auch die ständige Rechtsprechung des EuGH. Vgl. EuGH verb. Rs. 97-99/87 – Dow Chemical Ibérica, Slg. 1989, 3165, 3191.

534 Calliess/Ruffert-*Cremer*, EUV Art. 46 Rn. 7; GTE-*Krück*, EUV Art. L Rn. 1; Grabitz/Hilf-*Pache*, EUV Art. L Rn. 1, 8 ff.; *Iglesias*, EuR 1992, 225, 243 f.

535 Vgl. *Middeke/Szczekalla*, Änderungen im europäischen Rechtsschutzsystem, JZ 1993, 284, 291.

536 Z.B. Gemeinden.

537 Vgl. *Gersdorf*, Funktionen der Gemeinschaftsgrundrechte im Lichte des Solange II-Beschlusses des Bundesverfassungsgerichts, AöR 119 (1994), 400, 407.

1. Sachverhalte ohne Bezug zum EU-Recht

(1) Wenn die Mitgliedstaaten in Sachverhalten ohne Bezug zum EU-Recht handeln, sind sie nur an ihre eigene Rechtsordnung gebunden und damit nur an die Grundrechte, die nach ihrer Verfassung existieren. In der Literatur wird zuweilen gefordert, dass die Mitgliedstaaten auch in diesen Fällen an die Grundrechte der EU gebunden sein sollen[538]. Es wäre nicht einzusehen, warum die Gemeinschaftsorgane an direkt anwendbares Recht gebunden sein sollten, die Mitgliedstaaten aber nicht, obwohl das Gemeinschaftsrecht Anwendungsvorrang genieße[539]. Außerdem behindere eine nur partielle Anwendung des Primärrechts auf Lebenssachverhalte die Integration Europas[540]. Dieser Vorstoß ist rechtspolitisch durchaus begrüßenswert.

(2) Nach der hier vorgestellten Dogmatik ist dies aber nicht möglich. Solange die Rechtsordnung der EU nur partiell gilt, kann es keine umfassende Bindung der Mitgliedstaaten an die Grundrechte der EU geben. Die Grundrechte der EU gelten *nur* in der Rechtsordnung der EU und damit auch in den Mitgliedstaaten, soweit dort die Rechtsordnung der EU Anwendung findet, aber sie sind nicht durch die Zustimmungsgesetze in allgemeingültige Normen der Rechtsordnungen der Mitgliedstaaten transformiert worden[541]. Bei den Grundrechten steht nicht das Effizienzprinzip sondern der Rechtsschutzgedanke im Vordergrund[542]. Die Grundrechte der EU wirken also nicht kompetenzerweiternd[543].

---

538 *Weiler*, The European Court at a Crossroad. Community Human Rights and Member State Action, in: FS Pescatore, 821, 830; *Behrens*, Die Konvergenz der wirtschaftlichen Freiheiten im europäischen Gemeinschaftsrecht, EuR 1992, 145, 160 ff. Vgl. auch die sehr weitgehenden Schlußanträge des GA *Jacobs* zu EuGH Rs. 168/91 – Konstantinidis, Slg. 1993, I-1191, 1211 ff.

539 *Ruffert*, Die Mitgliedstaaten der Europäischen Gemeinschaft als Verpflichtete der Gemeinschaftsgrundrechte, EuGRZ 1995, 518, 523.

540 *Behrens*, ebenda.

541 So auch *Pernice*, Gemeinschaftsverfassung und Grundrechtsschutz – Grundlagen, Bestand und Perspektiven, NJW 1990, 2409, 2417.

542 *Ruffert*, ebenda.

543 EuGH Rs. C-249/96 – Grant, Slg. 1998, I-621, Rn. 45: „Zwar ist die Wahrung der Grundrechte, die Bestandteil dieser allgemeinen Grundsätze sind, eine Voraussetzung für die Rechtmäßigkeit der Gemeinschaftshandlungen; diese Rechte können jedoch als solche

(3) Eine einheitliche Grundrechtsgeltung für alle Bürger in allen Bereichen des Lebens würde einen rechtlich einheitlichen „europäischen Bürger" erfordern. Einen solchen *civis europaeus*, wie ihn der GA *Jacobs* postuliert hat[544] und der einem umfassenden Schutz durch die Union untersteht[545], gibt es noch nicht. Einen ersten Ansatz findet man in den Regelungen über die Unionsbürgerschaft und es ist wünschenswert und durchaus möglich, dass sich daraus einmal eine vollwertige Bürgerschaft entwickelt. Bis jetzt ist die Unionsbürgerschaft aber nicht mehr als ein Annex, wie sich schon aus ihrer Definition in Art. 17 I Satz 2 EG ergibt[546]. Eine Ausweitung der Grundrechte vom Bundesstaat auf die Mitgliedstaaten, wie sie 1925 durch Richterrecht in den USA geschah[547], ist derzeit nicht in Sicht.

2. Ausführung von EU-Recht

(1) Die Mitgliedstaaten können EU-Recht sowohl unmittelbar durch Verwaltungshandeln als auch mittelbar durch Umsetzung ausführen[548]. Im ersteren Fall wird die nationale Behörde direkt aufgrund einer Verordnung tätig, im zweiten Fall wird die Behörde aufgrund eines nationalen Gesetzes tätig, welches

---

nicht dazu führen, daß der Anwendungsbereich der Bestimmungen des Vertrages über die Zuständigkeiten der Gemeinschaft hinaus erweitert wird." Vgl. insbesondere zur Tragweite von Artikel 308 EG in bezug auf die Wahrung der Menschenrechte EuGH Gutachten 2/94 vom 28. März 1996, Slg. 1996, I-1759, Rn. 34 und 35. Vgl. auch *Jürgensen/Schlünder*, EG-Grundrechtsschutz gegenüber Maßnahmen der Mitgliedstaaten, AöR 121 (1996), 200, 222; *Ruffert*, Die Mitgliedstaaten der Europäischen Gemeinschaft als Verpflichtete der Gemeinschaftsgrundrechte, EuGRZ 1995, 518, 525.

544 Schlußanträge des GA *Jacobs* zu EuGH Rs. 168/91 – Konstantinidis, Slg. 1993, I-1191, 1211 ff.

545 So *Lenaerts*, Fundamental Rights to be Included in a Community Catalogue, ELR 16 (1991), 367, 368 und *ders.*, Grundrechtsschutz in den Europäischen Gemeinschaften und der EMRK, ZfRV 1992, 281, 286.

546 „Unionsbürger ist, wer die Staatsangehörigkeit eines Mitgliedstaates besitzt."

547 Vgl. *Lenaerts*, ebenda.

548 Vgl. dazu *Ruffert*, Die Mitgliedstaaten der Europäischen Gemeinschaft als Verpflichtete der Gemeinschaftsgrundrechte, EuGRZ 1995, 518, 527 und *Rengeling*, Die Entwicklung verwaltungsrechtlicher Grundsätze durch Grundsätze durch den Gerichtshof der Europäischen Gemeinschaften, EuR 1984, 331, 333.

wiederum aufgrund einer Norm des EU-Rechts (Richtlinie, Entscheidung, verbindlicher Ratsbeschluss[549]) erlassen wurde.

(2) (a) Beim unmittelbaren Vollzug von Gemeinschaftsrecht handelt die nationale Behörde mit den nationalen Rechtsmitteln und nach den nationalen Verfahrensgesetzen und – soweit vorhanden – nach EG-Verfahrensrecht. Inhaltlich übt sie aber die hoheitliche Gewalt für die EU aus. Damit wird sie in der Rechtsordnung der EU tätig und muss sich daher an den Grundrechten der EU messen lassen[550]. Auch der EuGH vertritt diese Meinung in ständiger Rechtsprechung seit der Rs. Wachauf[551]:

> „19. Unter Berücksichtigung dieser Kriterien ist festzustellen, dass eine gemeinschaftsrechtliche Regelung, die dazu führen würde, dass der Pächter nach Ablauf des Pachtverhältnisses entschädigungslos um die Früchte seiner Arbeit und der von ihm in dem verpachteten Betrieb vorgenommenen Investitionen gebracht würde, mit den Erfordernissen des Grundrechtsschutzes in der Gemeinschaftsrechtsordnung unvereinbar wäre. Da auch die Mitgliedstaaten diese Erfordernisse bei der Durchführung der gemeinschaftsrechtlichen Regelungen zu beachten haben, müssen sie diese, soweit irgend möglich, in Übereinstimmung mit diesen Erfordernissen anwenden."

und

> „22. Die fragliche gemeinschaftsrechtliche Regelung lässt den zuständigen nationalen Behörden somit einen Ermessensspielraum, der weit genug ist, um ihnen die Anwendung dieser Regelung in einer mit den Erfordernissen des Grundrechtsschutzes im Einklang stehenden Weise zu ermöglichen, indem sie dem Pächter entweder die Möglichkeit geben, die Referenzmenge ganz oder zum Teil zu behalten, wenn er die Milcherzeugung fortsetzen will, oder ihm eine Entschädigung gewähren, wenn er sich zur endgültigen Aufgabe der Milcherzeugung verpflichtet."

---

549 Etwa nach Titel VI EU.

550 So auch *Bleckmann/Pieper*, Rechtsquellen des EG-Rechts. in: *Dauses*, Handbuch des EU-Wirtschaftsrechts, B. I. Rn. 149; *Ahlt*, Europarecht, S. 36; *Streinz*, Europarecht, Rn. 368; *Rengeling*, Grundrechtsschutz, § 32 III 2. b).

551 EuGH Rs. 5/88 – Wachauf, Slg. 1989, 2609, Rn. 19. Schon im Urteil EuGH verb. Rs. 201 und 202/85 – Klensch, Slg. 1986, 3477, 3507 hatte der EuGH eine Bindung der Mitgliedstaaten an den speziellen Gleichheitssatz Art. 34 II UAbs. 2 EG festgestellt.

Diese Rechtsprechung hat der EuGH in späteren Urteilen bestätigt[552]. Eine unmittelbare Anwendung von Normen der EU liegt ebenfalls bei der direkten Anwendung einer konkreten, bisher nicht umgesetzten Richtlinie vor. Auch in diesem Fall müssen die Grundrechte der EU von den nationalen Stellen beachtet werden[553].

(b) Gegenüber dem Bürger tritt in diesen Fällen nicht ein Organ der EU sondern eine nationale Behörde als Handelnder auf. Daher stellt sich auch die Frage, ob diese Handlungen auch an nationalen Grundrechten überprüft werden könnten. Dieses Problem ist mit der Frage nach der Überprüfbarkeit von europäischem Sekundärrecht an nationalen Grundrechten verwandt. In der deutschen Rechtsprechung ist diese Frage in den Solange-Beschlüssen[554] und dem Maastricht-Urteil[555] behandelt worden. Auf diesen Problemkreis soll hier nicht tiefer eingegangen werden; statt dessen sei auf die Vielzahl der Literatur verwiesen[556]. Die Fragestellung ist hier abgewandelt: es wird nicht nach der Vereinbarkeit des Sekundärrechts mit den nationalen Grundrechten gefragt, sondern nach der Vereinbarkeit des nationalen Rechtsaktes aufgrund von Sekundärrecht mit den nationalen Grundrechten.

---

552 EuGH Rs. C-2/92 – Bostock, Slg. 1994, I-955, 983; Rs. 351/92 – Graff, Slg. 1994, I-3361, 3379.

553 So auch *Jürgensen/Schlünder*, EG-Grundrechtsschutz gegenüber Maßnahmen der Mitgliedstaaten, AöR 121 (1996), 200, 208 ff.; *Kingreen/Störmer*, Die subjektiv-öffentlichen Rechte des primären Gemeinschaftsrechts, EuR 1998, 263, 280 f.; *Rengeling*, Grundrechtsschutz, § 32 III. 2. a) bb); *Jarass*, Richtlinienkonforme bzw EG-rechtskonforme Auslegung nationalen Rechts, EuR 1991, 211 ff.

554 Solange-I: BVerfGE 37, 271, 278 ff.; Solange-II: BVerfGE 73, 339, 375 ff.

555 BVerfGE 89, 155, 174 ff.

556 Ausgewählte Literatur mit vielen weiteren Verweisen: *Pfrang*, Das Verhältnis zwischen Europäischem Recht und Gemeinschaftsrecht nach der Maastricht-Entscheidung des Bundesverfassungsgerichts; *Flint*, Die Übertragung von Hoheitsrechten, S. 46 ff.; *Zuck/Lenz*, Verfassungsrechtlicher Rechtsschutz gegen Europa, NJW 1997, 1193 ff.; *Hirsch*, Europäischer Gerichtshof – Kooperation oder Konfrontation, NJW 1996, 2457, insb. 2463 f.; *Klein*, Grundrechtsdogmatische und verfassungsprozessuale Überlegungen zur Maastricht-Entscheidung des Bundesverfassungsgericht, in: GS Grabitz, S. 271 ff.; *Götz*, Das Maastricht-Urteil des Bundesverfassungsgerichts, JZ 1993, 1081 ff.; *Schröder*, Das Bundesverfassungsgericht als Hüter des Staates im Prozeß der Europäischen Integration, DVBl 1994, 316 ff.

Im Ergebnis gehen sowohl der EuGH[557] als auch das BVerfG[558] von einer Autonomie des Europarechts derart aus, dass eine Anwendung nationaler Grundrechte soweit nicht in Betracht kommt, wie die Rechtsordnung der EU einschlägig ist. Die Grenze liegt im nationalen Verfahrensrecht und in nationalen Ermessensentscheidungen, wo auch nationale Grundrecht beachtet werden müssen.

(aa) Entscheidend ist also die Frage, welcher Rechtsordnung der Hoheitsakt der nationalen Behörde denn zuzurechnen sei. Sofern sich die nationale Behörde materiell nur auf eine Norm der EU stützt, handelt sie nur im Rahmen der Rechtsordnung der EU. Eine Überprüfung dieses Hoheitsaktes anhand der nationalen Grundrechte kommt nur dann in Betracht, wenn wesentliche Verfassungsprinzipien des Mitgliedstaates derart verletzt werden, dass eine Duldung dieser Akte der Hoheitsmacht EU auf dem Staatsgebiet des Mitgliedstaates nicht hinnehmbar ist. In Deutschland wären dies die in Art. 1 und 20 GG niedergelegten und durch die Ewigkeitsgarantie besonders geschützten Prinzipien.

(bb) Anders liegt der Fall, wenn sich die nationale Behörde zur Begründung ihrer Handlung sowohl auf eine rein nationale als auch auf eine durch das EG-Recht beeinflusste Norm beruft. Die nationale Behörde handelt dann sowohl in der Rechtsordnung der EU als auch in der nationalen Rechtsordnung. Die Behörde verbindet dann in einer Handlung zwei Hoheitsakte verschiedener Rechtsordnungen. Jeder Hoheitsakt kann an den Grundrechten seiner Rechtsordnung gemessen werden. In ihrem Schicksal sind sie jedoch nicht verbunden, so dass die Aufhebbarkeit des einen nicht zur Aufhebbarkeit des anderen führt. Solche Fälle dürften aber extrem selten sein, da es nur schwer vorstellbar ist, dass sowohl eine vom Unionsrecht beeinflusste Norm als auch eine rein nationale Norm jeweils den selben Sachverhalt regeln wollen.

(3) Bei einem mittelbaren Vollzug wird ein Gesetz angewandt, welches aufgrund einer Richtlinie erlassen wurde. Für die Grundrechtsverpflichtung

---

[557] Als Ausfluß des Anwendungsvorrangs des Gemeinschaftsrecht. Vgl. auch *Jarass*, EG-Recht und nationales Recht, DVBl 1995, 954, 958; *Bauer/Kahl*, Europäische Unionsbürger als Träger von Deutschen-Grundrechten?, JZ 1995, 1077, 1078.

[558] BVerfGE 89, 155, 174 f. (Maastricht).

stellt sich wiederum die Frage, in welcher Rechtsordnung die nationale Behörde gehandelt hat. Die Richtlinie gehört zur Rechtsordnung der EU und das nationale Gesetz gehört grundsätzlich zur nationalen Rechtsordnung. Der nationale Gesetzgeber war aber bei dem Erlass des fraglichen Gesetzes nicht völlig frei. Ein Teil der Literatur will deswegen das nationale Gesetz ganz der nationalen Verfassungskontrolle entziehen und es nur am europäischen Recht überprüfen[559]. Diese Auffassung geht aber zu weit. Selbst verfahrensrechtliche Fehler könnten dann nicht mehr vor einem nationalen Verfassungsgericht gerügt werden[560] Die Richtlinie wird gerade dann eingesetzt, wenn ein Spielraum für den Gesetzgeber des Mitgliedstaates erwünscht ist. Dieser Raum des nationalen Gesetzgebers kann aber nicht nach der Rechtsordnung der EU beurteilt werden, sondern nur nach der nationalen Rechtsordnung. Es kommt vielmehr darauf an, ob die einzelne Regelung durch das Unionsrecht bedingt war oder nicht[561]. Die nichtbedingten Regelungen des Gesetzes unterliegen voll den nationalen Grundrechten[562], während die bedingten Regelungen nur an den unionsrechtlichen Grundrechten überprüft werden können[563].

Für eine Prüfung des Gesetzes bedarf es daher einer Zerlegung in nationale und gemeinschaftsrechtliche Bestandteile. Jedes „Teilgesetz" muss dann an den Grundrechten der jeweils einschlägigen Rechtsordnung gemessen werden. Die Unwirksamkeit eines Teiles hat jedoch nicht die Unanwendbarkeit des anderen Teiles zur Folge, sofern der verbleibende Rest noch sinnvoll ist[564].

---

559 *Ipsen*, Europäisches Gemeinschaftsrecht, S. 737 f.; *Riegel*, Zum Problem der allgemeinen Rechtsgrundsätze und Grundrechte im Gemeinschaftsrecht, NJW 1974, 1585, 1589; vgl. auch *Streinz*, Bundesverfassungsgerichtlicher Grundrechtsschutz, S. 181.

560 *Streinz*, ebenda.

561 So *Rengeling*, Grundrechtsschutz, § 32 III. 2. a) und *Streinz*, ebenda, S. 187.

562 So auch *Klein*, Der Verfassungsstaat als Glied einer Europäischen Gemeinschaft, VVDStRL 50 (1991), 56, 83 f.

563 *Rengeling*, ebenda.

564 A.A. Lenz-*Borchardt*, EGV, 2. Aufl., Art. 220 Rn. 35 und *Pernice*, Gemeinschaftsverfassung und Grundrechtsschutz – Grundlagen, Bestand und Perspektiven, NJW 1990, 2409, 2417.

3. Sachverhalte mit Bezug zum Europarecht

(1) In der Literatur werden die Sachverhalte mit Bezug zum Europarecht meist unter dem Stichwort „Grundrechte als Schranken-Schranken der Grundfreiheiten“[565] oder „Vorbehaltssituation“[566] geführt. Dies beruht auf den Fällen des EuGH, in denen er von einer Messung der Rechtfertigung des Eingriffs in die Grundfreiheit an den Grundrechten der Union gesprochen hat[567]. Die vom EuGH gewählte Terminologie führt aber zu falschen Schlüssen. So könnte man annehmen, dass die Grundfreiheiten im Rang unter den (anderen) Grundrechten stehen[568]. Dies stimmt aber nicht; die Grundfreiheiten stehen mit allen anderen Grundrechten auf derselben Stufe[569]. Außerdem kann diese Fallgestaltung auch in einem größeren Rahmen betrachtet werden, der auch andere Grundrechtsnormen der EU umfasst.

(2) (a) Die eben behandelte Ausführung von Unionsrecht war dadurch gekennzeichnet, dass die Rechtsordnung der EU durch das Sekundärrecht eröffnet war. Wie auch bei den Handlungen der Organe der EU gab es eine Regelung seitens der EU, die den Unionsbürger als Adressat betraf. Dadurch fiel die jeweilige Handlung der Behörde unter die Rechtsordnung der EU. Die Rechtsordnung der EU wird aber auch dann eröffnet, wenn der Unionsbürger ein ihm von der Rechtsordnung der EU gegenüber den Mitgliedstaaten gewährtes Recht ausüben will. GA *Trabucchi* hat diesen Grundsatz in der Rs. Watson und Belman statuiert[570]:

---

565 *Wetter*, Die Grundrechtscharta des Europäischen Gerichtshofes, S. 84 ff.; Calliess/Ruffert-*Kingreen*, EUV Art. 6 Rn. 60; *Jürgensen/Schlünder*, EG-Grundrechtsschutz gegenüber Maßnahmen der Mitgliedstaaten, AöR 121 (1996), 200, 213 ff.; *Pernice*, Gemeinschaftsverfassung und Grundrechtsschutz – Grundlagen, Bestand und Perspektiven, NJW 1990, 2409, 2417; *Ruffert*, Die Mitgliedstaaten der Europäischen Gemeinschaft als Verpflichtete der Gemeinschaftsgrundrechte, EuGRZ 1995, 518, 528.

566 So *Schilling*, Bestand und allgemeine Lehren der bürgerschützenden allgemeinen Rechtsgrundsätze, EuGRZ 2000, 3, 9.

567 Vgl. nur EuGH Rs. C-260/89 – ERT, Slg. 1991, I-2925, 2964, Rn. 43.

568 *Jürgensen/Schlünder*, EG-Grundrechtsschutz gegenüber Maßnahmen der Mitgliedstaaten, AöR 121 (1996), 200, 213 ff.

569 Vgl. oben § 4 VIII. 2. b) Vgl. auch *Ruffert*, Die Mitgliedstaaten der Europäischen Gemeinschaft als Verpflichtete der Gemeinschaftsgrundrechte, EuGRZ 1995, 518, 528.

570 Schlußanträge des GA *Trabucchi*, EuGH Rs. 118/75, Slg. 1976, 1201, 1207.

„Der Schutz der Menschenrechte ist also gemeinschaftsrechtlich auch im Verhältnis zu den Staaten von Bedeutung, soweit das geltend gemachte Grundrecht mit einem Rechtsverhältnis oder einer Rechtslage verknüpft ist, deren Regelung den spezifischen Gegenstand des Vertrages ausmacht."

Dazu zählt neben der Waren- und Dienstleistungsverkehrsfreiheit auch die Wahl zum Europaparlament oder die Kommunalwahl[571], das Recht auf Nichtdiskriminierung in Bezug auf die Lohnhöhe, Art. 141 EG[572] oder das Recht auf Nichtdiskriminierung auf dem Agrarmarkt, Art. 34 II UAbs. 2 EG[573]. Wenn die Rechtsordnung der EU durch ein solches Recht eröffnet wurde, dann ist sie im Ganzen anwendbar[574]. Es kommt nicht darauf an, dass der Mitgliedstaat eine Regelung mit Bezug zum Gemeinschaftsrecht erlässt[575], zumal ein solcher Be-

---

571 Bisher gibt es noch keine Entscheidungen zu diesen Grundrechten.

572 So auch *Pernice*, Anmerkungen zum Urteil EuGH Rs. 149/77 – Defrenne III, EuR 79, 410, 416, der sich konkret auf die Anwendbarkeit des allgemeinen Diskriminierungsverbots bezieht. Der EuGH hat die Rückwirkung seiner Entscheidung und die rückwirkende Eröffnung aller anderen Grundrechte aus wirtschaftlichen Erwägungen heraus abgelehnt. (*Pernice*, ebenda, S. 412). In den nachfolgenden Entscheidungen wird die Eröffnung der gesamten Rechtsordnung der EU durch Art. 141 EG durch die Eröffnung in zahlreichen Richtlinien überlagert (RL 75/117/EWG vom 10.2.1975, ABl. 1975 L 45/19; RL 76/207/EWG vom 9.2.1976, ABl. 1976 L 39/40; RL 79/7/EWG vom 19.12.1978, ABl. 1979 L 6/29; RL 86/378/EWG vom 24.7.1986, ABl. 1986 L 225/40 und 1997 L 46/20; RL 86/613/EWG vom 11.12.1986, ABl. 1986 L 359/56; und weitere. Zuletzt RL 97/80/EG vom 15.12.1997, ABl. 1998 L 14/6). Die Diskriminierungsverbot nach Art. 141 EG ist außerdem nach Meinung des EuGH ein Spezialfall – EuGH Rs. C-158/91 – Levy, Slg. 1993, I-4287, Leitsatz: „Die Gleichbehandlung von Männern und Frauen stellt zwar ein in der Gemeinschaftsrechtsordnung anerkanntes Grundrecht dar, seine Verwirklichung erfolgte aber selbst auf Gemeinschaftsebene nur schrittweise und machte ein Tätigwerden des Rates durch den Erlaß von Richtlinien notwendig, die zudem vorübergehend bestimmte Ausnahmen von dem Grundsatz der Gleichbehandlung zulassen."

573 Gegenüber den Mitgliedstaaten kommt dieses Recht nur dann zum Tragen, wenn den Mitgliedstaaten die Ausführung der Regelung überlassen wurde, Calliess/Ruffert-*Thiele*, EGV Art. 34 Rn. 38. In der Praxis kann man keine ausschließlich auf Art. 34 II UAbs. 2 EG beruhende Eröffnung der Rechtsordnung der EU beobachten, da immer auch eine Regelung durch den Gemeinschaftsgesetzgeber und damit Bindung der Mitgliedstaaten durch Ausführung von Gemeinschaftsrecht vorlag. Andere Grundrechte wurden aber nicht als Schranken-Schranken, sondern als idealkonkurrierende Normen aufgefaßt. Vgl. nur EuGH Rs. 265/87 – Schräder, Slg. 1989, 2237, Rn. 13 ff.; Rs. C-280/93 – Deutschland/Rat, Slg. 1994, I-4973, Rn. 64 ff.

574 D.h. es sind auch die anderen Grundrechte ohne Eröffnungsklausel zu prüfen. Vgl. *Pernice*, Anmerkungen zum Urteil EuGH Rs. 149/77 – Defrenne III, EuR 79, 410, 416.

575 A.A. *Ruffert*, Die Mitgliedstaaten der Europäischen Gemeinschaft als Verpflichtete der Gemeinschaftsgrundrechte, EuGRZ 95, 518, 528.

zug nicht immer für alle Sachverhalte, die unter die nationale Regelungen fallen könnten, feststeht[576].

(b) Es gibt also Grundrechte deren Schutzbereich immer eröffnet ist und es gibt Grundrechte, deren Schutzbereich nur dann eröffnet ist, wenn der Sachverhalt aufgrund einer anderen Norm unter die Rechtsordnung der EU fällt. Man kann also zwischen generell geltenden und speziell geltenden Grundrechten unterscheiden. Sofern ein Grundrecht generell gilt, sind die nationale Rechtsordnung und die Rechtsordnung der EU kumulativ eröffnet. Das heißt, dass eine eingreifende Regelung sowohl mit der nationalen Rechtsordnung als auch mit der Rechtsordnung der EU vereinbar sein muss. Damit unterscheidet sich dieser Fall von den bisher behandelten Fällen, in denen es eine exklusive Eröffnung der Rechtsordnungen gab.

Geschriebenen Grundrechte gelten dabei immer generell, während die ungeschriebenen Grundrechte nur speziell gelten. Eine Geltungsanordnung ergibt sich dabei aus jeder Eröffnung des EU-Rechts, sei sie im Sekundärrecht[577] oder im Primärrecht[578] verankert.

(3) (a) Der EuGH hat diese Beziehung in verschiedenen Urteilen bestätigt. Im Fall Rutili[579] hatte sich ein italienischer Staatsbürger in Frankreich niedergelassen und wurde von der französischen Polizei mit einem territorialen Aufenthaltsverbot belegt. Das VG Paris bat um eine Entscheidung über die Vereinbarkeit dieser Maßnahme mit Art. 48 III EGV (Art. 39 III EG) Der EuGH führte in bezug auf die Rechtmäßigkeit der Maßnahme aus[580]:

„32. Insgesamt stellen sich die Beschränkungen der ausländerpolizeilichen Befugnisse der Mitgliedstaaten als eine besondere Ausprägung eines allgemeineren Grundsatzes dar, der

---

576 Vgl. *Clapham*, Human rights and the European Community, S. 40. der diese Beziehung von nationaler Regelung und Unionsrecht als das eigentliche Problem („real crux") sieht.

577 Etwa Art. 5 der Richtlinie 76/207/EWG (ABl. 1976 L 39/40) in Bezug auf das Diskriminierungsverbot am Arbeitsplatz, EuGH Rs. 13/94 – P./S., Slg. 1996, I-2143, Leitsatz und Rn. 19 f.; vgl. auch EuGH Rs. C-185/97 – Coote, Slg. 1998, I-5199, Rn. 23. Vgl. auch oben Fn. 572.

578 Vgl. unten (3), insbesondere (d) und (e).

579 EuGH Rs. 36/75 – Rutili, Slg. 1975, 1219.

580 EuGH, ebenda, Rn. 32.

in den Artikeln 8, 9, 10 und 11 der am 4. November 1950 in Rom unterzeichneten und von allen Mitgliedstaaten ratifizierten Konvention zum Schutze der Menschenrechte und Grundfreiheiten und in Artikel 2 des am 16. September 1963 in Straßburg unterzeichneten Protokolls Nr. 4 zu dieser Konvention verankert ist, die gleichlautend bestimmen, dass sie zum Schutz der öffentlichen Sicherheit und Ordnung vorgenommenen Einschränkungen der in den genannten Artikeln zugesicherten Rechte nicht den Rahmen dessen überschreiten dürfen, was für diesen Schutz „in einer demokratischen Gesellschaft" notwendig ist."

Der EuGH hat damit neben einer Prüfung der Maßnahme an Art. 39 III EG die Maßnahme auch am unionsrechtlichen Freizügigkeitsrecht und dessen Schranken geprüft. Da es sich hier jedoch noch um ein sehr frühes Urteil handelt, in dem die Grundrechtsdogmatik des EuGH noch nicht sehr entwickelt war, hat der EuGH nicht die allgemeine Freizügigkeit explizit geprüft, sondern die Schranken des speziellen Freizügigkeitsrecht den Schranken des allgemeinen Freizügigkeitsrecht angeglichen.

(b) Unklar ist, ob das Urteil Cinéthèque[581] in die hier vorgestellte Systematik passt. In diesem Fall hatte der EuGH über die Vereinbarkeit einer französischen Regelung, die vorsah, dass Filme, die im Kino gezeigt werden sollten, nicht vor Ablauf einer Schutzfrist auf Videokassetten oder Bildplatten verbreitet werden durften, mit Art. 30 und 36 EGV (Art. 28 und 30 EG) zu entscheiden.

GA *Slynn* vertrat die Ansicht, dass der Schutzbereich des Art. 28 EG nicht eröffnet sei, da es an der Diskriminierung fehle[582]. Sofern aber ein Eingriff vorliege, der sich nach Art. 30 EG rechtfertigen müsste, so müsse dieser Eingriff (= nationale Maßnahme) mit der unionsrechtlichen Meinungsfreiheit vereinbar sein[583].

Der EuGH geht dagegen von einer Behinderung der Warenverkehrsfreiheit aus[584], die allerdings gerechtfertigt ist. Eine Prüfung der anderen Grundrechte lehnt er ab, da die nationale Regelung nicht unter das Gemeinschaftsrecht fällt[585]. Während die Ausführungen des GA *Slynn* in das hier vorgestellte Schema passen, weicht der EuGH sowohl von seiner früheren als auch von seiner

---

581 EuGH verb. Rs. 60 und 61/84 – Cinéthèque, Slg. 1985, 2605.

582 Schlußanträge des GA *Slynn*, EuGH verb. Rs. 60 und 61/84 – Cinéthèque, Slg. 1985, 2605, 2611 f.

583 GA *Slynn*, ebenda, S. 2616.

584 EuGH, ebenda, S. 2626, Rn. 22.

585 EuGH, ebenda, Rn. 26.

späteren[586] Rechtsprechung ab. Der EuGH ist daher zu Recht für dieses Urteil kritisiert worden[587]. Möglicherweise lässt sich wenigstens der Widerspruch zwischen diesem Urteil und der hier vertretenen Auffassung so lösen, dass sich aus diesem Urteil kein Gegenargument ergibt. Der EuGH musste die Prüfung der Grundrechte ablehnen, wenn die Rechtsordnung der EU nicht eröffnet war, also die Norm keinen Bezug zum Gemeinschaftsrecht hatte. Sie hat dann keinen Bezug, wenn schon der Schutzbereich der Warenverkehrsfreiheit nicht eröffnet war, und sie hat dann Bezug, wenn der Schutzbereich eröffnet, aber der Eingriff gerechtfertigt war. Sofern man die Warenverkehrsfreiheit als reines Diskriminierungsverbot auffasst und die nationale Regelung als Verkaufsmodalität, kann man hier nach der Keck-Formel die Eröffnung des Schutzbereiches ablehnen, da weder eine Diskriminierung noch eine Abschottung des Marktes vorhanden war[588]. Dem kann man allerdings entgegenhalten, dass die Keck-Formel erst acht Jahre nach dem Urteil Cinéthèque entwickelt wurde. Der EuGH spricht überdies von einer Rechtfertigung der nationalen Regelung[589]. Das Urteil Cinéthèque ist daher als widersprechende Ausnahme zu der hier vertretenen Dogmatik zu verstehen.

(c) Im Fall ERT[590] drückte der EuGH sich unbestimmt aus. In diesem Fall hatte der EuGH über die Vereinbarkeit des griechischen staatlichen Fernsehmonopols mit dem EGV zu entscheiden. Zunächst fand er eine Eröffnung der Rechtsordnung der EU aufgrund der Dienstleistungsfreiheit[591]. Nachdem die Rechtsordnung der EU Anwendung findet, sind alle beteiligten Träger hoheitlicher Gewalt verpflichtet, auch die Grundrechte der EU zu beachten, die nicht über eine Eröffnungsklausel verfügen[592]:

---

586 Siehe unten.

587 *Weiler*, The European Court at a Crossroad. Community Human Rights and Member State Action, in: FS Pescatore, 821, 832 und 836; *Gersdorf*, Funktionen der Gemeinschaftsgrundrechte im Lichte des Solange II-Beschlusses des Bundesverfassungsgerichts, AöR 119 (1994), 400, 408.

588 EuGH verb. Rs. C-267 und C-268/91 – Keck, Slg. 1993, I-6097.

589 EuGH verb. Rs. 60 und 61/84 – Cinéthèque, Slg. 1985, 2605, 2626, Rn. 23.

590 EuGH Rs. C-260/89 – ERT, Slg. 1991, I-2925.

591 EuGH, ebenda, S. 2959, Rn. 19-22.

592 EuGH, ebenda, 2964, Rn. 42 f.

„42. Nach seiner Rechtsprechung (siehe Urteile vom 11. Juli 1985 in den verbundenen Rechtssachen 60/84 und 61/84, Cinéthèque, Slg. 1985, 2605, Randnr. 26 und vom 30. September 1987 in der Rechtssache 12/86, Demirel, Slg. 1987, 3719, Randnr. 28) kann der Gerichtshof eine nationale Regelung, die nicht im Rahmen des Gemeinschaftsrecht ergangen ist, nicht im Hinblick auf die Europäische Menschenrechtskonvention beurteilen. Fällt eine solche Regelung dagegen in den Anwendungsbereich des Gemeinschaftsrecht, so hat der Gerichtshof, wenn er im Vorabentscheidungsverfahren angerufen wird, dem vorlegenden Gericht alle Auslegungskriterien an die Hand zu geben, die es benötigt, um die Vereinbarkeit dieser Regelung mit den Grundrechten beurteilen zu können, deren Wahrung der Gerichtshof zu sichern hat und die sich insbesondere aus der Europäischen Menschenrechtskonvention ergeben.

43. Insbesondere wenn ein Mitgliedstaat sich auf Art. 66 in Verbindung mit Art. 56 beruft, um eine Regelung zu rechtfertigen, die geeignet ist, die Ausübung der Dienstleistungsfreiheit zu behindern, ist diese im Gemeinschaftsrecht vorgesehene Rechtfertigung im Lichte der allgemeinen Rechtsgrundsätze und insbesondere der Grundrechte auszulegen. Die in Artikel 56 vorgesehenen Ausnahmen können daher für die betreffende nationale Regelung nur dann gelten, wenn sie im Einklang mit den Grundrechten stehen, deren Wahrung der Gerichtshof zu sichern hat.“

Das Urteil des EuGH ist leider nicht eindeutig, soweit es das Verhältnis von geschriebenen und ungeschriebenen Grundrechten betrifft. Der EuGH spricht davon, dass die Ausnahmen aus Art. 56 EGV (Art. 46 EG), nur dann für eine nationale Regelung gelten könnten, wenn diese Ausnahmen mit den Gemeinschaftsgrundrechten vereinbar sind. Insoweit will er also eine grundrechtskonforme Auslegung der Schranken der Grundfreiheiten. Es ist von der Systematik her unbefriedigend, die Geltung der Schranke des Art. 46 i.V.m. Art. 55 EG – Eingriffserlaubnis in die Dienstleistungsfreiheit aus Gründen der öffentlichen Sicherheit und Ordnung – von einer abstrakten Vereinbarkeit mit den Grundrechten der EU abhängig zu machen[593]. Ein Grundrecht ist keine Schranke, sondern hat Schranken[594]. Sinnvoller wäre es gewesen, von einer Idealkonkurrenz der Grundfreiheiten und der anderen Grundrechte zu reden. Eine klarere Formulierung wäre gewesen, die Gültigkeit der Handlung von der Rechtfertigung des Eingriffs in die Dienstleistungsfreiheit und von der Rechtfertigung des Eingriffs in die Meinungsfreiheit abhängig zu machen.

---

[593] Zumindest ergibt sich daraus ein sehr unglücklicher Prüfungsaufbau. Schutzbereich der Grundfreiheit -> Eingriff -> Rechtfertigung -> inzident (Schutzbereich eines anderen Grundrechts betroffen -> Eingriff -> Rechtfertigung).

[594] Die Interpretation der Rs. ERT ist damit von der verwendeten Struktur der Grundrechte abhängig. Vgl. unten § 10 .

(d) Systematisch gelungener ist die Entscheidung im Fall Grogan[595]. Art. 40 III UAbs. 3 der irischen Verfassung verpflichtet den irischen Staat, das Lebensrecht der Ungeborenen zu schützen. Es ist daher verboten, abtreibungswillige Frauen dadurch zu unterstützen, dass man ihnen Namen und Adressen von Abtreibungskliniken im Ausland mitteilt. Der Angeklagte hatte gegen dieses Verbot verstoßen. Der High Court in Dublin ersuchte den EuGH um Vorabentscheidung darüber, ob eine Verurteilung gegen Gemeinschaftsrecht verstoßen würde. GA *van Gerven* sah eine Eröffnung des Gemeinschaftsrechts, da die Abtreibung selbst eine Dienstleistung sei, die durch die Dienstleistungsfreiheit geschützt würde. Auch die Information über eine solche Dienstleistung fiel seiner Meinung nach unter die Dienstleistungsfreiheit[596]. Konsequenterweise prüfte er dann auch die Grundrechte der EU. Im Gegensatz zum EuGH fasste er sie jedoch nicht als Schranke der Grundfreiheiten auf[597]. Der EuGH sah dagegen keine genügend feste Verbindung zwischen der Informationsverbreitung und der Dienstleistung „Schwangerschaftsabbruch", die eine Eröffnung der Dienstleistungsfreiheit rechtfertigen würde[598]. Daher lehnte er auch ein Prüfung der unionsrechtlichen Grundrechte ab[599].

(e) In der Rs. Familiapress[600] hat der EuGH wieder die hier vorgeschlagene Dogmatik angenommen. In diesem Fall hatte der EuGH über die Vereinbarkeit einer österreichischen Regelung, nach der Zeitschriften, die Preisrätsel oder Gewinnspiele enthielten, nicht in Österreich vertrieben werden durften, mit Art. 30 EGV (Art. 28 EG) zu entscheiden. Die unionsrechtliche Meinungsfreiheit wurde dabei neben der Warenverkehrsfreiheit geprüft, nach dem die Eröffnung

---

595 EuGH Rs. C-15/90 – Grogan, Slg. 1991, I-4685. Vgl. dazu auch EuGH verb. Rs. 60 und 61/84 – Cinéthèque, Slg. 1985, 2605, 2626 f. In diesem Fall hat der EuGH seine Trennung von Rechten mit Eröffnungsklausel und solchen ohne erstmals angedeutet.

596 Schlußanträge des GA *van Gerven*, EuGH Rs. C-15/90 – Grogan, Slg. 1991, I-4685, 4711 ff., insb. Rn. 21. *Van Gerven* sieht dabei die Dienstleistungsfreiheit explizit nicht als Diskriminierungsverbot, sondern als Freiheitsrecht an.

597 Ebenda, S. 4723 ff. In Rn. 38 kommt *van Greven* dann zu dem Schluß, daß kein Verstoß gegen die Meinungsfreiheit vorliegt.

598 EuGH, ebenda, S. 4740, Rn. 24.

599 EuGH, ebenda, S. 4741, Rn. 31.

600 EuGH Rs. C-368/95 – Familiapress, Slg. 1997, I-3689.

der Rechtsordnung der EU durch einen Eingriff in die Warenverkehrsfreiheit festgestellt wurde[601]:

> „24. Wenn ein Mitgliedstaat sich auf zwingende Erfordernisse beruft, um eine Regelung zu rechtfertigen, die geeignet ist, den freien Warenverkehr zu behindern, ist diese Rechtfertigung im übrigen im Lichte der allgemeinen Rechtsgrundsätze und insbesondere der Grundrechte auszulegen."

Die nationale Regelung wird danach direkt an den Grundrechten der EU geprüft[602]. In der Diskussion über die Klarheit der Methode ist der EuGH dafür kritisiert worden[603]. *Kingreen/Störmer* will dabei an der Auslegung der Grundfreiheiten anhand der Grundrechte festhalten. Eine solche Auslegung ist dann richtig und notwendig, wenn es ein harmonisierender Ausgleich zwischen zwei Grundrechten vorgenommen werden soll. Sie allein genügt jedoch nicht. Um die Systematik der Grundrechte nicht zu verletzen ist es notwendig, die anderen Grundrechte als eigenen Prüfungsmaßstab neben den Grundfreiheiten anzunehmen. In jeder anderen Konstruktion würde das Verhältnis der geschriebenen und der ungeschriebenen Grundrechte untereinander in einem Rangverhältnis dargestellt, welches die ungeschriebenen Grundrechte über die geschriebenen hebt. Wenn es aber überhaupt ein solches Rangverhältnis gibt, dann sind die ungeschriebenen Grundrechte subsidiär zu den geschriebenen, da die positiv vom Verfassungsgeber normierten Grundrechte den Vorrang genießen müssen[604].

(4) Eine Grundrechtsverpflichtung der Mitgliedstaaten ergibt sich also dann, wenn ein Sachverhalt vorliegt, der durch die Rechtsordnung der EU in der Art geschützt ist, als dass sich die Mitgliedstaaten in der Rechtsordnung der EU für ihre Handlungen rechtfertigen müssen. In den geschriebenen Grundrechten ist diese Eröffnungsklausel schon im Grundrechtstext enthalten, während die ungeschriebenen Grundrechte zum Teil eine Eröffnungsklausel im Sekundärrecht haben.

---

601 EuGH, ebenda, Rn. 24.

602 Da es sich um ein Vorlageverfahren handelte, wurden nur die Argumente aufgezählt; die eigentliche Prüfung blieb dem Vorlagegericht vorbehalten.

603 *Kingreen/Störmer*, Die subjektiv-öffentlichen Rechte des primären Gemeinschaftsrechts, EuR 1998, 242, 283 f.

604 Der EuGH nimmt dies wohl stillschweigend an. Vgl. EuGH Rs. 15/83 – Denkavit, Slg. 1984, 2171, 2185, Rn. 24 ff.

III. Drittwirkung

1. Problematik

(1) Die Drittwirkung, also die Verpflichtung natürlicher oder juristischer Personen, ist eine Ausnahme in der Dogmatik der Grundrechte[605]. Sie beruht auf der objektiven Werteordnung, die den Grundrechten inne wohnt[606]. Sowohl in Deutschland[607] als auch in anderen Mitgliedstaaten der EU[608] ist die Drittwirkung der Grundrechte anerkannt. Drittwirkung kann es in zwei Varianten geben: die unmittelbare und die mittelbare Drittwirkung. Bei einer unmittelbaren Drittwirkung gelten die Grundrechte unmittelbar zwischen Privatpersonen[609], während bei einer mittelbaren Drittwirkung die Grundrechte nur auf die Normen des Zivilrechts ausstrahlen[610]. Eine unmittelbare Drittwirkung gibt es nach den Verfassungen von Portugal[611] und Spanien[612]. In Italien, den Niederlanden und in

---

605 Vgl. oben § 4 VIII. 3. c) .

606 Vgl. oben § 5 II. 1. Vgl. auch *Stern*, Staatsrecht III/1, § 76 I. 4. (S. 1528).

607 Grundlegend: *Diedrichsen*, Das Bundesverfassungsgericht als oberstes Zivilgericht, AcP 198 (1998), 171 ff.; *Rüfner*, Grundrechtsadressaten, in: HdbStR V § 117, Rn. 54 ff.

608 Eine zumindest mittelbare Drittwirkung wird in folgenden Ländern angenommen: *Pieters*, Belgien, in: *Grabitz*, Grundrechte in Europa und USA I, 1, 44; *Savoie*, Frankreich, in: *Grabitz*, Grundrechte in Europa und USA I, 203, 232; *Grehan*, Irland, in: *Grabitz*, Grundrechte in Europa und USA I, 259, 318; *Monaco*, Italien, in: *Grabitz*, Grundrechte in Europa und USA I, 363, 406; *Pieters*, Luxemburg, in: *Grabitz*, Grundrechte in Europa und USA I, 437, 479 f.; *de Blois/Heringa*, Niederlande, in: *Grabitz*, Grundrechte in Europa und USA I, 511, 541 f.; *Rosenzweig*, Bedeutung der Grundrechte in Österreich, EuGRZ 78, 467, 478; *Thomashausen*, Portugal, in: *Grabitz*, Grundrechte in Europa und USA I, 591, 627; *Prats-Canut*, Spanien, in: *Grabitz*, Grundrechte in Europa und USA I, 651, 682; *Kingston/Imrie*, England, in: *Grabitz*, Grundrechte in Europa und USA I, 717, 762.

Keine Drittwirkung gibt es in: *Germer*, Dänemark, in: *Grabitz*, Grundrechte in Europa und USA I, 85, 105.

609 *Diedrichsen*, Das Bundesverfassungsgericht als oberstes Zivilgericht, AcP 198 (1998), 171, 224.

610 *Diedrichsen*, ebenda, 230.

611 Art. 18 I port. Verf.: „Die Verfassungsbestimmungen über die Rechte, Freiheiten und Garantien finden unmittelbare Anwendung und binden die öffentlich-rechtlichen und privatrechtlichen Einrichtungen."

Irland ist die unmittelbare Drittwirkung durch Rechtsprechung und Wissenschaft anerkannt[613]. Dagegen gibt es in Frankreich, Belgien und Luxemburg nur eine mittelbare Geltung der Grundrechte[614].

(2) Das ursprüngliche Ziel der Grundrechte war es, die Freiheit des Bürgers in der Rechtsordnung durch die grundsätzliche Regelung des Verhältnisses zwischen Bürger und den Trägern hoheitlicher Gewalt zu regeln. Die Stellung eines einzelnen Bürgers in der Rechtsordnung darf man aber nicht nur isoliert betrachten. Die Freiheit, die der Staat dem Einzelnen gewährt, kann durchaus die Freiheit eines anderen Bürgers beschneiden[615]. Die faktische Macht[616], die dem einzelnen Bürger zur Verfügung steht, ist nicht gleichmäßig verteilt. Ein großer Konzern hat in einer Vertragsverhandlung eine ganz andere Position als eine natürliche Person. Das Über-Unterordnungsverhältnis, welches typischerweise zwischen Staat und Bürger beobachtet wird, kann man in abgeschwächter Form auch im Zivilrecht finden. Das Zusammenleben in der Gesellschaft bedarf daher einer Werteordnung, in der die Freiheit des Einzelnen nicht nur gegenüber den Trägern hoheitlicher Gewalt, sondern auch gegenüber anderen Personen des Privatrechts gewährleistet ist. Man darf dabei aber nicht vergessen, dass auch dem Bürger, der zur Beachtung der Grundrechte verpflichtet werden soll, die Freiheit und der Schutz der Grundrechte zustehen. Das Verhältnis ist also nicht so einseitig, wie dies im typischen Bürger-Staat-Verhältnis der Fall ist. Durch eine unmittelbare Drittwirkung wird eine starke Ordnung in die Beziehung zwischen Privaten gebracht, während eine mittelbare Drittwirkung nur gelegentlich, dafür aber auch nicht so einschränkend wirkt.

---

612 Art. 9 I span. Verf.: „Die Bürger und die öffentliche Gewalt sind an die Verfassung und die übrige Rechtsordnung gebunden."

613 Vgl. oben Fn. 608.

614 Vgl. oben Fn. 608.

615 Hier zeigt sich eine Verwandtschaft zur Grundrechtskollision. Vgl. unten § 14 Vgl. auch *Rüfner*, Grundrechtsadressaten, HdbStR V § 117, Rn. 65.

616 Von *Isensee* „soziale Macht" genannt. Vgl. *Isensee*, Anwendung der Grundrechte auf juristische Personen, in: *Isensee/Kirchoff*, HdbStR V § 118, Rn. 76.

2. Lösungsansätze

Die Diskussion über die Drittwirkung der Grundrechte steht in der EU erst am Anfang[617]. Die Literatur ist zumeist der Auffassung, dass es eine Drittwirkung gibt[618], auch wenn einzelne Stimmen die Drittwirkung ablehnen[619]. Eine Untersuchung der Rechtsprechung und der Dogmatik zeigt, dass es sowohl für eine unmittelbare als auch für eine mittelbare Drittwirkung Ansätze im Europarecht gibt.

a) Unmittelbare Drittwirkung

(1) Eine Anordnung der unmittelbaren Drittwirkung kann sich im Sekundärrecht finden. Ein Beispiel hierfür ist Art. 7 IV der Verordnung 1612/68, welcher eine unmittelbare Geltung der Freizügigkeitsrechte für Einzelarbeitsverträge festschreibt[620]. Dabei handelt es sich nicht um eine einfachrechtliche „Kopie" eines Grundrechtes, sondern um eine grundrechtskonkretisierende Norm.

(2) (a) Der EuGH hat diesen Gedanken aufgenommen und erweitert. In der Rs. Walrave[621] entschied der EuGH, dass auch die Dienstleistungsfreiheit neben der Arbeitnehmerfreizügigkeit gegenüber einer privatrechtlichen Organisation unmittelbar Anwendung finden. Diese Rechtsprechung bestätigte er in der Rs. Bosman[622]. In der Rs. Defrenne II[623] erklärte der EuGH, dass Art. 141 EG so-

---

[617] Vgl. *Kischel*, Zur Dogmatik des Gleichheitssatzes in der Europäischen Union, EuGRZ 97, 1, 7.

[618] So *Wetter*, Die Grundrechtscharta des Europäischen Gerichtshofes, S. 102; Lenz-*Borchardt*, EGV 2. Aufl., Art. 220, Rn. 35 a.E.; *Chwolik-Lanfermann*, Grundrechtsschutz in der Europäischen Union, S. 78 f.; *Pescatore*, Bestand und Bedeutung der Grundrechte im Recht der Europäischen Gemeinschaften, EuGRZ 1977, 441, 444; *Kischel*, Zur Dogmatik des Gleichheitssatzes in der Europäischen Union, EuGRZ 1997, 1, 7.

[619] Calliess/Ruffert-*Kingreen*, EUV Art. 6, Rn. 63; GTE-*Beutler*, EUV Art. F, Rn. 89.

[620] Vgl. dazu *Hirsch*, Die Grundrechte der Europäischen Union, RdA 1998, 194, 198.

[621] EuGH Rs. 36/74 –Walrave, Slg. 1974, 1405, 1419.

[622] EuGH Rs. C-415/93 – Bosman, Slg. 1995, I-4921, Rn. 69 ff.

[623] EuGH Rs. 43/75 – Defrenne II, Slg. 1976, 455, 474.

wohl auf Einzelarbeitsverträge als auch auf Tarifverträge unmittelbar anwendbar sei.

Für die Warenverkehrsfreiheit hat der EuGH die unmittelbare Drittwirkung zuletzt explizit abgelehnt[624].

(b) Diesen Urteilen kann man entnehmen, dass der EuGH eine unmittelbare Drittwirkung der Grundrechte nicht ausschließt. Die Rs. Vlaamse Reisbureaus[625] zeigt aber, dass eine allgemeine unmittelbare Drittwirkung nicht angenommen werden kann. Die Kriterien für eine Drittwirkung kann man aus einem Vergleich Rs. Vlaamse Reisbureaus, Bosman und Defrenne II gewinnen.

In der Rs. Vlaamse Reisbureaus klagte ein Verein belgischer Reisebüros gegen den Sozialdienst des öffentlichen Dienstes, der Reisen an Kunden verkaufte, ohne die dem Vermittler zustehende Provision einzubehalten. Der EuGH lehnte eine Anwendung der Warenverkehrsfreiheit (und auch der Dienstleistungsfreiheit) mit der Begründung ab, dass diese Norm nur auf staatliches Handeln anwendbar sei[626].

In der Rs. Bosman[627] heißt es:

> „82. Nachdem somit die Einwände gegen die Anwendung von Artikel 48 des Vertrages auf sportliche Tätigkeiten wie die der Berufsfußballspieler ausgeräumt worden sind, ist daran zu erinnern, dass dieser Artikel, wie der Gerichtshof im Urteil Walrave (a.a.O., Rn. 17) entschieden hat, nicht nur für behördliche Maßnahmen gilt, sondern sich auch auf die Vorschriften anderer Art erstreckt, die zur kollektiven Regelung unselbständiger Arbeit dienen.
>
> 83. Der Gerichtshof hat nämlich ausgeführt, dass die Beseitigung der Hindernisse für die Freizügigkeit zwischen den Mitgliedstaaten gefährdet wäre, wenn die Abschaffung der Schranken staatlichen Ursprungs durch Hindernisse zunichte gemacht werden könnte, die sich daraus ergeben, dass nicht dem öffentlichen Recht unterliegende Vereinigungen und Einrichtungen von ihrer rechtlichen Autonomie Gebrauch machen."

Der EuGH nimmt also eine Drittwirkung allgemein dann an, wenn einer privaten Vereinigung eine derart umfassende Macht zusteht, dass sie ein Rechtsgebiet aus ihrer Autonomie heraus so regeln kann, dass diese Normen für nahezu jeden gelten, der auf dem fraglichen Rechtsgebiet tätig werden will. Hier

---

624 EuGH Rs. 311/85 – Vlaamse Reisbureaus, Slg. 1987, 3801, 3830, Rn. 30.

625 EuGH, ebenda.

626 EuGH, ebenda.

627 EuGH Rs. C-415/93 – Bosman, Slg. 1995, I-4921, 5067, Rn. 82.

liegt also ein Extremfall der oben angesprochenen Divergenz faktischer Macht der Bürger vor. Im Vergleich dazu hat der EuGH in der Rs. Vlaamse Reisbureaus die unmittelbare Drittwirkung abgelehnt, weil dort keine Ansammlung faktischer Macht beim Beklagten festzustellen war.

Aus einem völlig anderen Grund wurde in der Rs. Defrenne II eine unmittelbare Drittwirkung angenommen[628]:

> „30/34. Auch daraus, dass Artikel 119 ausdrücklich nur die Mitgliedstaaten anspricht, lässt sich kein Einwand herleiten; denn wie der Gerichtshof schon in anderen Zusammenhängen festgestellt hat, schließt die Tatsache, dass bestimmte Vertragsvorschriften ausdrücklich die Mitgliedstaaten ansprechen, nicht aus, dass zugleich allen an der Einhaltung der so umschriebenen Pflichten interessierten Privatpersonen Rechte verliehen sein können. Schon dem Wortlaut von Artikel 119 ist zu entnehmen, dass dieser den Staaten eine Ergebnispflicht auferlegt, die zwingend innerhalb einer bestimmten Frist zu erfüllen war. Diese Bestimmung darf in ihrer Wirksamkeit nicht dadurch beeinträchtigt werden, dass einige Mitgliedstaaten die ihnen vom Vertrag auferlegte Verpflichtung nicht erfüllt haben und die Gemeinschaftsorgane nicht mit der erforderlichen Schärfe eingeschritten sind. Wollte man das Gegenteil annehmen, so würde man Gefahr laufen, die Rechtsverletzung zur Auslegungsregel zu erheben, was der Gerichthof nicht tun könnte, ohne sich zu der ihm von Artikel 164 des Vertrages zugewiesenen Aufgabe in Widerspruch zu setzen."

Die unmittelbare Drittwirkung kann sich also auch aus dem Wortlaut des Grundrechts und dem Gedanken des effet utile ergeben. Eine allgemeine Bindung von Privatpersonen ist aus diesen Gründen auch für das Diskriminierungsverbot aufgrund der Staatsangehörigkeit, Art. 12 EG angenommen worden[629]. Diese Auffassung wird auch in der Literatur allgemein anerkannt[630]. Damit stellt die unmittelbare Drittwirkung der Art. 12 und 141 EG einen Sonderfall dar, da die anderen Grundrechte der EU nicht unmittelbar drittwirkend ausgeformt sind.

(3) Unklar ist, wie das Urteil Angonese einzuordnen ist[631]. In diesem Fall hatte die Beklagte, eine italienische Bank, einen Arbeitsplatz ausgeschrieben und von den Bewerbern verlangt, dass sie ihre Deutschkenntnisse durch ein be-

---

628 EuGH Rs. 43/75 – Defrenne II, Slg. 1976, 455, 475.

629 EuGH Rs. Haug-Adrion, Slg. 1984, 4277, 4288.

630 *Streinz/Leible*, Die unmittelbare Drittwirkung der Grundfreiheiten, EuZW 2000, 459; *Forsthoff*, Drittwirkung der Grundfreiheiten, EWS 2000, 389, 393; Lenz-*Lenz*, EGV Art. 12, Rn. 11; GTE-*Zuleeg*, EGV Art. 12 Rn. 18.

631 EuGH Rs. C-281/98 – Angonese, EWS 2000, 402; EuZW 2000, 468.

stimmtes amtliches Zeugnis nachwiesen. Der Kläger, ein Italiener, hatte zwar mehrere Jahre in Österreich gelebt und studiert, konnte aber dieses Zeugnis nicht vorweisen und war der Meinung, dass er dies auch nicht müsse. Der EuGH hat hier ausdrücklich festgestellt[632]:

> „Das in Art. 48 (jetzt Art. 39 EG) des Vertrages ausgesprochene Verbot aufgrund der Staatsangehörigkeit gilt somit auch für Privatpersonen."

Wenn sich dieser Satz allein auf das oben erwähnte Diskriminierungsverbot des Art. 12 EG beziehen würde, wäre er unproblematisch. Durch seinen Bezug auf die Arbeitnehmerfreizügigkeit wird er problematisch. Sicher ist zunächst, dass nur Diskriminierungen aufgrund der Staatsangehörigkeit für Privatpersonen verboten sind[633]. Mit dem Wortlautargument kommt man hier aber im Gegensatz zu Art. 141 und Art. 12 EG nicht weiter. Art. 39 EG richtet sich aus seinem Kontext her gegen die Mitgliedstaaten (und Organe der EU)[634]. Der Grundsatz des effet utile allein genügt nicht, um eine Drittwirkung zu konstruieren. Der effet utile darf nicht soweit gehen, dass der Gesetzgeber von jeglicher Handlungs- und Regelungspflicht befreit ist und alles im Einzelfall an den Zielen des EGV gemessen wird. Dadurch würde eine nicht hinnehmbare Rechtsunsicherheit geschaffen.

Eine Verengung des Blicks auf das dictum des EuGH führt hier dazu, dass das Urteil in seiner Begründung nicht nachvollzogen werden kann. Zieht man die Begleitumstände in Betracht, so lässt sich eine Begründung finden. Der EuGH wandte sich hier nicht gegen das Erfordernis der Zweisprachigkeit an sich und auch nicht dagegen, dass der Kläger dies nachweisen musste. Anknüpfungspunkt war das geforderte *staatliche* Zeugnis. Damit hat sich die beklagte Bank an den staatlichen Ordnungsrahmen[635] angepasst. Durch die Leitbildfunktion der staatlichen Ordnung für die Privatwirtschaft wird mittelbar durch den Staat eine Vorgabe darüber gemacht, was zulässig ist und was nicht. Die Drittwirkung ist einem solchen Fall ein Durchgriff auf die Verhaltensweisen von Privatpersonen ohne den Umweg über die – im übrigen auch notwendige – Änderung der staatlichen Normen.

---

[632] EuGH, ebenda, Rn. 36.

[633] Hier ist jedoch unklar, worin diese Diskriminierung bestand; schließlich bewarb sich ein Italiener bei einer italienischen Bank. Vgl. dazu unten Inländerdiskriminierung, § 12 I. 1.

[634] Vgl. *Forsthoff*, Drittwirkung der Grundfreiheiten, EWS 2000, 389, 392; *Streinz/Leible*, Die unmittelbare Drittwirkung der Grundfreiheiten, EuZW 2000, 459, 461.

[635] Vgl. *Forsthoff*, ebenda, S. 394.

(4) Die unmittelbar Drittwirkung ist den Grundrechten der EU nicht fremd. In der Dogmatik der Grundrechte der EU ist sie aber eine Ausnahme und daher nur unter engen Voraussetzungen anwendbar. Sie kann nur greifen, wenn sie entweder ausdrücklich angeordnet ist oder der Verpflichtete eine derart große faktische Macht hat, dass er das fragliche Rechtsgebiet autonom regeln kann[636]. In der neuesten Rechtsprechung des EuGH gibt es aber die Tendenz, die unmittelbare Drittwirkung auf Diskriminierungsverbote, soweit sie sich auf die Staatsangehörigkeit beziehen, auszuweiten.

b) Mittelbare Drittwirkung

Neben der unmittelbaren Drittwirkung kann man auch eine mittelbare Drittwirkung der Grundrechte beobachten. Nationale Rechtsnormen, die aufgrund von EU-Normen (in der Regel Richtlinien) erlassen wurden und die Rechtsbeziehungen zwischen Personen des Privatrechts regeln, müssen im Lichte des EU-Rechts ausgelegt werden.[637]. Die Grundrechte der EU gehören zu diesem Recht und müssen also bei der Auslegung beachtet werden. Darin liegt dann eine Drittwirkung, die in etwa mit der Rechtsprechung des BVerfG zur Drittwirkung vergleichbar wäre[638]. Im Fall der Grundrechtskollision liegt daher eine mittelbare Drittwirkung vor[639], auch wenn sie der EuGH nicht so bezeichnet[640].

c) Ergebnis

Die Grundrechte der EU strahlen auf die nationalen Normen, welche die Rechtsverhältnisse zwischen Privaten regeln, aus und können daher eine mittel-

---

636 So auch *Streinz*, ebenda, S. 464.

637 Vgl. EuGH Rs. 14/83 – von Colson, Slg. 1984, 1891, 1909, Rn. 26, 28; Rs. 79/83 – Harz, Slg. 1984, 1921, 1942; Rs. C-106/89 –Marleasing, Slg. 1990, I-4135, 4159, Rn. 8.

638 Vgl. Lüth-Urteil, BVerfG 7, 198, 205; *Diedrichsen*, Das Bundesverfassungsgericht als oberstes Zivilgericht, AcP 198 (1998), 171, 230.

639 Z.B. EuGH Rs. C-76/90 – Säger, Slg. 1991, I-4221; vgl. auch unten § 14 .

640 *Hirsch*, Die Grundrechte der Europäischen Union, RdA 1998, 194, 198.

bare Drittwirkung entfalten. Eine unmittelbare Drittwirkung gibt es nur in Ausnahmefällen.

IV. Überwachung der Grundrechte in den Mitgliedstaaten

In Art. 7 I EU ist die Verpflichtung der Mitgliedstaaten niedergelegt, die in Art. 6 I EU benannten Grundsätze zu wahren, zu denen auch die „Menschenrechte und Grundfreiheiten" zählen. Es liegt kein Verweis auf Art. 6 II EU vor, so dass die Mitgliedstaaten *nicht* verpflichtet sind, die Grundrechte der Union zu achten. Bei dieser Verpflichtung handelt es sich um eine objektive Norm des Völkerrechts[641], die der Klagbarkeit entzogen ist[642]. Ihre Bedeutung liegt damit eher im völkerrechtlichen denn im bürgerschützenden Bereich. Auf die Verpflichtung eines Trägers hoheitlicher Gewalt, die Grundrechte der EU zu achten, hat diese Norm keinen Einfluss.

---

641 Sie gehört damit nicht zur Rechtsordnung der EU. So auch Calliess/Ruffert-*Cremer*, EUV Art. 46 Rn. 7.

642 Vgl. Art. 46 EUV.

§ 10 Möglichkeiten der Einteilung der Grundrechte

Die Grundrechte können nach verschiedenen Merkmalen in verschiedene Gruppen eingeteilt werden. Anhand dieser Merkmale können Gemeinsamkeiten und Unterschiede in der Prüfungsstruktur aufgezeigt werden. Eine Unterscheidung ist dabei sowohl nach inhaltlichen als auch nach funktionellen Kriterien möglich.

I. Abgrenzung nach der Funktion

Die Einteilung der Grundrechte nach der dominanten Funktion ermöglicht es, allgemeine Prüfungsstrukturen aufzuzeigen[643]. Bei den funktionellen Kriterien bietet es sich zunächst an, die Kategorien den subjektiven Grundrechtsfunktionen nachzubilden[644]. Eine solche Einteilung ist jedoch schon zu fein und erfasst dadurch nicht die Strukturmerkmale der Grundrechte, die bei der Prüfung eines Grundrechts wesentlich sind. Es empfiehlt sich daher, die Kategorien allgemeiner zu gestalten. Diese Kategorien sind die Freiheitsrechte (auch Abwehrrechte genannt), die Gleichheitsrechte (Diskriminierungsverbote) und die Leistungsrechte[645].

Die Einteilung nach der dominanten Funktion ist allein für die Grundfreiheiten umstritten. Die Grundfreiheiten sollen daher gesondert behandelt werden.

1. Freiheitsrechte

Die Abwehrrechte sind die klassischen Grundrechte, die der Abwehr hoheitlicher Gewalt dienen. Dazu zählen das Grundrecht auf Eigentum[646], die Be-

---

643 Siehe unten § 11 .

644 Vgl. oben § 5 I.

645 Vgl. *Schlette*, Der Anspruch auf Rechtsschutz in angemessener Frist – Ein neues Prozeßgrundrecht auf EG-Ebene, EuGRZ 1999, 369; *Jarass*, Bausteine einer umfassenden Grundrechtsdogmatik, AöR 120 (1995), 345, 347 ff.

646 Seit EuGH Rs. 4/73 – Nold, Slg. 1974, 491, 507 und Rs. 44/79 – Hauer, Slg. 1979, 3727, 3745.

rufsfreiheit[647], die Freiheit der wirtschaftlichen Betätigung[648], die allgemeine Freizügigkeit[649], der Schutz des Privatlebens[650], der Schutz der Wohnung[651], der Schutz der Familie[652], die Religionsfreiheit[653], die Vereinigungsfreiheit[654], die Meinungsfreiheit[655] und die Vertraulichkeit der Anwaltskorrespondenz[656].

2. Gleichheitsrechte

Die Gleichheitsrechte unterscheiden sich von den Abwehrrechten dadurch, dass sie nur einen Anspruch auf Gleichbehandlung gewähren[657]. Dazu gehören das allgemeine Gleichheitsrecht[658], sowie die speziellen Gleichheitsrechte des EG, Art. 12, 34 II UAbs. 2, 39 II und 141 EG.

3. Teilhaberechte

Die Teilhaberechte sind die Grundrechte, die eine gewisse Leistung durch die Träger hoheitlicher Gewalt erfordern. Darunter fallen im Europarecht die

647 EuGH Rs. 4/73 – Nold, Slg. 1974, 491, 507.

648 EuGH Rs. 11/70 – Internationale Handelsgesellschaft, Slg. 1970, 1125, 1134 f.

649 Art. 18 I EG.

650 EuGH Rs. C-402/92 – X/Kommission, Slg. 1994, I-4780, Rn. 17.

651 Erstmals in EuGH verb. Rs. 5-11 und 13-15/62 – San Michele, Slg. 1962, 917, 944. Mit Bezug auf die EMRK in EuGH Rs. 136/79 – National Panasonic, Slg. 1980, 2033, 2057.

652 EuGH Rs. 249/86 – Kommission/Deutschland, Slg. 1989, 1263, 1290.

653 EuGH Rs. 130/75 – Prais, Slg. 1976, 1589, 1599.

654 EuGH Rs. C-193 und 194/87 – Maurissen, Slg. 1990, I-95, 118 für die Vereinigungsfreiheit der Arbeitnehmer.

655 EuGH Rs. C-260/89 – ERT, Slg. 1991, I-2925, 2964.

656 EuGH Rs. 155/79 – AM&S, Slg. 1982, 1575, 1611. Vgl. auch EuGH verb. Rs. 46/87 und 227/88 – Hoechst, Slg. 1989, 2859, 2924.

657 Vgl. oben § 5 I. 1. b) .

658 Besonders deutlich in EuGH Rs. C-280/93 – Deutschland/Rat, Slg. 1994, I-4973, 5062. Vgl. früher EuGH verb. Rs. 201 und 202/85 – Klensch, Slg. 1986, 3477, 3507.

Justizgrundrechte[659] (Anspruch auf rechtliches Gehör[660], Anspruch auf ein faires Verfahren[661], bzw. effektiver Rechtsschutz[662]). Auch das Wahlrecht bei den Wahlen zum Europäischen Parlament, Art. 190 I, 19 II EG, der Anspruch auf Information nach Art. 255 EG und der Anspruch auf diplomatischen Schutz, Art. 20 EG sind Teilhaberechte.

Unklar ist der Status des Kommunalwahlrechts aus Art. 19 I EG. Dort heißt es: „Jeder Unionsbürger mit Wohnsitz in einem Mitgliedstaat, dessen Staatsangehörigkeit er nicht besitzt, hat in dem Mitgliedstaat, in dem er seinen Wohnsitz hat, das aktive und passive Wahlrecht bei Kommunalwahlen, wobei für ihn dieselben Bedingungen gelten wie für die Angehörigen des betreffenden Mitgliedstaates." Der Teilsatz „Jeder Unionsbürger ... hat ... das ... Wahlrecht bei Kommunalwahlen" spricht für ein Teilhaberecht. Die Teilsätze „mit Wohnsitz in einem Mitgliedstaat, dessen Staatsangehörigkeit er nicht besitzt" und „wobei für ihn dieselben Bedingungen gelten wie für die Angehörigen des betreffenden Mitgliedstaates" sprechen für ein Diskriminierungsverbot. In der Literatur sind auch beide Meinungen vertreten worden[663]. Entscheidend ist hier der Teilsatz „mit Wohnsitz in einem Mitgliedstaat, dessen Staatsangehörigkeit er nicht besitzt", der klarstellt, dass nicht jeder Unionsbürger das Kommunalwahlrecht nach diesem Artikel besitzt, sondern nur der, der sich im europäischen Ausland aufhält. Die dominante Funktion ist daher das Diskriminierungsverbot. Das ergibt sich auch aus der Betrachtung der Ausnahmeregelung, die auf Grund von Art. 19 I 2 EG in der Richtlinie 94/80/EG[664] festgelegt wurde: danach kann ein Mitgliedstaat das Kommunalwahlrecht von einer Mindestwohnzeit abhängig machen, sofern der EG-Ausländeranteil regional mehr als 20% beträgt. Diese Ausnahmeregelung bezieht sich auf den gleichstellenden Teil der Norm, der als das zentrale Element betrachtet wird.

---

[659] Vgl. *Jarass*, Bausteine einer umfassenden Grundrechtsdogmatik, AöR 120 (1995), 345, 350.

[660] Art. 36 I, 88 I EGKSV; allgemein EuGH verb. Rs. 42 und 49/59 – SNUPAT, Slg. 1961, 111, 169.

[661] EuGH Rs. 98/79 – Pecastaing, Slg. 1980, 691, 713.

[662] EuGH Rs. 222/86 – Heylens, Slg. 1987, 4097, 4117.

[663] Für Teilhaberecht: Calliess/Ruffert-*Kluth*, EGV Art. 19 Rn. 1; für Diskriminierungsverbot: GTE-*Haag*, EGV Art. 8b Rn. 7.

[664] ABl. 1994 L 368, S. 38.

4. Grundfreiheiten

(1) Die Grundfreiheiten enthalten unstrittig ein Gleichheitsrecht[665]. Umstritten ist aber, in welchem Umfang die Grundfreiheiten auch einen Anteil an den Freiheitsrechten haben. Teilweise wird dieser Anteil recht weit gefasst[666], teilweise eher eng[667].

(2) Die Rechtsprechung des EuGH hat sich in bezug auf einen absoluten Freiheitsgehalt der Grundfreiheiten in den letzten Jahren systematisch entwickelt. Erstmals stellte der EuGH im Urteil Dassonville[668] fest, dass alle Maßnahmen die unmittelbar oder mittelbar, tatsächlich oder potentiell den innergemeinschaftlichen Handel behindern, einen Eingriff in die Warenverkehrsfreiheit, Art. 28 EG darstellen. Damit wurde erstmals ein Eingriff ohne Diskriminierung der ausländischen gegenüber den inländischen Waren festgestellt. In den Urteilen Cassis-de-Dijon[669] und Keck[670] wurde der absolute Freiheitsbereich der Warenverkehrsfreiheit genauer bestimmt. Seit diesen Urteilen ging man in der Literatur wenigstens für die warenbezogenen Grundfreiheiten von einem absoluten Freiheitsgehalt aus[671], während man in den personenbezogenen Grundfreiheiten noch immer nur Diskriminierungsverbote sah[672].

---

665 Vgl. nur *Jarass*, Die Grundfreiheiten als Grundgleichheiten, in: FS Everling, 593, 595; *Classen*, Auf dem Weg zu einer einheitlichen Dogmatik der EG-Grundfreiheiten?, EWS 1995, 97; *Behrens*, Die Konvergenz der wirtschaftlichen Freiheit im europäischen Gemeinschaftsrecht, EuR 1992, 145, 148.

666 *Classen*, Auf dem Weg zu einer einheitlichen Dogmatik der EG-Grundfreiheiten?, EWS 1995, 97; *Heydt*, Der Funktionswandel der EG-Grundfreiheiten, EuZW 1993, 105.

667 *Jarass*, Die Grundfreiheiten als Grundgleichheiten, in: FS Everling, 593, 595 und 597 ff. Auf S. 600 hält er fest, daß die Erstreckung der Grundfreiheiten über Diskriminierungen hinaus auf andere Beschränkungen aus den Grundfreiheiten noch keine Freiheitsrechte macht, da es weiterhin auf eine Ungleichbehandlung ankomme. Vgl. auch *Matthies*, Artikel 30 EG-Vertrag nach Keck, in: FS Everling, 803, 808 ff.

668 EuGH Rs. 8/74 – Dassonville, Slg. 1974, 837, 852.

669 EuGH Rs. 120/78 – Cassis de Dijon, Slg. 1979, 649.

670 EuGH Rs. C-267/91 – Keck, Slg. 1993, I-6097, Rn. 14.

671 A.A. *Jarass*, Die Grundfreiheiten als Grundgleichheiten, in: FS Everling, 593, 595 und 597 ff.

672 So *Classen*, Auf dem Weg zu einer einheitlichen Dogmatik der EG-Grundfreiheiten?, EWS 1995, 97, 103 ff.; Lenz-*Erhard*, EGV, 1. Aufl., Art. 52, Rn. 4 ff.

Im Urteil Bosman[673] verstand der EuGH auch die Arbeitnehmerfreizügigkeit als absolutes Freiheitsrecht. Diese Rechtsprechung wurde mit dem Urteil Gebhard[674] auf die Niederlassungsfreiheit ausgeweitet. Vorläufiger Schlusspunkt dieser Entwicklung ist das Urteil C-265/95[675], in dem der EuGH eine Schutzpflicht aus der Warenverkehrsfreiheit abgeleitet hat. Eine Schutzpflicht beinhaltet zugleich auch ein absolutes Freiheitsrecht, welches aktiv durch den Mitgliedstaat geschützt werden kann. Dies zeigt, dass der EuGH inzwischen von einem absoluten Freiheitsrecht ausgeht, welches starke Wurzeln im Diskriminierungsverbot hat.

(3) Auch in der Literatur setzt sich immer mehr die Auffassung durch, dass alle Grundfreiheiten ein absolutes Freiheitsrecht beinhalten[676]. Als Ergebnis bleibt festzuhalten, dass die Grundfreiheiten zu den Freiheitsrechten gehören, aber aufgrund ihrer Geschichte die Nichtdiskriminierungsfunktion noch immer stark betonen. In ihrer dominanten Wirkung sind sie daher ambivalent. Es hängt somit vom konkreten Fall ab, ob sie wie ein Freiheitsrecht oder wie ein Gleichheitsrecht zu prüfen sind.

II. Abgrenzung nach der Art des geschützten Gutes

Die Grundrechte können nach der Art des geschützten Gutes eingeteilt werden. Dabei kann man die Klassen der politischen Grundrechte, der Wirtschaftsgrundrechte, sowie der Justizgrundrechte finden.

---

673 EuGH Rs. C-415/93 – Bosman, Slg. 1995, I-4921, Rn. 117 ff und Rn. 129 ff.

674 EuGH Rs. 55/94 – Gebhard, Slg. 1995, I-4165, Rn. 37.

675 EuGH Rs. C-265/95, Kommission/Frankreich, Slg. 1997, I-6959, Rn. 24 ff.

676 *Hirsch*, Die Grundrechte in der Europäischen Union, RdA 1998, 194, 196; *Füßer*, Grundrecht auf wirtschaftliche Freizügigkeit und Art 8a EGV als Auffangbeschränkungsverbot des Gemeinschaftsrechts, DöV 1999, 96, 98; *Zuleeg*, Die Grundfreiheiten des Gemeinsamen Marktes im Wandel, in: FS Everling, 1717, 1724 f.; *Eberhartinger*, Konvergenz und Neustrukturierung der Grundfreiheiten, EWS 1997, 43 ff.; *Meurer*, Verpflichtung der Mitgliedstaaten zum Schutz des freien Warenverkehrs, EWS 1998, 212 ff.; *Szczekalla*, Grundfreiheitliche Schutzpflichten – eine „neue" Funktion der Grundfreiheiten des Gemeinschaftsrechts, DVBl 1998, 219 ff.

1. Politische Grundrechte

Die politischen Grundrechte sind die Grundrechte, die sich hauptsächlich mit der Freiheit des Geistes und der Stellung des Bürgers in der Gesellschaft befassen. Dazu gehören z.B. das Wahlrecht, das Petitionsrecht, die Meinungsfreiheit und der allgemeine Gleichheitssatz.

2. Wirtschaftsgrundrechte

Die Wirtschaftsgrundrechte sind die Grundrechte, die dem Bürger die Freiheit geben sollen, sich und seine Familie versorgen zu können. Dazu gehören das Eigentum, die Berufsfreiheit, die Grundfreiheiten, aber auch spezielle Gleichheitssätze, wie etwa Art. 141 EG.

3. Justizgrundrechte

Die Justizgrundrechte sind die Grundrechte, die den Grundsatz der Rechtsstaatlichkeit im Falle eines Streits zwischen Bürger und den Trägern hoheitlicher Gewalt sicherstellen. Dazu gehören etwa der Anspruch auf rechtliches Gehör oder der Anspruch auf ein faires Verfahren.

III. Abgrenzung nach dem Anknüpfungspunkt

Die Grundrechte können auch nach ihrem Anknüpfungspunkt unterteilt werden. Im Vergleich zeigt es sich, dass es zwei große Gruppen gibt: die produktbezogenen und die personenbezogenen Grundrechte. Diese Abgrenzung stellt eine eigenständige unionsrechtliche Besonderheit dar, die keine Entsprechung in den Verfassungen der Mitgliedstaaten hat. Diese besonderen Grundrechte stammen aus der Zeit, als die Europäische Gemeinschaft noch eine reine Wirtschaftsgemeinschaft war, deren primäres Ziel nicht die Freiheit der Bürger, sondern die Freiheit des Handels war.

1. Personenbezogene Grundrechte

Die personenbezogenen Grundrechte sind die Grundrechte, die ihren spezifischen Schutzgehalt an einer Eigenschaft oder Handlung einer Person festmachen. Dazu zählen etwa die Berufsfreiheit, die Niederlassungsfreiheit oder die Meinungsfreiheit. In diesen Fällen ist der Anknüpfungspunkt des Schutzbereiches jeweils in der Person zu finden, die sich auf die Grundrechte beruft: sie will ihren Beruf ausüben, sie will sich niederlassen oder sie will ihre Meinung kund tun.

2. Produktbezogene Grundrechte

Die produktbezogenen Grundrechte knüpfen dagegen an dem Schicksal eines Produktes an. So ist z.B. der Schutzbereich der Warenverkehrsfreiheit so definiert, dass es auf den grenzüberschreitenden Verkehr einer Ware ankommt, nicht aber auf die Eigenschaft einer Person. Auf die Warenverkehrsfreiheit kann sich daher jeder berufen, der ein Interesse am Verkehr dieser Ware hat; es kommt nicht darauf an, dass dem Kläger die Ware gehört oder er selbst die Ware über die Grenze transportiert. Die Warenverkehrsfreiheit erfordert eine Gemeinschaftsware[677], Art. 24 EG; auf die Warenverkehrsfreiheit dürfen sich aber – im Gegensatz zu den personenbezogenen Grundrechten – auch Angehörige von Drittstaaten berufen[678]. Hier zeigt es sich, dass das Grundrecht auf den Schutz des Handels im allgemeinen und den Schutz der Ware im speziellen zielt.

Zu den produktbezogenen Grundrechten gehören die Warenverkehrsfreiheit, Art. 28, 29 EG, die Dienstleistungsfreiheit, Art. 49 EG, die Kapitalverkehrsfreiheit, Art. 56 EG, die Zollfreiheit, Art. 25 EG und das Steuerdiskriminierungsverbot nach Art. 90 EG.

---

677 Vgl. dazu GTE-*Müller-Graff*, EGV Art. 30 Rn. 283 ff.

678 *Bleckmann/Pieper*, Rechtsquellen des EG-Rechts. in: *Dauses*, Handbuch des EU-Wirtschaftsrechts, B. I. Rn. 118 und 139.

§ 11 Struktur der Freiheitsrechte

I. Problematik

(1) Die Prüfung der Grundrechte vollzieht sich gewöhnlich in drei Schritten: Schutzbereich, Eingriff, Rechtfertigung. Diese Struktur ist aus der deutschen Grundrechtsdogmatik entnommen[679] und bietet den Vorteil, dass sie zu einer „Disziplinierung und Vervollständigung des verfassungsrechtlichen Argumentierens" führt[680]. Auf diese Weise werden erst in der Verhältnismäßigkeitsprüfung die sich widerstreitenden Argumente gewichtet und abgewogen. Wenn man – wie der EuGH in einigen Urteilen[681] – Rechtfertigungserwägungen schon in den Schutzbereich vorzieht, so kann man nicht mehr unterscheiden, ob ein genereller Schutzbereichsausschluss vorliegen soll oder ob der Grundrechtsschutz nur im konkreten Fall wegen überragender Interessen zurücktreten muss.

Diese Prüfungsfolge bezieht sich allerdings nach der herrschenden Meinung nur auf die Abwehrrechte. Bei den Gleichheitsrechten hat sich dagegen der zweistufige Aufbau Ungleichbehandlung – Rechtfertigung durchgesetzt[682]. Andere wollen dagegen auch auf die Gleichheitsrechte den dreistufigen Aufbau anwenden[683].

(2) Der EuGH lässt immer wieder erkennen, dass auch er grundsätzlich dieser Struktur folgt. Zusätzlich stellt er aber noch den Prüfungspunkt „Existenz

---

[679] Vgl. *Lerche*, Grundrechtlicher Schutzbereich, Grundrechtsprägung und Grundrechtseingriff, in: *Isensee/Kirchhof*, HdbStR V, § 121 und *ders.*, Grundrechtsschranken, in: *ebenda*, § 122.

[680] So *Kloepfer*, Grundrechtstatbestand und Grundrechtsschranken in der Rechtsprechung des Bundesverfassungsgerichts – dargestellt am Beispiel der Menschenwürde, in: Bundesverfassungsgericht und Grundgesetz, Bd. II, S. 405, 407 für die deutsche Grundrechtsdogmatik.

[681] So etwa EuGH Rs. 230/78 – Eridiana– Slg. 1979, 2749, Rn. 22 und verb. Rs. 133 – 136/85 – Rau, Slg. 1987, 2289, Rn. 18.

[682] Vgl. *Bryde/Kleindiek*, Der allgemeine Gleichheitssatz, Jura 1999, 36 ff.

[683] *Jarass*, Bausteine einer umfassenden Grundrechtsdogmatik, AöR 120 (1995), 345, 361 ff.; *Huster*, Rechte und Ziele, S. 225 ff.

des Grundrechts“ voran. Die Grundrechtsprüfung durch den EuGH soll hier am Beispiel der Rs. Familiapress kurz dargestellt werden[684].

Zunächst erfolgt eine Feststellung, dass die Meinungsfreiheit ein Grundrecht der EU ist[685]:

„25. Zu diesen Grundrechten gehört die in Artikel 10 der Konvention zum Schutze der Menschenrechte und Grundfreiheiten verbürgte Meinungsfreiheit (Urteil ERT, a. a. O., Randnr. 44).“

Dann wird der Schutzbereich und die Möglichkeit des Eingriffs bestimmt:

„26. Das Verbot, Zeitschriften zu verkaufen, die die Teilnahme an Preisausschreiben ermöglichen, kann die Meinungsfreiheit beeinträchtigen.“

Schließlich wird die Möglichkeit zur Rechtfertigung dargelegt:

„Artikel 10 der Konvention zum Schutze der Menschenrechte und Grundfreiheiten lässt jedoch Ausnahmen von dieser Freiheit zum Zweck der Aufrechterhaltung der Medienvielfalt zu, soweit sie durch Gesetz geregelt und in einer demokratischen Gesellschaft erforderlich sind (Urteil des Europaeischen Gerichtshofes für Menschenrechte vom 24. November 1993, Informationsverein Lentia u. a./Österreich, A Nr. 276).“

Da es sich um ein Vorlageverfahren handelte, prüfte der EuGH das Grundrecht nicht selbst, sondern gab dann dem vorlegenden Gericht die Argumente an die Hand, die es benötigte, um die Prüfung vornehmen zu können.

(3) Auch das Schrifttum befürwortet immer mehr, die europäische Grundrechtsprüfung nach diesem deutschem Ansatz zu strukturieren[686].

---

684 EuGH Rs. C-368/95 – Familiapress, Slg. 1997, I-3689.

685 EuGH, ebenda, Rn. 25.

686 Vgl. *Pauly*, Strukturfragen des unionsrechtlichen Grundrechtsschutz, EuR 1998, 242, 253; Grabitz/Hilf-*Pernice*, EGV Art. 164 Rn. 62a ff; *Streinz*, Bundesverfassungsgerichtlicher Grundrechtsschutz, S. 399 ff.; *Rengeling*, Grundrechtsschutz, § 35; *Storr*, Zur Bonität des Grundrechtsschutzes in der Europäischen Union, Der Staat 36 (1997), 547, 558 ff.

II. Schutzbereich

(1) Der Schutzbereich beschreibt den geschützten Lebensbereich, indem er die Tatbestandsvoraussetzungen normiert[687]. In den Fällen, in denen ein geschriebenes Grundrecht vorliegt, kann der Schutzbereich aus dem Text der Norm ermittelt werden. Schwieriger gestaltet sich die Schutzbereichsermittlung bei den ungeschriebenen Grundrechten. Der EuGH hat zuweilen ganz auf eine Beschreibung des Schutzbereiches verzichtet und zum Teil nicht einmal das Grundrecht benannt, welches eigentlich geprüft werden soll[688]. Der EuGH ist deswegen zu Recht in der Literatur kritisiert worden[689]. In einigen neueren Entscheidungen löst der EuGH das Problem, indem er zur Bestimmung des Schutzbereiches auf die EMRK verweist[690]. Mit der Einführung des Art. F Abs. 2 EUV (Art. 6 II EU) ist die EMRK als Mindeststandard fixiert worden[691]. Es gibt jedoch noch immer ungeschriebene Grundrechte, die keine Entsprechung in der EMRK haben[692]. Eine endgültige Lösung könnte wohl nur ein Grundrechtskatalog bieten, der die Grundrechte abschließend aufzählt und tatbestandlich fixiert[693].

---

687 *Lerche*, Schutzbereich, Grundrechtsprägung, Grundrechtseingriff, in: *Isensee/Kirchhof*, HdbStR V § 121, Rn. 11.

688 EuGH Rs. 230/78 – Eridiana– Slg. 1979, 2749, Rn. 20 – 22 oder auch Rs. 5/88 – Wachauf, Slg. 1989, 2609, Rn. 17 – 19.

689 *Rengeling*, Grundrechtsschutz, § 35 II; *Storr*, Zur Bonität des Grundrechtsschutzes in der Europäischen Union, Der Staat 36 (1997), 547, 559; *Bleckmann*, Die Rechtsquellen des Europäischen Gemeinschaftsrecht, NVwZ 1993, 824, 827; *Huber*, Recht der europäischen Integration, S. 103; *Nettesheim*, Grundrechtliche Prüfdichte durch den EuGH, EuZW 1995, 106; *Selmer*, Die Gewährleistung der unabdingbaren Grundrechtsstandards durch den EuGH, S. 124 ff.; *Streinz*, Bundesverfassungsrechtlicher Grundrechtsschutz, S. 399.

690 Vgl. nur EuGH verb. Rs. 46/87 und 226/88 – Hoechst, Slg. 1989, 2859, Rn. 18 und Rs. C-260/89 – ERT, Slg. 1991, I-2925, 2964.

691 So *Pauly*, ebenda, S. 253.

692 Etwa das Grundrecht auf Vertraulichkeit der Korrespondenz zwischen Anwalt und Mandant, EuGH Rs. 155/79 – AM&S, Slg. 1982, 1575, 1611.

693 Ein Grundrechtskatalog würde aber nicht nur Vorteile bieten. Die Dynamik des Grundrechtsschutzes und seine ständige Erweiterung und Konkretisierung sind zum Teil auch dem Umstand zu verdanken, daß gerade kein Katalog existiert. Vgl. *Lenz*, Der Europäische Grundrechtsstandard in der Rechtsprechung des Europäischen Gerichtshofes,

(2) Die Konkretisierung der Schutzbereiche der ungeschriebenen Grundrechte ist ein dynamischer Prozess, für den das Problembewusstsein beim EuGH zunimmt. Auffällig ist, dass die intensive Untersuchung des Schutzbereiches mehr und mehr in den Schlussanträgen vorgenommen wird, während in den Urteilen nur noch implizit auf die Schlussanträge verwiesen wird. Beispielhaft ist hier die Rs. Irish Farmers Association[694]. In den Schlussanträgen des GA *Ruiz-Jarabo Colomer* wurde noch diskutiert, ob die Milchreferenzmenge, die einem Bauernhof zugeteilt worden war und gegen deren Kürzung sich die Kläger wandten, unter das Grundrecht auf Eigentum fällt[695]:

> „18. Im vorliegenden Fall ist zu klären, ob die endgültige Kürzung der Quoten der Erzeuger um 4,5 % ohne jede Vergütung eine Verletzung des Eigentumsrechts und der Freiheit der Berufsausübung darstellt. In diesem Zusammenhang hat der Gerichtshof ausgeführt: „Das in der Rechtsordnung der Gemeinschaft gewährleistete Eigentum umfasst nicht das Recht zur kommerziellen Verwertung eines Vorteils, der wie die Referenzmengen, die im Rahmen einer gemeinsamen Marktorganisation zugeteilt werden, weder aus dem Eigentum noch aus der Berufstätigkeit des Betroffenen herrührt.“[696] Dies bedeutet jedoch nicht, dass die Referenzmenge, die einen Aktivposten im Zusammenhang mit der Viehwirtschaft darstellt, keinen erheblichen wirtschaftlichen Wert besäße. Mit anderen Worten, die Bindung der Quote an den Betrieb in bezug auf ihre Übertragbarkeit (als Regel mit verschiedenen Ausnahmen, die in der Gemeinschaftsregelung vorgesehen sind) setzt nicht voraus, dass die Referenzmenge für sich keinen wirtschaftlichen Wert hätte[697]. Die Referenzmenge ist Teil des Eigentumsrechts des Inhabers des Viehbetriebs, dessen Wert nach Maßgabe des Umfangs der ihm zugeteilten Quoten steigt oder fällt. Daher bin ich der Ansicht, dass eine endgültige Kürzung der Referenzmenge eines Erzeugers sein Eigentumsrecht und seine Freiheit der Ausübung der Viehhaltungstätigkeit beeinträchtigt.“

EuGRZ 1993, 585, 589 und *Schwarze*, Grundrechte der Person im Europäischen Gemeinschaftsrecht, NJ 1994, 53.

694 EuGH Rs. C-22/94 – Irish Farmers Association, Slg. 1997, I-1809.

695 Schlußanträge des GA *Dámaso Ruiz-Jarabo Colomer* EuGH Rs. C-22/94, Slg. 1997, I-1809, 1818.

696 Urteile vom 22. Oktober 1991 in der Rechtssache C-44/89 (Von Deetzen, Slg. 1991, I-5119, Randnr. 27) und vom 24. März 1994 in der Rechtssache C-2/92 (Bostock, Slg. 1994, I-955, Randnr. 19).

697 In dieser Hinsicht teile ich die Ansicht, die Generalanwalt Jacobs in den Schlußanträgen in der Rechtssache Wachauf (a. a. O., Nrn. 24 und 25) geäußert hat, wonach die Milchquote einen immateriellen Gegenstand mit unabhängigem wirtschaftlichem Wert darstellt und daher Enteignungsmaßnahmen unterliegen kann.

Im Urteil selbst findet sich nur folgende Passage[698]:

„27. Dem kann nicht gefolgt werden. Zwar gehört das Eigentumsrecht zu den Grundrechten, die der Gerichtshof zu wahren hat. Diese Rechte können jedoch keine uneingeschränkte Geltung beanspruchen, sondern sind im Zusammenhang mit ihrer gesellschaftlichen Funktion zu sehen. Daher kann die Ausübung dieser Rechte, insbesondere im Rahmen einer gemeinsamen Marktorganisation, Beschränkungen unterworfen werden, sofern diese tatsächlich dem Gemeinwohl dienenden Zielen der Gemeinschaft entsprechen und nicht einen im Hinblick auf den verfolgten Zweck unverhältnismäßigen, nicht tragbaren Eingriff darstellen, der diese Rechte in ihrem Wesensgehalt antastet (Urteil Kühn, a. a. O., Randnr. 16).

Dass der EuGH überhaupt den Schutzbereich des Grundrechts auf Eigentum für eröffnet hält, ergibt sich erst aus dem nächsten Absatz, in dem der Eingriff geprüft wird:

„28. Unter Berücksichtigung dieser Kriterien ist erstens festzustellen, dass die fragliche Regelung Teil eines Systems ist, das zum Abbau von Überschüssen auf dem Milchmarkt bestimmt ist, und dass sie daher dem Gemeinwohl dienenden Zielen der Gemeinschaft entspricht."

Da die Schlussanträge nicht dieselbe Rechtskraft besitzen wie die Urteile, entsteht hier eine Raum der Rechtsunsicherheit – Ist der EuGH einfach den Schlussanträgen gefolgt oder kommt er nur zufällig zum selben Ergebnis? Im Interesse der Rechtssicherheit und der Klarheit der Urteile wäre es notwendig, dass der EuGH hier seine Rechtsprechungspraxis aufgäbe und wenigstens explizit auf die Schlussanträge verwiese[699].

Ein Beispiel für die zunehmende Intensität, mit der der Schutzbereich erforscht wird, sind die Schlussanträge des GA *La Pergola* in der Rs. Eyüp[700]. Zunächst der Sachverhalt:

„4. Die türkische Staatsangehörige Frau Eyüp heiratete am 23. September 1983 in Lauterach (Österreich) einen türkischen Arbeitnehmer, der dem regulären österreichischen Arbeitsmarkt angehörte, und erhielt damit eine Aufenthaltsberechtigung für diesen Mitgliedstaat. Die Ehe wurde durch Urteil eines türkischen Gerichts vom 13. November 1985 ge-

---

[698] EuGH Rs. C-22/94, Slg. 1997, I-1809, 1839 f.

[699] Man darf natürlich nicht vergessen, daß es sich bei den Urteilen um Kompromisse von Juristen aus den unterschiedlichsten Rechtskreisen handelt. Ein bestimmtes Maß an Unklarheit wird sich schon aus diesem Grunde nie ganz vermeiden lassen.

[700] Schlußanträge des GA *La Pergola* vom 18. November 1999, Rs. C-65/98 – Safet Eyüp, n.n.v., über http://www.curia.eu.int/de/jurisp/index.htm zugänglich.

schieden. Gleichwohl lebten Frau Eyüp und ihr geschiedener Mann weiterhin in eheähnlicher Gemeinschaft zusammen und behielten ihren Wohnsitz ununterbrochen in Österreich bei. Von den sieben gemeinsamen Kindern wurden vier in der Zeit der außerehelichen Lebensgemeinschaft geboren, die bis zum 7. Mai 1993 andauerte, als Frau Eyüp und ihr geschiedener Ehegatte in Egg (Österreich) zum zweiten Mal heirateten. Nach der zweiten Eheschließung wurden die Kinder von dem Ehemann anerkannt (‚Legitimation durch nachfolgende Ehe').“

5. Frau Eyüp beantragte am 23. April 1997 bei den österreichischen Behörden einen Feststellungsbescheid, dass sie die Voraussetzungen des Artikels 7 Satz 1 zweiter Gedankenstrich des Beschlusses[701] erfülle. Dieser Antrag wurde mit Bescheid vom 24. September 1997 abgelehnt. Diese Entscheidung wurde auf mehrere Gründe gestützt: Frau Eyüp habe nicht die nach dem Beschluss für die Entstehung des Anspruchs vorausgesetzte Mindestaufenthaltszeit zurückgelegt; eine Lebensgefährtin sei weder „Ehefrau“ noch „Familienangehörige“ eines türkischen Arbeitnehmers; sie könne sich daher nicht auf den Zeitraum von mehr als sieben Jahren zwischen der Ehescheidung und der zweiten Eheschließung berufen; die Ehescheidung habe die im Lauf der ersten Ehe zurückgelegte Anwartschaft (etwa zwei Jahre) mit der Folge zum Erlöschen gebracht, dass dieser Zeitraum nicht zu dem Zeitraum seit der zweiten Eheschließung (etwa vier Jahre) hinzugerechnet werden könne.“

Im folgenden Rechtsstreit mit der Republik Österreich machte die Klägerin geltend, dass sie hier in ihrem Grundrecht auf ungestörtes Familienleben, welches durch Art. 7 I des Beschlusses 1/80 des Assoziationsrates EWG-Türkei konkretisiert wurde, verletzt worden sei. GA *La Pergola* stellte zunächst fest, dass die EU tatsächlich dieses Grundrecht kennt, wie es auch in Art. 8 EMRK festgelegt ist und dass Art. 7 I des Beschlusses 1/80 des Assoziationsrates eine Ausprägung dieses Grundrechts darstellt. Danach musste er den Schutzbereich dieses Grundrechts konkretisieren. Zunächst untersuchte er die Rechtsprechung des EGMR:

---

[701] Anmerkung des Autors – gehört nicht zum Zitat: Gemeint ist Art. 7 des Beschlusses 1/80 des Assoziationsrates EWG-Türkei mit folgendem Wortlaut:

„Die Familienangehörigen eines dem regulären Arbeitsmarkt eines Mitgliedstaates angehörenden türkischen Arbeitnehmers, die die Genehmigung erhalten haben, zu ihm zu ziehen,

– haben vorbehaltlich des den Arbeitnehmern aus den Mitgliedstaaten der Gemeinschaft einzuräumenden Vorrangs das Recht, sich auf jedes Stellenangebot zu bewerben, wenn sie dort seit mindestens drei Jahren ihren ordnungsgemäßen Wohnsitz haben;

– haben freien Zugang zu jeder von ihnen gewählten Beschäftigung im Lohn- oder Gehaltsverhältnis, wenn sie dort seit mindestens fünf Jahren ihren ordnungsgemäßen Wohnsitz haben.“

„18. Nach nunmehr gefestigter Rechtsprechung des EGMR ist der Begriff der Familie im Sinne dieser Bestimmung nicht nur unter Berücksichtigung der Personengruppe zu erschließen, die durch ein formelles Eheband verbunden ist (zum Beispiel eine Eheschließung oder den Status eines ehelichen Kindes)[702]. Nach Auffassung der Straßburger Richter unterscheidet Artikel 8 Nr. 1 nicht zwischen der „natürlichen" und der „auf einer Ehe beruhenden" Familie. Sie haben wiederholt auch faktische Familienbeziehungen in den Begriff der Familie und deren Rechtsstellung einbezogen. Der EGMR schenkt Gesichtspunkten besondere Aufmerksamkeit, die für die Wirksamkeit und das konkrete Bestehen der Beziehung einstehen können, die die Familienangehörigen untereinander verbindet. Dazu gehören die Stabilität der Beziehung, ein Zusammenleben während eines längeren Zeitraums[703], das Hervorgehen von Kindern aus dieser Beziehung[704] und die gegenseitige wirtschaftliche Abhängigkeit."

Der Schutzbereich, den Art. 8 EMRK gewährt, wird nicht unbesehen in die Rechtsordnung der EU übernommen. Dabei stellt sich hier die Frage der Grundrechtsberechtigung, da es sich bei der Klägerin nicht um eine Unionsbürgerin handelte:

„19. Zur Möglichkeit, den subjektiven Anwendungsbereichs des Artikels 7 Satz 1 auf der Grundlage der Konvention auf den Lebensgefährten des Wanderarbeitnehmers auszudehnen, hat die Regierung des Vereinigten Königreichs festgestellt, dass dabei vorsichtig vorzugehen und der Interessenausgleich zwischen dem türkischen Arbeitnehmer und seinen Familienangehörigen einerseits und der in dem Aufnahmemitgliedstaat ansässigen Bevölkerung an-

---

702 Vgl. Urteile des EGMR vom 13. Juli 1997, Marckx, Serie A, Nr. 31, Randnr. 31 (Eine Mutter und ihre uneheliche Tochter werden als eine Familie angesehen, die das Recht auf den Schutz nach Artikel 8 des Konvention hat.), vom 18. Dezember 1986, Johnston, Serie A, Nr. 112, Randnrn. 55-56 (Artikel 8 der Konvention wurde auf eine Familie angewandt, die aus einem Kind und seinen Eltern bestand, die nicht miteinander verheiratet waren, aber seit 15 Jahren zusammenlebten, und von denen ein Elternteil noch mit einer dritten Person verheiratet war, mit der er drei Kinder hatte.), vom Juni 1988, Berrehab, Serie A, Nr. 138, Randnr. 21 (Der EGMR bejahte aufgrund häufiger Kontakte eine Familienbeziehung zwischen einem Vater und seiner Tochter, obwohl diese nach der Ehescheidung der Eltern geboren wurde), vom 26. Mai 1994, Keegan, Serie A, Nr. 290, Randnr. 44, und vom 20. September 1994, Kroon, Serie A, Nr. 297-C, Randnr. 30 (Der EGMR bestätigte unter Berufung auf die hier zitierte Rechtsprechung, daß ein durch ein formales oder faktisches Band verbundenes Paar immer eine Familie im Sinne des Artikels 8 der Konvention darstelle.)

703 Im Urteil Johnston war ein ständiges Zusammenleben über etwa 15 Jahre entscheidend (Randnr. 56).

704 Im Urteil Kroon kam es nach Ansicht des EGMR für das Vorliegen einer Familie darauf an, daß aus der Beziehung vier Kinder hervorgegangen sind, auch wenn der Vater nicht mit dieser Partnerin und Mutter der Kinder zusammenlebte (Randnr. 30).

dererseits hinreichend zu beachten ist. Artikel 8 Absatz 2 der Konvention ist insofern eindeutig. Diese Bestimmung enthält eine Reihe von Ausnahmen vom Verbot staatlicher Eingriffe in die Familie. Dazu gehören, wie die Regierung des Vereinigten Königreichs hervorgehoben hat, die Maßnahmen, die zum wirtschaftlichen Wohlergehen des Staates erforderlich sind. Im vorliegenden Fall sind diese Maßnahmen offensichtlich aufgrund der „wirtschaftlichen" Natur des Rechts nach Artikel 7 Satz 1 einschlägig: Eine Öffnung des Arbeitsmarkts der Mitgliedstaaten für einen weiten Kreis von Familienangehörigen der dort wohnenden türkischen Arbeitnehmer könnte den Interessen der Angehörigen der Gemeinschaft entgegenstehen, die selbst auf diesem Markt eine Beschäftigung suchen."

Hier werden die Interessen beider Parteien, nämlich der türkischen Familien und der Mitgliedstaaten, gegenübergestellt. Um jetzt zu ermitteln, welchen Umfang der Schutzbereich des Grundrechtes hat, nahm *La Pergola* eine ausführliche Prüfung – ähnlich der praktischen Konkordanz – vor:

„20. Um zu vermeiden, dass Artikel 7 Satz 1 weiter ausgelegt wird als im Urteil Reed (vgl. Nr. 13), hat die Regierung des Vereinigten Königreichs daran erinnert, dass der EGMR bei der Untersuchung, ob eine bestimmte staatliche Maßnahme ein durch Artikel 8 Nr. 1 geschütztes Rechts verletze, vorsichtig vorgegangen ist. Ich weise nur darauf hin, dass die Straßburger Richter in ihrer Rechtsprechung eingehend auf die Verhältnismäßigkeit der Maßnahme eingehen, die angeblich das Recht auf ein Familienleben ohne staatliche Eingriffe verletzt[705]. Die Verhältnismäßigkeitsprüfung wird im Licht der betroffenen einander widerstreitenden Interessen vorgenommen.

21. Im vorliegenden Fall fand diese Interessenabwägung unter einem bestimmten Gesichtspunkt statt, den der Gemeinschaftsgesetzgeber bereits angewandt hat und der zu einer Entscheidung zugunsten der Familienangehörigen des türkischen Arbeitnehmers führte. Artikel 7 Satz 1 des Beschlusses soll nämlich den Familienangehörigen das Recht auf Zugang zu einer Beschäftigung im Aufnahmestaat einräumen. Dabei hat der Gesetzgeber mit Bestimmtheit den wirtschaftlichen Interessen der Gemeinschaftsangehörigen Rechnung getragen: Im ersten Gedankenstrich dieser Bestimmung ist eine Dauer der Lebensgemeinschaft mit dem türkischen Arbeitnehmer von mindestens drei Jahren vorgesehen, nach deren Ablauf das Recht des Familienangehörigen, eine Beschäftigung aufzunehmen, gleichwohl unter dem Vorbehalt steht, dass die Gemeinschaftsangehörigen Vorrang genießen; im zweiten Gedankenstrich wird vorausgesetzt, dass die Familienangehörigen mindestens fünf Jahre lang zusammenlebten.

---

[705] Vgl. vor allem die Urteile des EGMR Keegan, Randnr. 49, und Kroon, Randnr. 31, und das Urteil vom 28. Mai 1985, Abdulaziz, Cabales und Balkandali, Serie A, Nr. 94, Randnrn. 67 und 68.

22. Die Abwägung der widerstreitenden Interessen der betroffenen Familie und der Bevölkerung des Aufnahmestaates erlangt außerdem unter einem zweiten ergänzenden Gesichtspunkt Bedeutung. Der Gesetzgeber räumte wie gesagt der Familie des türkischen Arbeitnehmers mit Artikel 7 Satz 1 das Recht auf Zugang zu einer Beschäftigung im Aufnahmemitgliedstaat ein. Es ist nun zu prüfen, ob im vorliegenden Fall dieses (Zivil)Recht auf Familienzusammenführung, dem Artikel 7 Satz 1 dient, verletzt wird, wenn dieses „Wirtschaftsrecht" nicht auf den Lebensgefährten ausgedehnt wird. Es kommt im wesentlichen darauf an, ob dem Anspruch der Frau Eyüp Vorrang vor dem Interesse der Bevölkerung des Mitgliedstaats - wie es die Regierung des Vereinigten Königreichs ausgedrückt hat - gebührt oder nicht. Nach dem EGMR ist dies unter dem Gesichtspunkt des Verhältnismäßigkeitsgrundsatzes zu entscheiden: Der Begriff des Familienangehörigen im Sinne des Artikels 7 Satz 1 darf nicht so weit ausgelegt werden, dass die Interessen, einschließlich der wirtschaftlichen Interessen, der Mitgliedstaaten und der dort ansässigen Bürger der Gemeinschaft in ungebührlicher Weise beeinträchtigt werden.

23. In den Fällen, in denen der EGMR den Begriff der Familie im Sinne des Artikels 8 der Konvention auf „natürliche Familienangehörige" erstreckt hat, hat er immer auf ein ernstes und festes Band zwischen den Betroffenen vertraut und hat somit eine derartige Lösung durch Auslegung im jeweiligen Einzelfall ermittelt (vgl. Nr. 18)[706]. Im vorliegenden Fall kann ich ohne weiteres davon ausgehen, dass Herr und Frau Eyüp während der gesamten Dauer ihrer Lebensgemeinschaft durch ein Band von großer Stabilität verbunden waren: Sie lebten weiterhin - meines Wissens ununterbrochen - unter einem Dach. Bezeichnend für diese Stabilität war geradezu, dass sie danach geheiratet haben (im Jahr 1997 dauerte die Lebensgemeinschaft insgesamt 13 Jahre). Und mehr noch. Während der siebeneinhalb Jahre wurden vier der sieben Kinder der Eheleute Eyüp geboren. Diese wurden dann durch die zweite Eheschließung legitimiert. Außerdem kam der Vater sowohl für den Unterhalt der Kinder als auch für den ihrer Mutter (seiner Lebensgefährtin) auf, die sich ihrerseits nach den Prozessakten hauptsächlich um diese Kinder in der Wohnung der Familie kümmerte. Der EGMR ist zudem auch dann von einer „Familie" (im Sinne der Konvention) ausgegangen, auch wenn weniger für die Stabilität der Beziehung sprach. So war im Urteil Kroon (vgl. Nr. 18) allein entscheidend, dass aus der Verbindung Kinder hervorgegangen sind, auch wenn der Vater nicht mit dieser „Lebensgefährtin" zusammenlebte und auch niemals mit ihr verheiratet war.

24. Daraus müsste man schließen, dass es nicht gegen den Sinn und Zweck des Artikels 7 Satz 1 verstieße, wenn man den Kreis der Familienangehörigen eines türkischen Arbeitnehmers, die das Recht auf Zugang zu einer Beschäftigung im Aufnahmestaat im Sinne dieser

---

[706] Im Urteil Kadiman hat der Gerichtshof eine ähnliche Position vertreten: „verlangt die praktische Wirksamkeit des Artikels 7 .... daß sich die Familienzusammenführung ... *während einer bestimmten Zeit im tatsächlichen Zusammenleben des Betroffenen* mit dem Arbeitnehmer *in häuslicher Gemeinschaft* manifestiert" (Randnr. 40; Hervorhebung von *La Pergola*).

Bestimmung haben, auf die Lebensgefährtin ausweiten würde. Dies ist der Grundsatz. Wichtig ist aber, die deutlich vorliegenden Besonderheiten des Einzelfalls richtig zu würdigen. Nach den Kriterien der Rechtsprechung des EGMR - eine Lösung, die ich wie gesagt bevorzuge - kann ein dem Betroffenen grundsätzlich zustehendes Recht verletzt werden, wenn man Frau Eyüp (hinsichtlich der fraglichen sechs Jahre) nicht zum Kreis der „Familienangehörigen" desjenigen zählte, mit dem sie zum Zeitpunkt der Beantragung einer Arbeitserlaubnis wieder verheiratet ist. Die Behandlung von Frau Eyüp als „Familienangehörige" (d. h. als Ehefrau) des türkischen Arbeitnehmers während der außerehelichen Lebensgemeinschaft mit ihrem geschiedenen Ehemann führt nicht zu einer unverhältnismäßigen Beeinträchtigung des Rechts auf ein „wirtschaftliches Wohlergehen" der in Österreich ansässigen Gemeinschaftsangehörigen. Eine solche Lösung legt auf vernünftige Weise den Streit zwischen der Auffassung, die den Begriff der Familie auf die Ehefrau des türkischen Arbeitnehmers beschränken will, und, ungeachtet des Vorbringens der Regierungen, die Inanspruchnahme des Rechts nach Artikel 7 Satz 1 nicht unterschiedslos zu öffnen, der Forderung für alle, die sozusagen nur „Lebensgefährte" eines türkischen Arbeitnehmers in einem Mitgliedstaat sind.

Eine solche ausführliche Darstellung eines Schutzbereiches eines ungeschriebenen Grundrechts konnte man in der bisherigen Rechtsprechung nicht finden. Das gilt auch für die Fälle, in denen es zweifelhaft war, ob der Lebenssachverhalt unter den Schutzbereich fällt[707]. Es bleibt zu hoffen, dass diese Schlussanträge eine neue Praxis am EuGH begründen.

(3) Das Problem der Konkretisierung des Schutzbereiches der ungeschriebenen Grundrechte ist mit der Frage nach dem Grundrechtsstandard eng verknüpft[708]. Als Grundrechtsstandards werden die Niveaus Maximalstandard, Minimalstandard und „beste Lösung" diskutiert. Diese möglichen Niveaus ergeben sich aus den möglichen Methoden der Rechtsgewinnung[709]. Aus den Verträgen

---

[707] Vgl. oben EuGH Rs. C-22/94 – Irish Farmers Association, Slg. 1997, I-1809 oder auch EuGH Rs. C-280/93 – Bananenmarktordnung, Slg. 1994, I-4973, 5065.

[708] *Pauly*, Strukturfragen des unionsrechtlichen Grundrechtsschutz, EuR 1998, 242, 254. Zur Frage des Grundrechtsstandards siehe oben § 7 II. 6.

[709] Vgl. oben § 7 II. 6.

ergibt sich auch nach der Neufassung von Amsterdam keine Aussage zum Schutzniveau[710].

III. Eingriff

Unter einem Eingriff versteht man die Handlung der Exekutive oder der Legislative, die auf den tatbestandlich fixierten Schutzbereich beschränkend einwirkt[711]. Die Freiheit des Grundrechtsberechtigten wird dadurch reduziert[712]. Gleichzeitig wird dem handelnden Träger hoheitlicher Gewalt ein Rechtfertigungszwang auferlegt[713].

1. Unmittelbarer und mittelbarer Eingriff

Ein Eingriff kann sowohl unmittelbar als auch mittelbar erfolgen. Ein unmittelbarer Eingriff liegt vor, wenn das angestrebte Ziel der Eingriff ist. Mittelbar ist ein Eingriff dann, wenn eine Regelung ein Ziel verfolgt und nur nebenbei (möglicherweise durch einen faktischen Zusammenhang) in ein Grundrecht eingegriffen wird. In der Vergangenheit schien der EuGH den mittelbaren Eingriffen in ungeschriebene Grundrechte reserviert gegenüberzustehen[714]. Diese Hal-

---

[710] Im Gegensatz dazu ist in Art. 95 III EG festgelegt, daß die Kommission in ihren Vorschlägen von einem „hohen Schutzniveau" in den Bereichen Gesundheit, Sicherheit, Umweltschutz und Verbraucherschutz auszugehen hat.

[711] *Lerche*, Schutzbereich, Grundrechtsprägung, Grundrechtseingriff, in: *Isensee/Kirchhof*, HdbStR V § 121, Rn. 45. Daneben findet sich noch der klassische Eingriffsbegriff, der sich durch die Merkmale Rechtsförmigkeit, Unmittelbarkeit, Finalität und Imperativität auszeichnet. Dieser klassische Eingriffsbegriff wird aber in der modernen Literatur nicht mehr verwendet. Vgl. *Bethge*, Der Grundrechtseingriff, VVDStRL 57 (1998), 7, 38.

[712] *Bethge*, Der Grundrechtseingriff, VVDStRL 57 (1998), 7, 10.

[713] *Bethge*, ebenda, 37.

[714] EuGH Rs. 59/83 – Biovilac, Slg. 1984, 4057, 4079; Rs. 116/82 – Qualitätswein, Slg. 1986, 2519, 2545; Rs. 281/84 – Zuckerfabrik Bedburg, Slg. 1987, 49, 92; Vgl. auch Grabitz/Hilf-*Pernice*, EGV Art. 164 Rn. 62b; *Rengeling*, Grundrechtsschutz, § 3 IV und § 35 IV.

tung hat der EuGH aber mit der Rs. Bosphorus[715] aufgegeben. Bei den geschriebenen Grundrechten, insbesondere bei den Grundfreiheiten, ergibt sich schon aus dem Wortlaut, dass auch mittelbare Eingriffe einen Rechtfertigungszwang auslösen.

2. Ermittlung der Eingriffstiefe

(1) Ein besonderes dogmatisches Problem des EuGH ist die fehlende Ermittlung von Eingriffstiefe und Gewichtung des Privatinteresses. Eine Konstruktion des Freiheitsrechts mit Schutzbereich und Wesensgehaltsgarantie verlangt, dass in der Abwägung der widerstreitenden Interessen die Tiefe des Grundrechtseingriffs beachtet wird. Je stärker der Eingriff ist, um so gewichtiger müssen die Gründe sein, durch die er gerechtfertigt wird. Eine methodisch saubere Abwägung ist nicht möglich, wenn man das gewichtete Gemeinwohlinteresse am Eingriff mit dem ungewichteten Privatinteresse an der Verschonung vom Eingriff vergleicht[716]. In der Praxis kann man die Auswirkung dieses Problems an den Urteilen in den Rs. Bananenmarktordnung[717] und SMW Winzersekt[718] zeigen.

Im Fall der Bananenmarktordnung wurde der europäische Binnenmarkt in Bezug auf die Einfuhr von Bananen neu geregelt. Für Deutschland hatte bis dahin eine Ausnahmeregelung gegolten, nach der deutsche Importeure kontingentfrei sogenannte „Dollarbananen" aus Lateinamerika zollfrei einführen durften. Durch die Neuordnung wurde die zollbegünstigte Einfuhrmenge für Dollarbananen zugunsten der „AKP-Bananen", die aus den ehemaligen französischen Kolonien stammen, beschnitten. Jedem europäischen Bananenimporteur wurde ein Kontingent für Dollarbananen zugewiesen. Jeder Import über das Kontingent

[715] EuGH Rs. C-84/95 – Bosphorus, Slg. 1996, I-3953, Rn. 22 f. bejaht. In dieser Rs. klagte eine Firma, die ein Flugzeug von einem jugoslawischen Eigentümer geleast hatte, gegen die VO 990/93/EG, welche die Nutzung des Flugzeugs als Sanktion gegen Jugoslawien verbot. In dieser VO wurde ein Eingriff in das Eigentum gesehen und für gerechtfertigt gehalten.

Dagegen hat der EuG in seinem Urteil Rs. T-113/96 – Dubois, Slg. 1998, II-125, Rn. 72 ff. festgestellt, daß ein mittelbarer Eingriff in die Berufsfreiheit keinen Rechtfertigungszwang auslöst.

[716] *Nettesheim*, Grundrechtliche Prüfdichte durch den EuGH, EuZW 1995, 106.

[717] EuGH Rs. C-280/93 – Bananenmarktordnung, Slg. 1994, I-4973.

[718] EuGH Rs. C-306/93 – SMW Winzersekt, Slg. 1994, I-5555.

hinaus ist mit einem Strafzoll belegt, der die Importkosten in etwa verdoppelt. Den deutschen Importeuren war es in der Folge unmöglich, ihre Kunden wie bisher mit den von den Kunden verlangten Dollarbananen zu beliefern. Um überleben zu können, mussten sie ihren ausländischen Konkurrenten, die bisher keine Dollarbananen eingeführt hatten und auch in Zukunft keine Dollarbananen einführen wollten, Kontingentsrechte abkaufen. In der Klage vor dem EuGH wurde insbesondere eine Verletzung des Eigentums und der Berufsfreiheit geltend gemacht. Hier hätte eine Untersuchung der Eingriffstiefe gezeigt, dass das Interesse der über Jahrzehnte auf Einfuhren aus einem bestimmten Markt eingerichteten Importeure auf Erhaltung dieser Tätigkeit von hohem Gewicht ist und in einschneidender, teilweise bis zum Konkurs führender Weise berührt wurde.

In der Rs. SMW Winzersekt war dem Kläger durch Verordnung der EG verboten worden, seine Schaumweine nach Ablauf einer Übergangsfrist als nach der „méthode champenoise“ hergestellt zu bezeichnen. Statt dessen sollte er den Begriff „klassische Flaschengärung“ verwenden. In diesem Fall hätte eine Untersuchung der Eingriffstiefe gezeigt, dass nur eine geringer Eingriff vorliegt, der die Modalitäten der Berufsausübung durch eine Bezeichnungsvorschrift regelt.

Der Vergleich zeigt, dass der Eingriff in der Rs. Bananenmarktordnung viel tiefer in den Schutzbereich der Berufsfreiheit einschnitt, als das in der Rs. SMW Winzersekt der Fall war. In der Rs. Bananenmarktordnung wären daher stärkere und gewichtigere Gründe notwendig gewesen, um den Eingriff zu rechtfertigen. Der EuGH hat diesen Unterschied aber nicht in seine Urteile aufgenommen und spricht in beiden Fällen unterschiedslos von „Gründen des Allgemeinwohls“[719]. Beide Urteile werden dadurch aus dogmatischer Sicht zweifelhaft. Die Auswirkungen auf das Urteil SMW Winzersekt sind eher gering; im Ergebnis ist es richtig. Dagegen ist das Urteil in der Rs. Bananenmarktordnung durch diese unsaubere Arbeitsweise zu Recht in die Kritik der Literatur geraten[720].

---

719 EuGH Rs. C-280/93 – Bananenmarktordnung, Slg. 1994, I-4973, Rn. 81 bis 87 und Rs. C-306/93 – SMW Winzersekt, Slg. 1994, I-5555, Rn. 24 bis 29.

720 *Nettesheim*, Grundrechtliche Prüfdichte durch den EuGH, EuZW 1995, 106 ff.; *Stein*, „Bananen-Splitt?“, EuZW 1998, 261 ff.; *Hohmann*, Das "Bananen-Urteil" des EuGH kann rechtlich nicht befriedigen, EWS 1995, 381 f.; *Zuleeg*, Bananen und Grundrechte - Anlaß zum Konflikt zwischen europäischer und deutscher Gerichtsbarkeit, NJW 1997, 1201 ff.

(2) Auch die Betrachtung der Schlussanträge ergibt hier kein besseres Bild. In den Schlussanträgen des GA *Gulmann* in der Rs. Bananenmarktordnung heißt es:[721]

„46. ... Meines Erachtens besteht in der vorliegenden Rechtssache für den Gerichtshof kein Grund, zu dieser Frage Stellung zu nehmen. Selbst wenn die Interessen vom Grundrechtsschutz umfasst wären, kann dieser Beschränkungen unterliegen, und die Prüfung der Rechtmäßigkeit dieser Beschränkungen würde weitgehend mit der Prüfung zusammenfallen – oder könnte besser noch im Rahmen dieser Prüfung erfolgen –, die aufgrund des Gleichheits- und Verhältnismäßigkeitsgrundsatzes vorzunehmen ist. Bei dieser Prüfung wird unter allen Umständen die Natur der Interessen, in die Eingegriffen wird, zu berücksichtigen sein."

Meines Erachtens irrt *Gulmann* hier. Die Prüfung eines Eingriffs in den Schutzbereich der Grundrechte auf Eigentum und Berufsausübung können nicht mit der Prüfung des Gleichheitssatzes und der Verhältnismäßigkeitsprüfung zusammengelegt werden. Eine Prüfung der Verhältnismäßigkeit setzt voraus, dass die widerstreitenden Interessen benannt werden. In seinen Schlussanträgen werden die widerstreitenden Interessen im Rahmen der Verhältnismäßigkeitsprüfung in den Rn. 56 bis 81 – also recht ausführlich – dargestellt. Unklar bleibt aber, welche rechtliche Relevanz die Interessen haben. Ihre Relevanz ergäbe sich nämlich aus dem Schutzbereich und der Stärke des Eingriffes. Dieses Manko zeigt sich denn auch in der eigentlichen Verhältnismäßigkeitsprüfung:

„97. Somit besteht kein ernsthafter Zweifel an der Geeignetheit des Mittels zur Erreichung seines Zwecks. Die Frage ist, ob es unverhältnismäßig ist.

98. Wie ich bereits ausgeführt habe, ist es zweifelhaft, ob die Gewährung des Absatzes von Gemeinschafts-/AKP-Bananen zu angemessen Preisen nicht durch eine Kombination von Zollkontingent und Ausgleichsbeihilfe – vielleicht in einer anderen Form oder durch den Erlass von Vorschriften über die Aufteilung des Zollkontingents –, die für die traditionellen Vermarkter von Drittlandsbananen weniger belastend wäre, hätte erreicht werden können.

99. Zusammenfassend bin ich der Auffassung, dass Umstände vorliegen, die eine Grundlage für die Aufhebung der eingeführten Regelung bilden könnten, dass diese jedoch nicht so offensichtlich und schwerwiegend sind, dass festgestellt werden müsste, dass der Rat bei der Wahl der Mittel zur Erreichung des Ziels der Verordnung die Grenze seines Ermessens überschritten hat. ..."

Die Prüfung der Angemessenheit versagt hier schon aus dem Grund, dass den Zielen der Träger hoheitlicher Gewalt keine Rechtspositionen der Marktteilnehmer entgegengestellt wurden. Dies war aber auch gar nicht möglich, denn

[721] Schlußanträge des GA *Gulmann*, EuGH Rs. C-280/93, Slg. 1994, I-4973, 4994 f.

dazu hätte man einen Eingriff feststellen und bewerten müssen. Daher bleibt die Forderung an den EuGH bestehen, die Prüfung des Eingriffes sorgfältiger vorzunehmen.

(3) Das Problem einer mangelnden Prüfung der Eingriffstiefe ist bei geschriebenen Grundrechten weit weniger ausgeprägt, da es in diesen Bereichen viele konkretisierende Akte des Sekundärrechts gibt, durch die die Gewichtung der Privatinteressen schon vorgezeichnet sind. Sofern jedoch keine sekundärrechtliche Hilfestellung vorliegt, lässt sich auch bei geschriebenen Grundrechten eine übermäßige Verknappung der Eingriffsprüfung feststellen. Als Beispiel sei hier die Rs. Läärä / Kihlakunnansyyttäjä (Jyväskylä)[722] angeführt. Im fraglichen Fall wollte eine Firma in Finnland Glückspielautomaten aufstellen. Dies wurde ihr verboten, da sie keine behördliche Erlaubnis nach § 1 Absatz 1 Arpajaislaki (1.9.1965/491)(Gesetz Nr. 491 vom 1. September 1965 über Glücksspiele in der im entscheidungserheblichen Zeitraum geltenden Fassung) hatte. Der Kläger machte vor dem finnischen Gericht geltend, in seiner Dienstleistungsfreiheit verletzt worden zu sein. Daraufhin wurde der Fall dem EuGH vorgelegt. Im Urteil heißt es:

„27. Die Bestimmungen des EG-Vertrags über den freien Dienstleistungsverkehr finden, wie der Gerichtshof im Urteil Schindler bezüglich der Veranstaltung von Lotterien festgestellt hat, auf eine Tätigkeit Anwendung, die die Möglichkeit bietet, gegen ein Entgelt an einem Glücksspiel teilzunehmen. Somit fällt eine solche Tätigkeit in den Anwendungsbereich des Artikels 59 EG-Vertrag, wenn wenigstens einer der Dienstleistenden in einem anderen Mitgliedstaat als dem, in dem die Dienstleistung angeboten wird, ansässig ist.

28. Wie auch das vorlegende Gericht festgestellt hat, enthält eine nationale Regelung über Geldspielautomaten wie die finnische keine Diskriminierung aus Gründen der Staatsangehörigkeit, da jedem anderen als der zugelassenen öffentlich-rechtlichen Vereinigung der Betrieb dieser Apparate untersagt ist. Sie trifft insoweit unterschiedslos sowohl die in Finnland als auch die in einem anderen Mitgliedstaat ansässigen Wirtschaftsteilnehmer, die möglicherweise an einer solchen Tätigkeit interessiert sind.

29. Soweit eine solche Regelung jedoch die Wirtschaftsteilnehmer aus anderen Mitgliedstaaten unmittelbar oder mittelbar daran hindert, selbst Geldspielautomaten der Allgemeinheit zur entgeltlichen Benutzung zur Verfügung zu stellen, stellt sie eine Behinderung des freien Dienstleistungsverkehrs dar.

30. Somit ist zu prüfen, ob diese Beeinträchtigung des freien Dienstleistungsverkehrs aufgrund von im EG-Vertrag ausdrücklich vorgesehenen Ausnahmen zulässig ist oder nach

[722] EuGH Rs. C-124/97 – Läärä / Kihlakunnansyyttäjä (Jyväskylä), n.n.v.

der Rechtsprechung des Gerichtshofes aus zwingenden Gründen des Allgemeininteresses gerechtfertigt werden kann.“

Der Eingriff wird in Rn. 29 festgestellt, ohne dass eine Bewertung der Eingriffstiefe vorgenommen wird. Man mag einwenden, dass es hier nicht notwendig sei, auf die Eingriffstiefe einzugehen, da ein Eingriff ein Eingriff sei. Das Problem zeigt sich wieder erst in der angeschlossenen Verhältnismäßigkeitsprüfung. Sie leidet unter den gleichen Problemen wie die Verhältnismäßigkeitsprüfung im eben untersuchten Urteil C-280/93 – man hätte die Stärke des Verbots bewerten müssen, denn nur dann kann man entscheiden, ob die Interessen des Einzelnen oder die Interessen des Staates überwiegen. In der Rs. Läärä nahm der EuGH dann aber doch noch inzident eine Gewichtung des Eingriffs vor:

„39. Was die Frage betrifft, ob es zur Erreichung dieser Ziele besser wäre, eine Regelung mit den erforderlichen Auflagen für die betroffenen Wirtschaftsteilnehmer zu erlassen, statt einer zugelassenen öffentlich-rechtlichen Vereinigung ein ausschließliches Betriebsrecht zu gewähren, so liegt diese Entscheidung im Ermessen der Mitgliedstaaten, allerdings unter dem Vorbehalt, dass sie im Hinblick auf das angestrebte Ziel nicht unverhältnismäßig erscheint.

40. Aus der Verordnung über die Geldspielautomaten ergibt sich hierzu insbesondere, dass die RAY, die die einzige Vereinigung ist, die eine Erlaubnis zum Betrieb dieser Apparate besitzt, eine Vereinigung des öffentlichen Rechts ist, deren Tätigkeiten unter staatlicher Aufsicht ausgeübt werden und die, wie in Randnummer 5 festgestellt worden ist, den zu verteilenden Nettoertrag, der sich aus dem Betrieb der Geldspielautomaten ergibt, an den Staat abzuführen hat.

41. Zwar könnte der Staat die Beträge, die ihm auf diese Weise zu gemeinnützigen Zwecken zufließen, auch auf andere Weise erhalten, z. B. durch die Besteuerung der Tätigkeiten, deren Ausübung den einzelnen Wirtschaftsteilnehmern im Rahmen einer Regelung ohne Ausschließlichkeitscharakter erlaubt wird, doch stellt die Verpflichtung der zugelassenen öffentlich-rechtlichen Vereinigung zur Abführung der Erträge aus ihrer Betriebstätigkeit eine deutlich wirksamere Maßnahme dar, um angesichts der Risiken von Betrug und anderen Straftaten die aus diesen Tätigkeiten resultierenden Gewinne streng zu begrenzen.“

Der EuGH bemerkt in Rn. 39, dass es auch weniger starke Eingriffe gäbe. Inzident wird dadurch der gewählte Eingriff als „stark“ gewertet und in den Rn. 40 bis 41 wird dann auch dargelegt, warum es eines starken Eingriffs bedurfte, um das legitime Ziel zu erreichen.

IV. Rechtfertigung

Die Einschränkbarkeit der geschriebenen Grundrechte ergibt sich zunächst aus dem Primärrecht. Vielen geschriebenen Grundrechten ist gemein, dass nach ihrem Wortlaut eine Einschränkung möglich ist. Auch die ungeschriebenen Grundrechte sind grundsätzlich einschränkbar[723]:

> „18. Die vom Gerichtshof anerkannten Grundrechte können jedoch keine uneingeschränkte Geltung beanspruchen, sondern sind im Zusammenhang mit ihrer gesellschaftlichen Funktion zu sehen. Daher kann die Ausübung dieser Rechte, insbesondere im Rahmen einer gemeinsamen Marktorganisation, Beschränkungen unterworfen werden, sofern diese tatsächlich dem Gemeinwohl dienenden Zielen der Gemeinschaft entsprechen und nicht einen im Hinblick auf den verfolgten Zweck unverhältnismäßigen, nicht tragbaren Eingriff darstellen, der diese Rechte in ihrem Wesensgehalt antastet."

Die Einschränkbarkeit der Grundrechte ist dabei wiederum nicht grenzenlos möglich; den Grundrechtsschranken stehen die Schranken-Schranken gegenüber.

1. Schranken

Die Einschränkbarkeit eines Grundrechts ist immer an einen Gesetzesvorbehalt gekoppelt. Unterschiede gibt es aber in der Ausformung des Gesetzesvorbehalts, der sowohl als einfacher als auch als qualifizierter Gesetzesvorbehalt normiert sein kann. Problematisch ist außerdem, dass die Normen, die in der EU erlassen werden weder „Gesetze" heißen noch von einem demokratisch gewählten Parlament als gesetzgebender Gewalt verabschiedet wurden. Der Begriff des Gesetzes im Sinne des Vorbehalts des Gesetzes bedarf daher einer Konkretisierung.

---

[723] EuGH Rs. 5/88 – Wachauf, Slg. 1989, 2609, Rn. 18.

a) Einfacher Gesetzesvorbehalt

Ein einfacher Gesetzesvorbehalt ist ein Vorbehalt, der lediglich verlangt, dass der Eingriff durch ein Gesetz oder aufgrund eines Gesetzes erfolgt. Es bestehen keine speziellen Anforderungen an den Inhalt oder die bezweckten Ziele. Einen allgemeinen Gesetzesvorbehalt für alle Grundrechte hat der EuGH in der Rs. Hoechst[724] statuiert:

> „Indessen bedürfen in allen Rechtsordnungen der Mitgliedstaaten Eingriffe der öffentlichen Gewalt in die Sphäre der privaten Betätigung jeder – natürlichen oder juristischen – Person einer Rechtsgrundlage und müssen aus den gesetzlich vorgesehenen Gründen gerechtfertigt sein; diese Rechtsordnungen sehen daher, wenn auch in unterschiedlicher Ausgestaltung, einen Schutz gegen willkürliche oder unverhältnismäßige Eingriffe vor. Das Erfordernis eines solchen Schutze ist folglich als allgemeiner Grundsatz des Gemeinschaftsrechts anzuerkennen."

Ein Beispiel für ein geschriebenes Grundrecht mit einem einfachen Gesetzesvorbehalt ist die allgemeine Freizügigkeit, Art. 18 I EG, die vorbehaltlich der „in diesem Vertrag und *in den Durchführungsvorschriften* vorgesehenen Beschränkungen" gewährt wird.

b) Qualifizierter Gesetzesvorbehalt

Ein qualifizierter Gesetzesvorbehalt unterscheidet sich von einem einfachen Gesetzesvorbehalt dadurch, dass an das Gesetz zusätzliche Anforderungen bezüglich des Ziels oder des verwendeten Mittels gestellt werden[725]. Solche qualifizierten Gesetzesvorbehalte finden sich nur für geschriebene Grundrechte. Beispiele hierfür sind Art. 30 EG[726], Art. 39 III EG[727] und Art. 19 I letzter Halbsatz EG[728].

---

[724] EuGH verb. Rs. 46/87 und 227/88 – Hoechst, Slg. 1989, 2859, 2924, Rn. 19.

[725] *Pieroth/Schlink*, Grundrechte, Rn. 295.

[726] Eine Einschränkung ist nur aus Gründen der öffentlichen Sittlichkeit, Ordnung und Sicherheit, zum Schutze der Gesundheit und des Lebens von Menschen, Tieren oder Pflanzen, des nationalen Kulturguts von künstlerischem, geschichtlichem oder archäologischen Wert zulässig.

(i) Zum Begriff der öffentlichen Ordnung

In den Grundfreiheiten wird immer die Erhaltung der „öffentlichen Ordnung" als zulässiger Grund einer Beschränkung genannt. Dieser Begriff hätte im Sinne der deutschen „öffentlichen Ordnung und Sicherheit" einen flexiblen Auffangtatbestand ermöglicht und ist daher von besonderem Interesse[729]. Der EuGH hat aber bisher eine vollständige Definition vermieden und wendet diese Vorschrift nur sehr zurückhaltend an.

Der Begriff der öffentlichen Ordnung ist nicht in allen Mitgliedstaaten gleich definiert. Da die „öffentliche Ordnung" der Mitgliedstaaten auch kein vergemeinschafteter Bereich ist, unterliegt dieser Begriff weder der allgemeinen Definitionsmacht der Union noch der der Mitgliedstaaten. Sicher ist nur, dass nicht solche Ziele verfolgt werden dürfen, die den Zielen der Union zuwiderlaufen. Die öffentliche Ordnung kann daher am besten als Bündel von vertragslegitimen Zielen angesehen werden[730]. Die Verträge regeln die vertragslegitimen Ziele nicht, sondern geben nur Indizien dafür, wie diese Ziele ausgestaltet sein könnten. Neben den ausdrücklich in den Verträgen aufgeführten Zielen gehören dazu auch die Grundrechte (anderer) selbst dazu[731].

(ii) Öffentliche und private Interessen

Nicht eindeutig ist die Formulierung des Art. 255 II EG, nach dem eine Einschränkung nur aus Gründen „öffentlicher oder privater Interessen" gestattet ist. Jede denkbare Einschränkung – und sei sie noch so willkürlich – wird von einem Interesse begleitet, welches öffentlicher oder privater Natur ist. Eine solche Auslegung würde aber den Intentionen des Verfassungsgebers zuwiderlaufen. Eine erste Entscheidung in bezug auf das öffentliche Interesse findet sich in der Rs. van der Wal[732], in der das EuG einen Anspruch auf Einsicht in ein Do-

---

727 Eine Beschränkung ist nur aus Gründen der öffentlichen Ordnung, Sicherheit und Gesundheit zulässig.

728 Eine Ausnahme ist „aufgrund besonderer Probleme eines Mitgliedstaates" möglich.

729 Vgl. *Kingreen*, Struktur der Grundfreiheiten, S. 156.

730 So auch *Kingreen*, ebenda.

731 *Kingreen*, ebenda, S. 160.

732 EuG Rs. T-83/96 – van der Wal, Slg. 1998, II-545, Leitsatz 3.

kument mit dem Hinweis auf den Schutz der Rechtspflege verweigerte, welches von der Kommission auf Anfrage durch ein nationales Gericht erstellt wurde. Das private Interesse dürfte sich aus den Art. 286 und 287 EG ergeben, die den Datenschutz in der EG regeln. Damit handelt es sich in Art. 255 II EG um einen qualifizierten Gesetzesvorbehalt.

c) Ziele der Gemeinschaft

Nach der Rechtsprechung des EuGH können die (ungeschriebenen) Grundrechte keine umfassende Geltung beanspruchen, sondern müssen sich in „die Struktur und Ziele der Gemeinschaft einfügen“[733]. Hierbei handelt es sich um eine spezielle Form des qualifizierten Gesetzesvorbehalts.

Die Grundrechte können Beschränkungen unterliegen, „die durch die dem *allgemeinen Wohl* dienenden Ziele der Gemeinschaft gerechtfertigt sind“[734]. Später fügte der EuGH hinzu, dass die Grundrechte im Hinblick auf ihre soziale[735] oder gesellschaftliche[736] Funktion zu sehen sind. Der EuGH hat bisher den Verbraucherschutz[737], den Schutz regional gebundener Erzeuger vor Nachahmung[738], die Sicherstellung der körperlichen Diensttauglichkeit eines Beamtenanwärters[739], die ökonomische Stabilisierung eines Marktsektors[740], den Schutz von öffentlicher Gesundheit und Menschenleben[741], den Umweltschutz[742], die Erhaltung von Weltmarktpositionen der Gemeinschaftsproduzenten[743] und die

---

733 EuGH Rs. 11/70 – Internationale Handelsgesellschaft, Slg. 1970, 1125, 1135.

734 EuGH Rs. 4/73 – Nold, Slg. 1974, 491, 507 f.

735 EuGH Rs. 44/79 – Hauer, Slg. 1979, 3727, 3750, Rn. 32; verb. Rs. 41, 121 und 796/79 – Testa, Slg. 1980, 1979, 1997, Rn. 21.

736 EuGH Rs. 5/88 – Wachauf, Slg. 1989, 2609, 2639, Rn. 18.

737 EuGH Rs. 234/85 – Keller, Slg. 1986, 2897, 2913 f.

738 EuGH Rs. C-306/93 – SMW Winzersekt, Slg. 1994, I-5555, Rn. 25.

739 EuGH Rs. C-404/92 P – Aidstest, NJW 1994, 3005, 3006, Rn. 19 f.

740 Agrarmarktordnung: EuGH Rs. C-177/90 – Kühn, Slg. 1992, I-35, 64; verb. Rs. C-143/88 und 92/89 – Süderdithmarschen, Slg. 1991, I-421, 549; Rs. 44/79 – Hauer, Slg. 1979, 3727, 3748; Stahlsektor: EuGH Rs. 258/81 – Metallurgi Halyps, Slg. 1982, 4261, 4280.

741 EuGH Rs. C-62/90 – Arzneimittelimporte, Slg. 1992, I-2575, 2609.

742 EuGH Rs. 240/83 – ADBHU, Slg. 1985, 531, 549.

743 EuGH verb. Rs. C-143/88 und 92/89 – Süderdithmarschen. Slg. 1991, I-421, 553.

Durchsetzung der Wettbewerbsregeln[744] als dem allgemeinen Wohl dienende Ziele bezeichnet. Diese Ziele kann man in Art. 2 und 3 EG wiederfinden. Die Beachtung der Ziele der Gemeinschaft bedeutet, dass zwischen den Verfassungsgütern ein Ausgleich durch praktische Konkordanz zu schaffen ist[745].

Im Unterschied zum gewöhnlichen qualifizierten Gesetzesvorbehalt wird hier kein bestimmter, in der Norm festgelegter Zweck verlangt, sondern nur, dass der angestrebte Zweck auch von der Gemeinschaft allgemein verfolgt werden darf[746].

d) Vorbehaltlos gewährte Grundrechte

Zu den vorbehaltlos gewährten Grundrechten zählen das Verbot der Diskriminierung aus Gründen der Staatsangehörigkeit, Art. 12 EG[747], der Anspruch auf gleiche Entlohnung für Männer und Frauen, Art. 141 EG, das Diskriminierungsverbot auf dem Agrarmarkt, Art. 34 II UAbs. 2 EG, die Petitionsrechte, Art. 21 UAbs. 1 bis 3 EG und der Anspruch auf diplomatischen und konsularischen Schutz, Art. 20 EG. Diese Grundrechte unterliegen aber noch den verfassungsimmanenten Grundrechtsschranken.

e) Verfassungsimmanente Schranken

Die Grundrechte stehen nicht allein auf der Stufe des Primärrechts. Dadurch ist es möglich, dass die Grundrechte mit anderen Normen des Primärrechts kollidieren[748]. Dieses Spannungsverhältnis zwischen den Normen muss

---

[744] EuGH verb. Rs. 46/87 und 227/88 – Hoechst, Slg. 1989, 2859, 2926.

[745] So auch *Rengeling*, Grundrechtsschutz, § 35 III. 3. b) bb), S. 217. Vgl. auch *Hesse*, Grundzüge des Verfassungsrechts, Rn. 317 f.

[746] *Pauly*, Strukturfragen des unionsrechtlichen Grundrechtsschutzes, EuR 1998, 242, 258 kritisiert den EuGH und fordert, dass dieser eine striktere Kontrolle ausüben müsste. Im Ergebnis wünscht er sich einen qualifizierten Gesetzesvorbehalt.

[747] Art. 12 EG wird „unbeschadet besonderer Bestimmungen dieses Vertrages" gewährt. Darin liegt jedoch keine Erklärung der Einschränkbarkeit, sondern ein Verweis auf die speziellen Gleichheitsrechte, die sich auch auf die Staatsangehörigkeit beziehen. Vgl. Calliess/Ruffert-*Epiney*, EGV Art. 12 Rn. 7.

[748] Vgl. unten § 14 Grundrechtskollision.

gelöst werden. Dabei hat aber weder das Grundrecht noch die kollidierende Norm vorrang; vielmehr sind die widerstreitenden Interessen in Ausgleich zu bringen. Dadurch entsteht eine Beschränkung, die alle Grundrechte treffen kann. Diese Form der Beschränkung ist aber ebenfalls an den Schranken-Schranken (unten 2.) zu messen.

Diese Konstruktion lehnt *Kingreen* zumindest für die Grundfreiheiten ab[749]. Er fasst diese Fälle unter die Einschränkungen aufgrund der „öffentlichen Ordnung". Dies funktioniert allerdings nur bezüglich der von *Kingreen* untersuchten Grundfreiheiten. Sobald man das System auf alle Grundrechte der EU ausdehnt, muss eine Integration aller möglichen Beschränkungen gefunden werden. Die Struktur des hier gefunden Systems verlangt daher nach dieser Konstruktion, um Konsistenz innerhalb des Systems und mit der Rechtsprechung des EuGH zu wahren[750].

f) Zum Begriff des Gesetzes

(1) Die Grundrechte der EU können nicht nur durch Rechtsakte der EU, sondern auch durch Rechtsakte der Mitgliedstaaten eingeschränkt werden. Aufgrund der Vielzahl der Rechtsordnungen wird man hier von einem materiellen Gesetzesbegriff ausgehen müssen. Dem gegenüber ist der deutsche Gesetzesvorbehalt enger. Er meint nur das Parlamentsgesetz und wird daher auch als Parlamentsvorbehalt bezeichnet[751]. Dieses Spannungsverhältnis sollte gelöst werden. Sinn und Zweck des Gesetzesvorbehalts ist die Verankerung des zulässigen Freiheitseingriffs in den Grundsätzen der Demokratie und Rechtsstaatlichkeit. In den Mitgliedstaaten wird daher der Gesetzesvorbehalt ein Gesetz entsprechend der nationalen Rechtsordnungen erfordern[752]. Dadurch kann auch das *case law* als Gesetz anerkannt werden, um so das *common law* zu integrieren[753].

---

[749] *Kingreen*, Struktur der Grundfreiheiten, S. 162.

[750] Vgl. nur EuGH Rs. C-10/89 – HAG GF, Slg. 1990, I-3711, bei dem die Kollision zweier Grundrechte geprüft wurde.

[751] So auch *Pieroth/Schlink*, Grundrechte, Rn. 306.

[752] Vgl. *Kingreen*, Struktur der Grundfreiheiten, S. 154.

[753] So auch der EGMR. Vgl. dazu das Urteil des EGMR Sunday Times/Vereinigtes Königreich, EuGRZ 1979, 386, Rn. 47.

(2) (a) In der EU kommen die Handlungen nach Art. 249 EG und die justiziablen Handlungen nach Titel VI und VII EU als Rechtsgrundlage für einen Grundrechtseingriff in Betracht. Diese Handlungsformen stehen in der Normenhierarchie der EU eine Stufe unter der Verfassung und entsprechen in ihrer Stellung daher dem Parlamentsgesetz. Alle anderen möglicherweise verwendeten Handlungsformen stehen in der Hierarchie niedriger, so dass sie keine genügende Rechtsgrundlage für einen Grundrechtseingriff darstellen können. Von den in Art. 249 aufgezählten Handlungsformen scheiden zunächst die Empfehlung und Stellungnahme aus, da es ihnen an der Rechtsverbindlichkeit fehlt[754].

(b) Auch Entscheidungen nach Art. 249 UAbs. 4 EG können keine Rechtsgrundlage für einen Grundrechtseingriff sein, da sie nur einen Einzelfall regeln. Das Verbot des einschränkenden Einzelfallgesetzes findet sich im deutschen Recht in Art. 19 I Satz 1 GG. In den anderen Mitgliedstaaten findet sich kein ausdrückliches Verbot[755]. Das Verbot des einschränkenden Einzelfallgesetzes beruht auf dem Grundsatz der Gewaltenteilung. Nur die Legislative soll einen Grundrechtseingriff rechtfertigen dürfen und nur die Exekutive soll Einzelfälle verwalten. Ein einschränkendes Einzelfallgesetz würde die Befugnisse von Legislative und Exekutive zusammenfassen. Auch in der Rechtsprechung des EuGH findet sich die Tendenz zum Verbot von Einzelfallgesetzen. In der Rs. Toyo Bearing[756] erklärte der EuGH, dass eine ad hoc erlassene, von der allgemeinen Regelung abweichende Maßnahme ungültig sei:

> „Hat der Rat einmal eine allgemeine Verordnung zur Verwirklichung einer der Zielsetzungen von Art. 113 des Vertrages erlassen, so kann er von den so aufgestellten Regeln bei ihrer Anwendung auf den Einzelfall nicht abweichen, ohne Störungen im Rechtsetzungssystem der Gemeinschaft hervorzurufen und den Grundsatz der Gleichheit der Bürger vor dem Gesetz zu verletzen."

(c) Damit bleiben nur die Richtlinie und die Verordnung nach Art. 249 UAbs. 2 und 3 EG als mögliche Gesetze, um Grundrechte einschränken zu können. Um die Demokratie in der EU zu fördern, wäre es wünschenswert, sich darüber hinaus nur auf solche Rechtsakte zu beschränken, die nach Art. 251 oder

---

754 Art. 249 UAbs. 5 EG.

755 Vgl. *Grabitz*, Grundrechte in Europa und den USA I, S. 999.

756 EuGH Rs. 113/77 – NTN Toyo Bearing, Slg. 1979, 1185, 1209.

252 EG – also unter Beteiligung des Europäischen Parlamentes – entstanden sind. Aus den Texten der Verträge und der Rechtsprechung des EuGH lässt sich diese Einschränkung jedoch nicht herleiten.

(d) Die EU handelt im Rahmen der Titel VI und VII durch Beschlüsse, Rahmenbeschlüsse und Übereinkommen, Art. 35 I EU. Diese Rechtsakte sind jedoch nur für die Mitgliedstaaten und die EU, nicht aber für die Unionsbürger verbindlich. Diese – justiziablen – Rechtsakte sind daher nicht als Gesetze im Sinne eines Gesetzesvorbehalts anzusehen. Dagegen sind die allgemeinen Rechtsakte (Gesetze der Mitgliedstaaten), die aufgrund der eben erwähnten Beschlüsse und Übereinkommen erlassen werden, Gesetze mit den Grundrechte eingeschränkt werden können.

2. Schranken-Schranken

a) Verhältnismäßigkeit

(1) Der Grundsatz der Verhältnismäßigkeit ist in Art. 5 III EG niedergelegt[757]. Der EuGH hat den Grundsatz der Verhältnismäßigkeit bereits vor Inkrafttreten des Art. 5 III EG als objektiven allgemeinen Rechtsgrundsatz anerkannt[758]. Die Prüfung der Verhältnismäßigkeit erfolgt auch nach europäischem Recht ideal in vier Schritten: Bestimmung des zulässigen Ziels, Geeignetheit, Erforderlichkeit und Angemessenheit. Hoheitliche Maßnahmen sind danach rechtmäßig,

> „wenn sie zur Erreichung der zulässigerweise mit der fraglichen Regelung verfolgten Ziele geeignet und erforderlich sind. Dabei ist, wenn mehrere geeignete Maßnahmen zur Ver-

---

757 Vgl. Calliess/Ruffert-*Calliess*, EGV Art. 5 Rn. 45; Lenz-*Langguth*, EGV, 2. Aufl., Art. 5 Rn. 30; GTE-*Zuleeg*, EGV Art. 3b, Rn. 29.

758 EuGH verb. Rs. 41, 121 und 796/79 – Testa, Slg. 1980, 1979, 1997. Vgl. oben § 6 III. 4.

fügung stehen, die am wenigsten belastende zu wählen; ferner müssen die auferlegten Belastungen in angemessenem Verhältnis zu den angestrebten Zielen stehen"[759].

Der Grundsatz der Verhältnismäßigkeit wird durch den EuGH zuweilen leider separat geprüft, ohne ihn an einem Grundrecht festzumachen[760], obwohl er auch das Grundrecht der allgemeinen Handlungsfreiheit anerkennt[761].

(2) Ein allgemeines Problem der Verhältnismäßigkeitsprüfung durch den EuGH besteht darin, dass hin und wieder nur einseitig die Interessen des Staates aufgezählt und bewertet werden, während die Interessen der Grundrechtsberechtigten nicht gewichtet werden. Dieses Problem beginnt meines Erachtens schon mit der fehlenden Bewertung der Eingriffstiefe[762]. Als Beispiel sei hier die Verhältnismäßigkeitsprüfungen in der Rs. Bluhme[763] angeführt. Im vorliegenden Fall legte ein dänisches Gericht in einem Strafverfahren dem EuGH die Frage vor, ob Art. 30 EGV (Art. 28 EG) so auszulegen sei,

„dass ein Mitgliedstaat unter bestimmten Voraussetzungen Vorschriften erlassen kann, die das Halten - und damit die Einfuhr - aller anderen Bienen außer der Art Apis mellifera mellifera (braune Læsø-Biene) auf eine bestimmte Insel in dem betreffenden Land verbieten, z. B. eine Insel von 114 km2, die zur Hälfte aus Dörfern und kleinen Hafenorten besteht, die für den Fremdenverkehr oder landwirtschaftlich genutzt werden, während die andere Hälfte aus unbestellten Flächen besteht, d. h. aus Wäldern, Heiden, Wiesen, Marschen und eigentlichen Strand- und Dünenflächen, und die am 1. Januar 1997 eine Bevölkerung von 2 365 Personen hatte, wobei es sich um eine Insel handelt, auf der die Erwerbsmöglichkeiten im allgemeinen beschränkt sind, die Bienenzucht jedoch aufgrund der besonderen Flora der Insel und

---

759 EuGH Rs. 265/87 – Schräder, Slg. 1989, 2237, Rn. 21.

760 Z.B. EuGH verb. Rs. C-248 und 249/95 – SAM Schiffahrt, Slg. 1997, I-4475, Rn. 66. Der EuGH prüft zunächst den Gleichheitssatz, verneint ihn und prüft dann die Verhältnismäßigkeit der Maßnahme. Auch in EuGH Rs. 265/87 – Schräder, Slg. 1989, 2237, Rn. 20 wird die Verhältnismäßigkeit der Maßnahme geprüft, obwohl soeben eine Verletzung der Wirtschafts- und Berufsfreiheit abgelehnt wurde (Rn. 19).

Vgl. auch die Schlußanträge des GA *Gulmann*, EuGH Rs. C-280/93 –Bananenmarktordnung, Slg. 1994, I-4973, 4994; oben III. 2. (2).

761 EuGH verb. Rs. 133 bis 136/85 – Rau, Slg. 1987, 2289, Rn. 15.

762 Vgl. oben III. 2.

763 EuGH Rs. C-67/97 – Bluhme, Slg. 1998, I-8033

des hohen Anteils unbestellter und extensiv genutzter Flächen eine der wenigen Erwerbsmöglichkeiten darstellt.“[764]

Der EuGH stellte zunächst fest, dass es sich bei diesem Verbot um eine Maßnahme gleicher Wirkung handelte (Rn. 23). Dann prüfte er die Rechtfertigung des Eingriffs und dabei insbesondere die Verhältnismäßigkeit:

„33. Hierzu ist festzustellen, dass die Maßnahmen zur Erhaltung einer einheimischen Tierpopulation, die Merkmale aufweist, die sie von anderen unterscheidet, dazu beitragen, die biologische Vielfalt zu bewahren, indem sie das Fortbestehen der betreffenden Population gewährleisten. Sie bezwecken damit, das Leben dieser Tiere zu schützen, und können nach Artikel 36 EG-Vertrag gerechtfertigt sein.

34. Im Hinblick auf diese Erhaltung der biologischen Vielfalt ist es unerheblich, ob es sich bei dem Schutzobjekt um eine eigene Unterart, eine unterschiedliche Rasse innerhalb einer Art oder um einen einfachen lokalen Stamm handelt, soweit es sich um Populationen handelt, die Merkmale aufweisen, die sie von anderen unterscheiden und die folglich als schutzwürdig angesehen werden, sei es, um sie vor einer mehr oder weniger imminenten Gefahr des Aussterbens zu bewahren, sei es, wenn eine solche Gefahr nicht besteht, aus einem wissenschaftlichen oder anderen Interesse an der Erhaltung der reinen Population an dem betreffenden Ort.

35. Es ist jedoch zu prüfen, ob die nationale Regelung im Hinblick auf das mit ihr verfolgte Schutzziel erforderlich und verhältnismäßig war oder ob es möglich gewesen wäre, mit weniger einschneidenden Maßnahmen dasselbe Ergebnis zu erreichen (Urteil vom 8. Februar 1983 in der Rechtssache 124/81, Kommission/Vereinigtes Königreich, Slg. 1983, 203, Randnr. 16).

36. Die Erhaltung der biologischen Vielfalt durch Schaffung von Gebieten, in denen eine Population einen besonderen Schutz genießt, ist im Übereinkommen von Rio, insbesondere in dessen Artikel 8 Buchstabe a, anerkannt und ist auch schon im Gemeinschaftsrecht vorgesehen (insbesondere die in der Richtlinie 79/409/EWG des Rates vom 2. April 1979 über die Erhaltung der wildlebenden Vogelarten [ABl. L 103, S. 1] oder die in der Richtlinie 92/43 vorgesehenen besonderen Schutzgebiete).

37. Was die Gefahr des Aussterbens der braunen Læsø-Biene angeht, so ist es unbestreitbar, dass diese Gefahr im Fall der Kreuzung mit gelben Bienen tatsächlich besteht, da die Gene der braunen Biene rezessiv sind. Die Schaffung eines Schutzgebiets, in dem keine anderen Bienen als braune Læsø-Bienen gehalten werden dürfen, durch die nationale Regelung zu dem Zweck, den Fortbestand letzterer zu sichern, ist also eine geeignete Maßnahme im Hinblick auf das verfolgte Ziel.

[764] EuGH, Rs. C-67/97 – Bluhme, Slg. 1998, I-8033, Rn. 9.

38. Es ist demgemäss zu antworten, dass eine nationale Regelung, wonach auf einer Insel wie Læsø keine anderen Bienen als solche der Unterart Apis mellifera mellifera (braune Læsø-Biene) gehalten werden dürfen, als nach Artikel 36 EG-Vertrag durch den Schutz der Gesundheit und des Lebens von Tieren gerechtfertigt anzusehen ist."

Der EuGH stellt in Rn. 35 fest, dass der Eingriff nur dann gerechtfertigt ist, wenn er erforderlich und verhältnismäßig ist. In den Rn. 36 und 37 wird dann auch die Erforderlichkeit des Eingriffs gut nachvollziehbar dargelegt. Danach hätte ein Prüfung der Angemessenheit (der EuGH nannte sie hier Verhältnismäßigkeit) folgen müssen. Diese Prüfung fehlt jedoch vollständig, obwohl sie nicht trivial wäre. Das vorlegende Gericht gab zu bedenken, dass die Bienenzucht eine der wenigen Erwerbsmöglichkeiten auf Læsø war[765]. Es handelte sich also um einen besonders schweren Eingriff, den man nicht kommentarlos als verhältnismäßig hätte ansehen sollen. Die hier (nicht) vorgenommene Prüfung der Verhältnismäßigkeit verfehlt ihre dogmatische Aufgabe.

Bei diesem Urteil handelt es sich allerdings um ein recht extremes Beispiel. In anderen Fällen hat der EuGH eine ausführlichere Verhältnismäßigkeitsprüfung vorgenommen. In der Rs. Österreichische Unilever[766] wollte das Handelsgericht Wien geklärt haben,

„ob Artikel 30 EG-Vertrag in Verbindung mit der Richtlinie 76/768 der Anwendung einer nationalen Regelung entgegensteht, wonach für ein bestimmungsgemäß mit Schleimhäuten in Berührung kommendes kosmetisches Mittel dann nicht damit geworben werden darf, dass es die Bildung von Zahnstein und das Entstehen von Parodontose verhindere, wenn in seiner Zusammensetzung keiner der in der Regelung als zur Erreichung dieses Ergebnisses geeignet aufgezählten Wirkstoffe enthalten ist und der Betreffende keine Genehmigung zur Verwendung anderer Stoffe erhalten hat."[767]

Der EuGH stellte fest, dass Art. 30 EGV (Art. 28 EG) durch die Richtlinie 76/768 konkretisiert wurde und prüfte dann die Verhältnismäßigkeit des Eingriffs:

„28. Somit ist zu prüfen, ob eine Regelung wie die, um die es im Ausgangsverfahren geht, zur Gewährleistung des Verbraucherschutzes, der Lauterkeit des Handelsverkehrs oder des Gesundheitsschutzes erforderlich ist.

---

765 Vgl. oben die Vorlagefrage.

766 EuGH Rs. C-77/97 –Österr. Unilever, Slg. 1999, I-431.

767 EuGH ebenda, Rn. 23.

29. Hierzu führt die Klägerin aus, die Liste der in der österreichischen Regelung aufgeführten Wirkstoffe beruhe auf langjährigen wissenschaftlichen und technischen Forschungsarbeiten, die den Stand der wissenschaftlichen Kenntnisse über die Wirkungen dieser Stoffe zusammenfassten. Die Hersteller von kosmetischen Mitteln, die in der Kosmetikverordnung nicht aufgeführte Wirkstoffe enthielten, könnten für die Verwendung dieser Stoffe eine besondere Genehmigung beantragen.

30. In Anbetracht der Bedeutung des fraglichen Allgemeininteresses, nämlich des Gesundheitsschutzes, werde mit der österreichischen Regelung der Grundsatz der Verhältnismäßigkeit gewahrt. Eine weniger einschneidende Maßnahme sei nicht denkbar.

31. Die Klägerin und die französische Regierung weisen in diesem Zusammenhang auf das weite Ermessen hin, das den Mitgliedstaaten in diesem Bereich zuzuerkennen sei.

32. Mit der Beklagten und der Kommission ist festzustellen, dass eine Regelung wie die, um die es im Ausgangsverfahren geht, mit Artikel 6 Absatz 3 der Richtlinie 76/768 vereinbar wäre, wenn die Liste in Anlage 2 der Kosmetikverordnung alle Wirkstoffe enthielte, die geeignet sind, die Bildung von Zahnstein oder die Entstehung von Parodontose zu verhindern. Wie sich jedoch aus dem ergibt, was der Beklagte in der Sitzung unbestritten dazu vorgetragen hat, ist dies - auch unter Beschränkung auf die derzeit vorhandenen Stoffe - nicht der Fall.

33. Demnach kann die Werbung für bestimmte Zahncremes verboten werden, auch ohne dass sie für die Verbraucher irreführend wäre.

34. Eine Genehmigung ist zwar möglich. Die Notwendigkeit, eine solche Genehmigung einzuholen, die dazu noch zeitlich beschränkt wäre, stellt jedoch ein Hindernis für den freien Verkehr mit dem betreffenden Erzeugnis dar, das in keiner Weise gerechtfertigt wäre.

35. Der Schutz der Verbraucher, der Gesundheit und der Lauterkeit des Handelsverkehrs kann nämlich durch Maßnahmen gewährleistet werden, die den freien Warenverkehr weniger beschränken als der automatische Ausschluss der Werbung durch eine Regelung, wonach die Werbung für Stoffe verboten ist, die in der Kosmetikverordnung nicht ausdrücklich aufgeführt sind. So könnte die einzelstaatliche Kontrolle etwa darin bestehen, dass der Hersteller oder der Händler des betreffenden Erzeugnisses entsprechend der Regelung in Artikel 6 der Richtlinie 84/450/EWG des Rates vom 10. September 1984 zur Angleichung der Rechts- und Verwaltungsvorschriften der Mitgliedstaaten über irreführende Werbung (ABl. L 250, S. 17) verpflichtet wäre, in Zweifelsfällen die Richtigkeit der Werbeaussagen nachzuweisen.

36. Außerdem müssen die von den Mitgliedstaaten nach Artikel 6 Absatz 3 der Richtlinie 76/768 zu erlassenden Bestimmungen zur Verhinderung jeder Werbung für kosmetische Mittel, durch die diesen nicht innewohnende Merkmale vorgetäuscht werden, vorsehen, dass eine solche Werbung eine Zuwiderhandlung - insbesondere strafrechtlicher Art - darstellt, gegen die abschreckend wirkende Sanktionen festgesetzt werden können.

In dieser Verhältnismäßigkeitsprüfung werden – ganz im Sinne des Urteils Schräder[768] – sowohl die Interessen der Allgemeinheit als auch die Interessen des Grundrechtsberechtigten aufgeführt und zu einem Ausgleich gebracht. Eine vollständige Verhältnismäßigkeitsprüfung findet man z.B. auch in den Rs. Reinheitsgebot[769], Pastoors[770], Kreil[771] oder Läärä[772].

(3) Der EuGH nimmt die Prüfungstiefe der Verhältnismäßigkeit im Bereich der ungeschriebenen Wirtschaftsgrundrechte im Gegensatz zu seiner sonstigen Rechtsprechung weit zurück:

„22. Was die gerichtliche Nachprüfbarkeit dieser Voraussetzungen betrifft, so ist allerdings darauf hinzuweisen, dass der Gemeinschaftsgesetzgeber im Bereich der Gemeinsamen Agrarpolitik über einen Ermessensspielraum verfügt, der seiner politischen Verantwortung, die ihm die Artikel 40 und 43 EWG-Vertrag übertragen, entspricht. Folglich kann die Rechtmäßigkeit einer in diesem Bereich erlassenen Maßnahme nur dann beeinträchtigt sein, wenn diese Maßnahme zur Erreichung des Ziels, das das zuständige Organ verfolgt, offensichtlich ungeeignet ist (vgl. insbesondere das Urteil vom 9. Juli 1985 in der Rechtssache 179/84, Bozzetti, Slg. 1985, 2301).“[773]

Der EuGH prüft in seiner „Verhältnismäßigkeitsprüfung“ nach seinen eigenen Worten nicht die Verhältnismäßigkeit, sondern das Ermessen des Gemeinschaftsgesetzgebers:

„94. Zwar ist nicht auszuschließen, dass andere Mittel in Betracht kommen konnten, um das angestrebte Ergebnis zu erreichen; der Gerichtshof kann jedoch nicht die Beurteilung des Rates in der Frage, ob die vom Gemeinschaftsgesetzgeber gewählten Maßnahmen mehr oder weniger angemessen sind, durch seine eigene Beurteilung ersetzen, wenn der Beweis nicht

---

768 Vgl. oben (1).

769 EuGH Rs. 178/84 – Reinheitsgebot, Slg. 1987, 1227, Rn. 35 ff.

770 EuGH Rs. C-29/95 – Pastoors, Slg. 1997, I-285, Rn. 25 ff. Ein holländischer Bürger klagte gegen den Staat Belgien, weil er als Ausländer bei einem Verkehrsvergehen sofort 15.000 BFR (€ 371,84) pro vorgeworfenen Verstoß bezahlen mußte. Dieser Betrag überstieg die Geldbuße um 50%. Der EuGH sah hier einen unangemessenen Eingriff in Art. 12 EG.

771 EuGH Rs. C-285/98 – Kreil, n.n.v., Rn. 23 bis 29.

772 EuGH Rs. C-124/97 – Läärä, n.n.v.; vgl. oben III. 2. (3).

773 EuGH Rs. 265/87 – Schräder, Slg. 1989, 2237, Rn. 22.

erbracht ist, dass diese Maßnahmen zur Verwirklichung des verfolgten Zieles offensichtlich ungeeignet waren."[774]

Diese äußerst restriktive Rechtsprechung führt zu dem Ergebnis, dass bis heute sich noch niemand vor dem EuGH erfolgreich auf seine Eigentums- oder Berufsfreiheit berufen hat[775]. Diese Grundrechtsrechtsprechung ist auch deswegen in die Kritik der Literatur geraten[776].

(4) Es besteht demnach ein essentieller Unterschied zwischen der Verhältnismäßigkeitsprüfung der ungeschriebenen Wirtschaftsgrundrechte und der aller anderen Grundrechte. Auch wenn sich durchaus noch methodische Gründe für eine allgemeine Rücknahme der Prüfdichte im Bereich der Verhältnismäßigkeit finden lassen[777], ist dieser Unterschied zwischen den ungeschriebenen Wirtschaftsgrundrechten und den anderen Grundrechten nicht nachvollziehbar und dogmatisch nicht begründbar.

Fraglich ist aber auch, ob ein solcher Ausfall der Verhältnismäßigkeitsprüfung noch mit dem deutschen Grundgesetz vereinbar ist. Das BVerfG gewährleistet nach dem Maastrichturteil[778]

„..., dass ein wirksamer Schutz der Grundrechte für die Einwohner Deutschlands auch gegenüber der Hoheitsgewalt der Gemeinschaften *generell* sichergestellt und dieser dem vom Grundgesetz als unabdingbar gebotenen Grundrechtschutz im wesentlichen gleich zu achten ist, zumal den Wesensgehalt der Grundrechte generell verbürgt."

---

774 EuGH Rs. C-280/93 – Bananenmarktordnung, Slg. 1994, I-4973, Rn. 94.

775 Calliess/Ruffert-*Kingreen*, EUV Art. 6 Rn. 74.

776 Nur beispielhaft: *Stein*, „Bananen-Split?", EuZW 1998, 261, 262; *Pauly*, Strukturfragen des unionsrechtlichen Grundrechtsschutzes, EuR 1998, 242, 259 f.; *Nettesheim*, Grundrechtliche Prüfdichte durch den EuGH, EuZW 1995, 106 f.; *Storr*, Zur Bonität des Grundrechtsschutzes in der Europäischen Union, Der Staat 36 (1997), 547, 552 f.; *Huber*, Das Kooperationsverhältnis zwischen BVerfG und EuGH in Grundrechtsfragen, EuZW 1997, 517, 521; *Everling*, Will Europe slip on Bananas? The Bananas Judgement of the Court of Justice and National Courts, CMLR 1996, 401, 418 f.

777 Durch die Rücknahme der Prüfdichte wird der Rahmencharakter der Verfassung und die Stellung des Gesetzgebers gegenüber dem Gericht betont. Vgl. dazu *Pauly*, Strukturfragen des unionsrechtlichen Grundrechtsschutzes, EuR 1998, 242, 260 und *Wahl*, Die doppelte Abhängigkeit des subjektiven öffentlichen Rechts, DVBl 1996, 641, 644.

778 BVerfGE 89, 155, 174 f.

In der Literatur wird schon teilweise bezweifelt, ob in der Rechtsprechung des EuGH zur Verhältnismäßigkeitsprüfung in der Eigentums- und Berufsfreiheit noch ein im wesentlichen gleicher Grundrechtsstandard liegt[779]. Der singuläre Ausfall der Verhältnismäßigkeitsprüfung im Bereich des Eigentums und der Berufsfreiheit ist in keinem Mitgliedstaat bekannt[780] und auch durch den EGMR wird eine vollständige Verhältnismäßigkeitsprüfung vorgenommen[781]. Der Grundsatz der Verhältnismäßigkeit stellt einen wesentlichen Bestandteil einer Grundrechtsprüfung dar. Wenn keine Verhältnismäßigkeitsprüfung mehr stattfindet, liegt ein Ausfall wesentlicher Strukturen des Grundrechtsschutzes vor. Im Bereich der ungeschriebenen Wirtschaftsgrundrechte ist die Grenze dabei erreicht: es wird nicht mehr die Verhältnismäßigkeit der Maßnahme, sondern das Ermessen des Gesetzgebers geprüft. Es wird vermutet, dass diese Rücknahme der Prüfdichte erfolgt, um eine Integrationswirkung zu erzeugen und die einheitliche Geltung des Gemeinschaftsrechts besonders zu unterstreichen[782]. Die Integration ist inzwischen aber derart weit vorangeschritten, dass ein Ausfall der Verfassungsrechtsprechung – gerade im hochsensiblen Bereich der Eigentums- und Berufsfreiheit – stärker wiegt als die allseitige Geltung von Gemeinschaftsrecht.

Um eine konsistente und mit dem Prinzip der Rechtstaatlichkeit vereinbare Rechtsprechung zu erhalten, wäre es notwendig, dass der EuGH die unterschiedliche Behandlung der Grundrechte aufgäbe und auch bei den ungeschriebenen Wirtschaftsgrundrechten eine vollständige Verhältnismäßigkeitsprüfung einführen würde.

(5) Möglicherweise liegt in den Urteilen SAM[783] und Standley[784] eine vorsichtige Abkehr von diesem Prinzip. Beiden Urteilen ist gemein, dass vor der

---

779 *Stein*, „Bananen-Split?", EuZW 1998, 261, 262; *Storr*, Zur Bonität des Grundrechtsschutzes in der Europäischen Union, Der Staat 36 (1997), 547, 570 f.; *Huber*, Das Kooperationsverhältnis zwischen BVerfG und EuGH in Grundrechtsfragen, EuZW 1997, 517, 521.

780 *Stein*, „Bananen-Split?", EuZW 1998, 261, 262. Vgl. auch *Grabitz*, Grundrechte in Europa und USA, Band I.

781 Frowein/Peukert-*Frowein*, EMRK Vorb. Art. 8-11, Rn. 14 ff., insb. Rn. 17 und Frowein/Peukert-*Peukert*, EMRK Art. 1 des 1. ZP, Rn. 64 bis 83 mit vielen Beispielen für Verhältnismäßigkeitsprüfungen.

782 *Storr*, Zur Bonität des Grundrechtsschutzes in der Europäischen Union, Der Staat 36 (1997), 547, 562 ff.

783 EuGH Rs. 248/95 – SAM, Slg. 1997, I-4475.

Prüfung des Grundrechts auf Eigentum der Verhältnismäßigkeitsgrundsatz separat geprüft wird[785]. In der Eigentumsprüfung wird dann nur noch auf die oben festgestellte Verhältnismäßigkeit verwiesen[786]. Diese Verhältnismäßigkeitsprüfungen leiden aber unter dem (bereits mehrfach angesprochenen) Übel, dass die Interessen der Grundrechtsberechtigten keinen Platz finden:

> „66. Die Kläger der Ausgangsverfahren machen geltend, die Grundverordnung verstoße gegen den Grundsatz der Verhältnismäßigkeit, da es möglich gewesen wäre, etwaigen Kapazitätsüberhängen durch weniger einschneidende Maßnahmen wie ein Verbot von Nacht- und Wochenendfahrten zu begegnen.
>
> 67. Nach der Rechtsprechung des Gerichtshofes kommt es für die Frage, ob eine Vorschrift des Gemeinschaftsrechts dem Grundsatz der Verhältnismäßigkeit entspricht, darauf an, ob die gewählten Mittel zur Erreichung des angestrebten Zweckes geeignet sind und ob sie das Maß des hierzu Erforderlichen nicht übersteigen (vgl. u. a. Urteil Vereinigtes Koenigreich/Rat, a. a. O., Randnr. 57, und Urteil vom 13. Mai 1997 in der Rechtssache C-233/94, Deutschland/Parlament und Rat, Slg. 1987, I-0000, Randnr. 54).
>
> 68. Vorliegend wäre, wie die deutsche Regierung ausgeführt hat, das Verbot von Nacht- und Wochenendfahrten für den einzelnen Binnenschiffer nicht weniger belastend als das Beitragssystem, weil es die Kapazität der betreffenden Schiffe künstlich beschränken und damit zwangsläufig Auswirkungen auf ihre Ertragslage haben würde.
>
> 69. Da sich der Rat auf globale Feststellungen stützen konnte, ist die Grundverordnung daher nicht mit einem offensichtlichen Fehler behaftet, und der Rat hat durch die Vornahme einer Abwrackaktion zur Strukturbereinigung in der Binnenschifffahrt die Grenzen seines Ermessens nicht offensichtlich überschritten.
>
> 70. Folglich ist das Vorbringen zum Verstoß gegen den Grundsatz der Verhältnismäßigkeit zurückzuweisen.“[787]

Auffällig ist, dass die hier gewählte Definition der Verhältnismäßigkeitsprüfung nicht mehr der Definition im Urteil Schräder[788] übereinstimmt. Es wird wie bei den oben unter (3) zitierten Urteilen nur auf die offensichtliche Verletzung abgestellt. Die hier gewählte Prüfungsform bringt daher keinen Fortschritt. Im Urteil Standley prüft der EuGH die Verhältnismäßigkeit nicht selbst und gibt

---

784 EuGH Rs. C-293/97 – Standley et al, Slg. 1999, I-2603.

785 Die Verhältnismäßigkeit wird in EuGH Rs. C-248/95 Rn. 66 bis 70 und EuGH Rs. 293/97 Rn. 46 bis 50 geprüft.

786 EuGH Rs. C-248/95 Rn. 76 und EuGH Rs. C-293/97 Rn. 57.

787 EuGH Rs. C-248/95 – SAM, Slg. 1997, I-4475.

788 Vgl. oben (1).

statt dessen dem vorlegenden Gericht die notwendigen Kriterien in die Hand, die es benötigt, um die Verhältnismäßigkeit zu prüfen.

b) Wesensgehalt

Der EuGH betont in seinen Urteilen immer wieder, dass die Grundrechte nicht in ihrem Wesensgehalt angetastet werden dürfen[789]. Der EuGH hat bis jetzt aber noch nie den Wesensgehalt eines Grundrechts erläutert oder eine Verletzung des Wesensgehalts festgestellt. Zum Teil wird vermutet, dass der EuGH in einem unverhältnismäßigen Eingriff einen Eingriff in den Wesensgehalt sieht[790]. Dies kann aber nur für die sehr eingeschränkte Verhältnismäßigkeitsprüfung der ungeschriebenen Wirtschaftsgrundrechte gelten, da der EuGH in anderen Verhältnismäßigkeitsprüfungen den Wesensgehalt nicht erwähnt hat.

789 EuGH Rs. 5/88 – Wachauf, Slg. 1989, 2609, Rn. 17.

790 GTE-*Pernice*, EGV Art. 164 Rn. 62d.

§ 12 Struktur der Gleichheitsrechte

Die strukturellen Unterschiede zwischen den Gleichheits- und den Freiheitsrechten sind eher praktischer Natur. Es ist durchaus möglich, die allgemeine Prüfungsstruktur der Freiheitsrechte auch auf die Gleichheitsrechte anzuwenden[791]. Hier soll aber der Aufbau verwendet werden, der sich in der Literatur und Rechtsprechung durchgesetzt hat.

Nach der ständigen Rechtsprechung des EuGH verlangt der Gleichbehandlungsgrundsatz

> „als allgemeiner Grundsatz des Gemeinschaftsrechts, dass vergleichbare Sachverhalte nicht unterschiedlich und unterschiedliche Sachverhalte nicht gleich behandelt werden, sofern eine solche Behandlung nicht objektiv gerechtfertigt wäre.“ [792]

Demnach müssen zuerst die Sachverhalte verglichen werden. Wenn sie gleich anzusehen sind und unterschiedlich behandelt werden, bedarf diese unterschiedliche Behandlung einer objektiven Rechtfertigung. Daraus ergibt sich ein zweistufiger Aufbau der Gleichheitsrechte.

I. Ungleichbehandlung

Die Sachverhalte müssen zunächst miteinander verglichen werden. Vergleichen erfordert, dass die Merkmale der zu vergleichenden Sachverhalte herausgelöst und abstrakt dargestellt werden[793]. Die Sachverhalte werden dabei sowohl gemeinsame als auch unterschiedliche Merkmale aufweisen[794]. Dabei kommen nur objektive Merkmale in Betracht:

---

[791] *Jarass*, Bausteine einer umfassenden Grundrechtsdogmatik, AöR 120 (1995), 345, 361 ff.

[792] EuGH Rs. C-271/91 – Spanien/Kommission, Slg. 1993, I-3923, Rn. 37.

[793] *Kirchhof*, Der allgemeine Gleichheitssatz, *Isensee/Kirchhof*, HdbStR V § 124, Rn. 10 ff.

[794] *Zuleeg*, Betrachtungen zum Gleichheitssatz im Europäischen Gemeinschaftsrecht, FS Börner, 473, 478.

„Der Begriff der Vergleichbarkeit ist objektiver Natur und gestattet es nicht, rein subjektive Merkmale wie verwandtschaftliche Beziehungen zu berücksichtigen, soll nicht das Diskriminierungsverbot seiner Wirksamkeit beraubt werden."[795]

Dann müssen Gruppen gebildet und die Merkmale bewertet werden. Sofern man die gemeinsamen Merkmale der Sachverhalte stärker bewertet als ihre Unterscheide, handelt es sich um vergleichbare Sachverhalte.

Die vergleichbaren Sachverhalte müssen ungleich behandelt worden sein. Eine ungleiche Behandlung liegt grundsätzlich dann vor, wenn nicht dieselbe Rechtsfolge angewendet wurde. Eine ungleiche Behandlung liegt aber als Ausnahme dann nicht vor, wenn eine der nachfolgenden Ausschlüsse vorliegt.

1. Inländerdiskriminierung

(1) Von einer „Inländerdiskriminierung" spricht man dann, wenn ein Angehöriger eines Mitgliedstaates durch diesen Mitgliedstaat schlechter behandelt wird als ein Angehöriger eines anderen Mitgliedstaates. Diese Form der Diskriminierung wird nicht immer von den Gleichheitsrechten der EU erfasst.

(2) Die speziellen Gleichheitsrechte der EU sprechen zum Teil direkt alle Unionsbürger in allen Mitgliedstaaten an und sind dann auch anwendbar, wenn Unionsbürger von den Mitgliedstaaten diskriminiert werden, deren Staatsangehörigkeit sie besitzen. Zu diesen Rechten zählen Art. 141 EG, Art. 34 II UAbs. 2 EG und Art. 18 I EG[796]. Hier ist jede Diskriminierung verboten, unabhängig von der Staatsangehörigkeit des Diskriminierten.

Andere spezielle Gleichheitsrechte wenden sich explizit an den EU-Ausländer und garantieren ihm, dass er wie ein Inländer behandelt werden muss. Auch daraus kann sich zunächst keine Inländerdiskriminierung ergeben, da die Ausländer wie die Inländer behandelt werden.

Mit der Erweiterung der Grundfreiheiten von reinen Diskriminierungsverboten zu Freiheitsrechten mit absolutem Gehalt hat sich die Möglichkeit ergeben, dass Inländer schlechter gestellt werden als EU-Ausländer. In den Schutzbereichsdefinitionen der Grundfreiheiten findet sich noch immer das Merkmal

---

795 EuGH Rs. 16/61 – Ferriere, Slg. 1962, 581, 615.

796 Vgl. zuletzt EuGH Rs. C-378/97 – Wijsenbeek, EuR 1999, 635, 641.

des grenzüberschreitenden Verkehrs. Ein Sachverhalt, der keinen grenzüberschreitenden Bezug hat, wird daher nicht vom Schutzbereich der Grundfreiheit erfasst und kann daher auch nicht den Schutz der absoluten Freiheitswirkung (auch Beschränkungsverbot genannt) verspüren[797]. Der EuGH hat deswegen bisher eine Anwendung der Grundfreiheiten auf rein innerstaatliche Sachverhalte abgelehnt[798].

(3) Die Inländerdiskriminierung ist rechtspolitisch nicht wünschenswert, da auf diese Art und Weise Unionsbürger wieder aufgrund ihrer Staatsangehörigkeit diskriminiert werden. Auch wenn diese Diskriminierung durch den eigenen Staat geschieht, mindert sie die Integration der Bürger in die EU. Zu Recht ist daher von einem Paradox der Rechtsordnung gesprochen worden[799]. Eine Inländerdiskriminierung kann möglicherweise nach der nationalen Rechtsordnung verboten sein[800]. Unabhängig davon muss aber nach einer europäischen Lösung dieses Problems gesucht werden.

(a) Nach der Lösung von *Epiney*[801] sollte der EuGH in Fällen, in denen er eine nationale Norm wegen Verstoßes gegen europäisches Primärrecht für unanwendbar erklärt, zugleich prüfen, ob die Regelung auch mit Wirkung für Inlandssachverhalte für nichtig zu erklären sei. Dabei habe er in einer „abgestuften Verhältnismäßigkeitsprüfung" die widerstreitenden nationalen Interessen am Erhalt der Restregelung mit den Interessen der Gemeinschaft an weiterer Marktintegration abzuwägen.

Diese sehr ambitionierte Lösung kann jedoch nicht ohne Änderung der Verträge angewendet werden. Der EuGH würde hier ausdrücklich in die Rechtsordnungen der Mitgliedstaaten eingreifen und dabei die Rechtsordnung der EU verlassen. Eine der hier verwendeten Prämissen für einen Grundrechts-

---

797 Vgl. *Eberhartinger*, Konvergenz und Neustrukturierung der Grundfreiheiten, EWS 1997, 43, 50.

798 Vgl. EuGH Rs. 52/79 – Debauve, Slg. 1980, 854; Rs. C-112/91 – Werner, Slg. 1993, I-429.

799 So *GA Tesauro*, Schlussanträge zu EuGH verb. Rs. C-363, 407, 408, 410 und 411/93 – Lancry, Slg. 1994, I-3957, Rn. 28.

800 Grundlegend *Fastenrath*, Inländerdiskriminierung, JZ 87, 170 ff; vgl. auch *Hammerl*, Inländerdiskriminierung, S. 161 ff.

801 *Epiney*, Umgekehrte Diskriminierungen, S. 527.

schutz ist jedoch, dass das Grundrecht in seiner und nur in seiner Rechtsordnung gilt. Eine darüber hinaus gehende Geltung kann allein von dem Verfassungsgeber angeordnet werden, der die Rechtsordnung hütet, in der das Grundrecht zukünftig gelten soll. Der Vorschlag von *Epiney* läuft damit auf eine große Grundrechtsreformation der EU hinaus, durch die die Grundrechte der EU eine allgemeine und unmittelbare Geltung in allen Mitgliedstaaten erhalten. Eine solche Auffassung von der Natur der Grundrecht ist bei dem derzeitigen Staatsverständnis der EU jedoch nicht möglich[802]. Der Ansatz von *Epiney* ist daher im Moment nicht praktikabel.

(b) *Nicolaysen*[803] entnimmt zumindest für den Bereich der Warenverkehrsfreiheit aus dem Wettbewerbsprinzip des Art. 3 I lit. g) EG, dass eine Wettbewerbsverzerrung, die durch eine Inländerdiskriminierung verursacht wurde, nicht mit dem Primärrecht vereinbar sei. Das Primärrecht müsse daher auch auf Produkte angewendet werden, die sich nur im Inland aufhalten.

In dieser Lösung wird das rechtspolitische Argument in die Zielnorm des EGV eingekleidet. Durch Art. 3 I lit. g) EG wird dabei eine Erweiterung des Anwendungsbereiches der Rechtsordnung der EU erreicht. Dem steht auch nicht entgegen, dass die Rechtsordnung der EU nur grenzüberschreitende Fälle erfasst, wie Art. 141 EG und Art. 18 I EG zeigen.

(c) Eine weitere Lösung, die diskutiert wird, ist das europarechtliche Verbot der Inländerdiskriminierung aufgrund der Art. 12 und 18 I EG[804]. Nach dieser Meinung ergibt sich die Unzulässigkeit einer Inländerdiskriminierung aus dem Recht der Unionsbürger, sich im Gebiet der EU frei zu bewegen[805] und dem Verbot der Diskriminierung aufgrund der Staatsangehörigkeit.

Diese Ansicht ist aber dogmatisch nicht unbedenklich. In Art. 18 I EG ist nur das Aufenthalts- und Bewegungsrecht garantiert, nicht aber damit verbundene wirtschaftliche Betätigung. Dies ist den spezielleren Grundfreiheiten vorbehalten. Art. 12 EG verbietet jede Diskriminierung aufgrund der Staatsangehö-

---

[802] Zum Staatsverständnis der EU vgl. oben § 4 VIII. 2. b) (S. 60 ff).

[803] *Nicolaysen*, Inländerdiskriminierung im Warenverkehr, EuR 1991, 95, 104.

[804] *Graser*, Zum Stand der Diskussion der Inländerdiskriminierung, DöV 1998, 1004, 1007.

[805] Art. 18 I EG garantiert auch das Recht, sich in dem Mitgliedstaaten der EU frei zu bewegen, dessen Staatsangehöriger man ist. Vgl. EuGH Rs. C-378/97 – Wijsenbeek, EuR 1999, 635, 641.

rigkeit im Anwendungsbereich des Vertrages. Im Bereich der Inländerdiskriminierung ist aber gerade umstritten, ob der EG überhaupt Anwendung findet. Diese Artikel sind daher nicht geeignet, eine Anwendung der Grundfreiheiten auf rein innerstaatliche Sachverhalte zu begründen.

(d) Ein weiterer sehr radikaler Ansatz wird von *Kingreen* vertreten[806]. *Kingreen* will die Inländerdiskriminierung dadurch beseitigen, dass er den Freiheitsgehalt der Grundfreiheiten verneint. Durch diesen Ansatz wird allerdings das Ziel erreicht, denn erst durch den Freiheitsgehalt wurde das Problem geschaffen. In der Praxis erscheint jedoch eine Rückkehr zur engen Auslegung weder möglich noch wünschenswert. Sowohl Bürger als auch die Gesetzgeber vertrauen inzwischen auf diese Grundrechte. Ein Bruch mit dieser langjährigen Rechtsprechungstradition würde daher mehr Probleme bereiten als lösen.

(e) (aa) Der EuGH verwendet in seiner neueren Rechtsprechung einen interessanten Ansatz, der in naher Zukunft die Inländerdiskriminierung als rechtswidrig darstellen könnte. In der Rs. Lancry[807] klagt die französische Firma René Lancry SA gegen den Staat Frankreich, weil sie auf französisches Mehl, welches sie in das überseeische Gebiet Martinique einführte ein „octroi de mer“ in Höhe von 15 bis 25 % zahlen musste. Nach der bisherigen Rechtsprechung des EuGH hätte es sich hier um einen rein innerstaatlichen Sachverhalt gehandelt, da es sich um eine französische Firma handelte, die französische Produkte innerhalb Frankreichs transportierte. Der EuGH stellte zunächst folgende Voraussetzungen fest[808]:

> „22. Die erste Vorabentscheidungsfrage des Tribunal d' instance Saint-Denis geht dahin, ob eine Abgabe nach Maßgabe des Zollwerts der Waren, die ein Mitgliedstaat auf alle in eine Region seines Hoheitsgebiets verbrachten Waren erhebt, insoweit eine Abgabe mit gleicher Wirkung wie ein Einfuhrzoll ist, als sie die Waren trifft, die aus einem anderen Teil desselben Staates in diese Region verbracht werden.
>
> 23. Der Rat ist der Auffassung, soweit die Regelung des "octroi de mer" für Waren aus anderen Teilen des französischen Hoheitsgebiets gelte, handele es sich um einen Sachverhalt, der sich vollständig innerhalb dieses Mitgliedstaats abspiele, so dass die Vorschriften des

---

806 *Kingreen*, Struktur der Grundfreiheiten, S. 147 ff.

807 EuGH verb. Rs. C-363, 407, 408, 410 und 411/93 – Lancry, Slg. 1994, I-3957.

808 EuGH, ebenda, Rn. 22 ff.

primären Rechts, nach denen für die Mitgliedstaaten in ihren Beziehungen untereinander bestimmte Verbote bestünden, nicht anwendbar seien. Die spanische Regierung trägt insbesondere vor, der Umstand, dass der innergemeinschaftliche Handel beeinträchtigt werde, sei eine wesentliche Voraussetzung für die Anwendung der Vertragsbestimmungen über den freien Warenverkehr, so dass die Artikel 9 ff. des Vertrages dann nicht anwendbar seien, wenn die betreffenden Waren innerhalb ein und desselben Mitgliedstaats von einem Ort an einen anderen Ort verbracht würden.

24. Diesem Vorbringen ist nicht zu folgen.

25. Erstens liegt die Rechtfertigung für das Verbot von Zöllen und von Abgaben gleicher Wirkung nämlich nach ständiger Rechtsprechung darin, dass finanzielle Belastungen, die ihren Grund im Überschreiten einer Grenze haben, eine Behinderung des freien Warenverkehrs darstellen (siehe u. a. Urteil vom 1. Juli 1969 in den verbundenen Rechtssachen 2/69 und 3/69, Sociaal Fonds Diamantarbeiders, Slg. 1969, 211, Randnr. 14).

26. In dem bereits zitierten Urteil Legros u. a. hat der Gerichtshof (in Randnrn. 16 f.) festgestellt, dass eine wegen der Einführung von Erzeugnissen in eine Region eines Mitgliedstaats an der Regionalgrenze erhobene Abgabe die Einheitlichkeit des Zollgebiets der Gemeinschaft beeinträchtigt und eine mindestens ebenso schwere Behinderung bedeutet wie eine Abgabe, die an der Staatsgrenze wegen der Einführung der Erzeugnisse in das gesamte Hoheitsgebiet eines Mitgliedstaats erhoben wird.

27. Die Einheitlichkeit des Zollgebiets der Gemeinschaft wird aber durch die Errichtung einer regionalen Zollgrenze unabhängig davon gleich schwer beeinträchtigt, ob inländische Erzeugnisse oder aber Erzeugnisse aus anderen Mitgliedstaaten wegen des Überschreitens dieser Grenze mit einer Abgabe belegt werden."

Insoweit folgte der EuGH seiner bisherigen Rechtsprechung. Neu sind jedoch die Schlussfolgerungen, die der EuGH aus diesen Argumenten zieht[809]:

„28. Darüber hinaus wird der freie Warenverkehr durch die Belastung der inländischen Erzeugnisse mit einer wegen des Überschreitens dieser Grenze erhobenen Abgabe nicht weniger stark behindert als durch die Erhebung einer gleichartigen Abgabe auf Erzeugnisse aus einem anderen Mitgliedstaat.

29. Der Grundsatz der sich auf den gesamten Warenaustausch erstreckenden Zollunion im Sinne von Artikel 9 des Vertrages gebietet nämlich als solcher, *dass der freie Warenverkehr innerhalb der Union allgemein und nicht nur im zwischenstaatlichen Handel sichergestellt wird.* [Hervorhebung durch den Autor] Wenn die Artikel 9 ff. sich ausdrücklich nur auf den Handel zwischen Mitgliedstaaten beziehen, so ist dies darauf zurückzuführen, dass in diesen Artikeln vorausgesetzt wird, dass es innerhalb dieser Staaten keine Abgaben gibt, die die Merkmale eines Zolls aufweisen. Da es eine unabdingbare Voraussetzung für die Ver-

[809] EuGH, ebenda, Rn. 28 f.

wirklichung einer sich auf den gesamten Warenaustausch erstreckenden Zollunion ist, dass es keine derartigen Abgaben gibt, implizieren die Artikel 9 ff. auch deren Verbot."

Der EuGH bezieht damit den Grundsatz der *Warenverkehrsfreiheit* (und nicht nur den Grundsatz der *Zollunion*) auf den Binnenmarkt der EU (Art. 14 II EG) und nicht mehr wie bisher nur auf den grenzüberschreitenden Verkehr. Dem kann man noch immer entgegenhalten, dass sich dieser Fall nur auf die Zollunion bezieht, nicht aber auch die Grundfreiheiten. Der EuGH führt aber weiter aus[810]:

„30. Zweitens stellt sich das Problem nicht als ein Sachverhalt dar, der sich vollständig innerhalb eines Mitgliedstaats abspielt. Wie die französische Regierung zu Recht vorgetragen hat, könnte die Erhebung einer Abgabe mit den Merkmalen des "octroi de mer" nämlich nur dann als ein rein innerstaatlicher Sachverhalt bezeichnet werden, wenn die Abgabe ausschließlich auf Erzeugnisse aus dem betreffenden Mitgliedstaat erhoben würde. Unstreitig wird der "octroi de mer" aber auf alle in das betreffende DOM verbrachten Erzeugnisse unabhängig von deren Ursprung erhoben. Unter diesen Umständen wäre es nicht folgerichtig, wenn man den "octroi de mer" zum einen als Abgabe gleicher Wirkung ansähe, soweit er auf Waren aus anderen Mitgliedstaaten erhoben wird, und zum anderen annähme, dass dieselbe Abgabe keine Abgabe gleicher Wirkung ist, wenn sie auf Waren aus dem französischen Mutterland erhoben wird.

31. Da eine Abgabe wie der "octroi de mer" alle Erzeugnisse ohne Unterschied trifft, wäre es schließlich in der Praxis sehr schwierig, wenn nicht unmöglich, zwischen den Erzeugnissen inländischen Ursprungs und den Erzeugnissen mit Ursprung in anderen Mitgliedstaaten zu unterscheiden. Zum Beispiel dürfte ein Erzeugnis, das Bestandteile aus einem anderen Mitgliedstaat enthält, das aber im Inland hergestellt wird, oder ein Erzeugnis, das ins Inland eingeführt wird und später in ein DOM befördert wird, nicht als inländisches Erzeugnis behandelt werden. Dies würde die Notwendigkeit nach sich ziehen, in jedem Einzelfall, selbst bei Lieferungen von Erzeugnissen aus demselben Staat, zu bestimmen, ob es sich bei diesen Erzeugnissen in Wirklichkeit nicht um solche mit Ursprung in einem anderen Mitgliedstaat der Gemeinschaft handelt. Ein solches Überprüfungsverfahren würde zu zusätzlichen Verwaltungsverfahren und Verzögerungen führen, die als solche Behinderungen des freien Warenverkehrs wären."

Der EuGH führt zwei Gründe an, die eine Inländerdiskriminierung im Ergebnis verbieten: Zum einen betrifft nach Rn. 30 eine nationale Regelung auch dann den innergemeinschaftlichen Handel, wenn sie sowohl auf innerstaatliche als auch auf ausländische Produkte gleichermaßen angewendet wird. Zum ande-

[810] EuGH, ebenda, Rn. 30 f.

ren hält der EuGH eine Überprüfung von Waren darauf, ob sie ausländische Komponenten enthalten und dadurch unter die Warenverkehrsfreiheit fallen, für zu aufwendig und dadurch für behindernd. Der zweite Grund bezieht sich nur auf die produktbezogenen Freiheiten[811], da bei einer Person schnell festgestellt werden kann, welche Staatsangehörigkeit sie besitzt.

Der erste Grund beinhaltet jedoch eine durchgreifende Änderung der Rechtsprechung. Der Bezug zum Gemeinschaftsrecht muss danach nicht mehr konkret sondern nur noch abstrakt vorliegen. Folglich kann sich ein Inländer dann vor dem EuGH darauf berufen, dass ihn die Regelung beschränken würde, wenn er aus einem anderen Mitgliedstaat käme. Damit wird aber gerade auch der Fall der Inländerdiskriminierung erfasst. Der EuGH stellt daher konsequent fest:

> „32. Auf die erste Frage des Tribunal d' instance Saint-Denis ist deshalb zu antworten, dass eine Abgabe nach Maßgabe des Zollwerts der Waren, die ein Mitgliedstaat auf alle in eine Region seines Hoheitsgebiets verbrachten Waren erhebt, nicht nur insoweit eine Abgabe mit gleicher Wirkung wie ein Einfuhrzoll ist, als sie aus anderen Mitgliedstaaten in diese Region verbrachte Waren trifft, sondern auch insoweit, als sie auf Waren erhoben wird, die aus einem anderen Teil desselben Staates in diese Region verbracht werden."[812]

Damit hat der EuGH hier erstmals eine Inländerdiskriminierung als Verstoß gegen das Primärrecht bewertet. Diese Rechtsprechung hat der EuGH in der Rs. Simitzi bestätigt[813].

(bb) Diese Lösung bedarf noch einer dogmatischen Einordnung. Der EuGH hat durch diese Rechtsprechung den Anwendungsbereich des EGV erweitert. *Hammerl* sieht darin eine Ausnahme, die durch die besonderen Umstände des Falles begründet war und die keine grundsätzliche Änderung der Rechtsprechung mit sich bringt[814]. Das Urteil Simitzi[815] zeigt dagegen, dass es sich bei dieser Rechtsprechung nicht um eine einmalige Ausnahme, sondern um eine neue Linie in der Rechtsprechung des Gerichtshofes handelt[816]. Damit hat der

---

811 Zum Begriff der produktbezogenen Freiheiten vgl. oben § 10 III. 2.

812 EuGH, ebenda, Rn. 32.

813 EuGH verb. Rs. C-485 und 486/93 – Simitzi, Slg. 1995, I-2669.

814 *Hammerl*, Inländerdiskriminierung, S. 152.

815 EuGH verb. Rs. C-485 und 486/93 – Simitzi, Slg. 1995, I-2669, 2678.

816 So auch *Graser*, Eine Wende im Bereich der Inländerdiskriminierung?, EuR 1998, 571, 573 ff.; *Scheffer*, Das Verbot der Abgaben zollgleicher Wirkung, EWS 1996, 407, 414.

EuGH ein Paradoxon der europäischen Grundrechtsdogmatik[817] durchstoßen und sich auf ein noch gefährlicheres Gebiet begeben. Der Ansatz des EuGH, dass eine Norm schon dann Auslandsbezug hat, wenn sie auch nur abstrakt auf Fälle mit Auslandsbezug angewendet wird, berührt die Grenzen der Rechtsordnung der EU, aber greift noch nicht wie die Lösung von *Epiney*[818] in die Rechtsordnungen der Mitgliedstaaten ein[819]. Das wahrhaft Neue besteht auch nicht in einem Verbot einer potentiell behindernden Maßnahme, sondern in dem Verbot einer Maßnahme, durch die noch niemand betroffen ist, auf den es ankäme. Man könnte das Problem auch so formulieren, dass hier auf die „Erforderlichkeit" im Sinne von Art. 234 II EG verzichtet wurde. Dadurch wurde es dem EuGH möglich, den Begriff des „grenzüberschreitenden Verkehrs" durch den Begriff des Binnenmarktes zu ersetzen. In diesem Urteil hat der EuGH keinen umfassenden Geltungsanspruch des Europarechts postuliert, der dogmatisch nicht haltbar wäre, sondern er hat in konsequenter Rechtsprechung einen Begriff in Übereinstimmung mit den Zielen der Gemeinschaft neu definiert. Die Dynamik des Integrationsprozesses erfordert es, dass die Rechtsprechung zuweilen korrigiert wird[820]. Diese Korrektur hat die Grundrechtsdogmatik der EU nur ein wenig verändert und nicht mit ihr gebrochen[821].

Die Lösung des EuGH ist daher noch eine integrationsbedingte Erweiterung der Rechtsprechung, ohne dass schon die Grenzen der zulässigen Rechtsfortbildung überschritten wären.

(f) Im Urteil Angonese[822] löste der EuGH das Problem der Inländerdiskriminierung dadurch, dass er es ignorierte[823]. Er stellte allein darauf ab, dass der Zusammenhang zwischen Gemeinschaftsrecht und vorgelegtem Fall „nicht of-

---

[817] So *GA Tesauro*, Schlussanträge zu EuGH verb. Rs. C-363, 407, 408, 410 und 411/93 – Lancry, Slg. 1994, I-3957, Rn. 28.

[818] Vgl. oben (a).

[819] So auch *Scheffer*, Das Verbot der Abgaben zollgleicher Wirkung, EWS 96, 407, 414.

[820] Vgl. *Behrens*, Die Konvergenz der wirtschaftlichen Freiheiten im europäischen Gemeinschaftsrecht, EWS 1992, 145, 160 ff.

[821] A.A. *Scheffer*, ebenda.

[822] EuGH Rs. C-281/98 – Angonese, EWS 2000, 402; vgl. oben Drittwirkung § 9 III. a) .

[823] Der Generalstaatsanwalt hatte zuvor die Anwendbarkeit von EU-Recht verneint, vgl. *Streinz/Leible*, Die unmittelbare Drittwirkung von Grundfreiheiten, EuZW 2000, 459, 460.

fensichtlich" fehlte[824]. Die hier zuletzt diskutierten Lösungsansätze können aber auf diesen Fall übertragen werden, da auch ein Ausländer ohne das entsprechende staatliche Zeugnis nicht genommen worden wäre. Sofern diese Rechtsprechung durch den EuGH fortgesetzt wird, ist dadurch die Nichtklagbarkeit der Inländerdiskriminierung faktisch abgeschafft.

2. Keine Gleichbehandlung im Unrecht

Eine ungleiche Behandlung im Sinne der Gleichheitsrechte liegt dann nicht vor, wenn Gleichbehandlung mit einem Sachverhalt gefordert wird, der seinerseits rechtsfehlerhaft gehandhabt wurde[825]. Niemand kann sich darauf berufen, dass die Fehler, welche die Verwaltung in einem anderen Fall gemacht hat, auch auf ihn angewendet werden[826].

3. Keine Gleichbehandlung von Drittländern

Die Gleichheitsrechte gelten nur innerhalb der EU. Niemand kann verlangen, dass Drittstaaten oder Beziehungen von Marktbürgern zu Unternehmen in Drittstaaten gleich behandelt werden müssen:

> „Der Vertrag kennt keinen allgemeinen Grundsatz, nach dem die Gemeinschaft verpflichtet wäre, in ihren Außenbeziehungen Drittländer in jeder Hinsicht gleichzubehandeln, und erst recht können die betroffenen Marktbürger sich nicht auf einen solchen allgemeinen Grundsatz berufen."[827]

Der Gleichheitssatz ist jedoch dahin auszulegen, dass Beziehungen von Marktbürgern zu ein und demselben Drittstaat gleichbehandelt werden müssen.

---

824 EuGH, ebenda, Rn. 19.

825 EuGH Rs. 188/83 – Witte, Slg. 1984, 3465, Rn. 15.

826 EuGH Rs. 34/80 – Authié, Slg. 1981, 665, 680.

827 EuGH Rs. 55/75 – Balkan-Import-Export GmbH, Slg. 1976, 19, 31.

4. Keine Gleichbehandlung durch verschiedene Mitgliedstaaten

Eine faktische Diskriminierung, die sich daraus ergibt, dass verschiedene Mitgliedstaaten unterschiedliche nationale Regelungen anwenden, ist ebenfalls keine verbotene Ungleichbehandlung.

Als Beispiel können hier die Rs. Van Dam[828] und Fishermen's Organisation[829] angeführt werden. In beiden Fällen machten die Kläger eine Verletzung des Gleichheitssatzes geltend, weil die nationale Regelung, die den Fischfang regelte und die auf den jeweiligen Kläger Anwendung fand, strenger war, als andere nationale Vorschriften von anderen Mitgliedstaaten, die für Fischer galten, die im selben Seegebiet fischten. Der EuGH hat dabei jedes Mal eine Verletzung des Gleichheitssatzes abgelehnt:

> „Zu Artikel 6 EGV ist festzustellen, dass nach ständiger Rechtsprechung die Anwendung nationaler Rechtsvorschriften nicht allein deshalb als Verstoß gegen das Diskriminierungsverbot angesehen werden kann, weil andere Mitgliedstaaten weniger strenge Vorschriften anwenden."[830].

Diese Entscheidung stimmt mit der hier vorgelegten Dogmatik überein. Eine unterschiedliche Behandlung kann nur vorliegen, wenn Hoheitsträger, die in derselben Rechtsordnung handeln, vergleichbare Sachverhalte unterschiedlich behandeln. Die handelnden Hoheitsträger haben hier aber jeweils in den Rechtsordnungen verschiedener Mitgliedstaaten gehandelt. Die jeweiligen Normen waren aber immer mit den Normen des EU-Rechts vereinbar. Insoweit liegt hier also ein klassischer Fall mitgliedstaatlicher Selbständigkeit vor, in die nur der europäische Gesetzgeber eingreifen darf, soweit ihm die Kompetenz dazu übertragen wurde. Ein Eingriff durch die europäischen Grundrechte und den EuGH ist nicht zulässig.

---

828 EuGH verb. Rs. 185 und 204/78 – Van Dam, Slg. 1979, 2345, 2361.

829 EuGH Rs. C-44/94 –Fishermen's Organisation, Slg. 1995, I-3115, 3149.

830 EuGH, ebenda, Rn. 45.

II. Rechtfertigung

1. Objektive Rechtfertigung

Die vorgenommene Differenzierung muss objektiv gerechtfertigt sein[831]. Eine Differenzierung, die sich nicht auf objektive Kriterien stützt, ist willkürlich und dadurch rechtswidrig[832]. Eine objektives Kriterium kann z.B. die Herkunftsbezeichnung sein:

> „31. Artikel 6 Absatz 5 Unterabsätze 2 und 3 der Verordnung Nr. 2333/92 gilt für alle Schaumweinhersteller der Gemeinschaft mit Ausnahme derjenigen, die berechtigt sind, die Ursprungsbezeichnung "Champagne" zu verwenden. Das Recht zur Verwendung dieser Ursprungsbezeichnung ist ein objektives Merkmal, auf das eine unterschiedliche Behandlung gestützt werden kann. Unter diesen Umständen ist eine unterschiedliche Behandlung der beiden Herstellergruppen gerechtfertigt.“[833]

Die speziellen Gleichheitssätze enthalten zusätzlich Bestimmungen über objektive Kriterien, die nicht geeignet sind, zulässige objektive Differenzierungen vorzunehmen[834]. Als objektive Kriterien, die eine Differenzierung ermöglichen, kommen insbesondere die Ziele der Gemeinschaft oder die Grundsätze des Gemeinsamen Marktes in Betracht[835].

---

[831] Vgl. EuGH Rs. 117/76 – Ruckdeschel, Slg. 1977, 1753, 1770; Rs. 265/78 – Ferwerda, Slg. 1982, 617, 628; Rs. 283/83 – Racke, Slg. 1984, 3791, 3800; Rs. C-85/90 – Dowling, Slg. 1992, I-5305, 5332.

[832] EuGH Rs. 106/81 – Kind, Slg. 1982, 2885, 2921.

[833] EuGH Rs. C-306/93 – SMW Winzersekt, Slg. 1994, I-5555, Rn. 31.

[834] Z.B. das Geschlecht in Art. 141 EG, die Staatsangehörigkeit in Art. 12 EG.

[835] Vgl. EuGH Rs. 138/78 – Stölting, Slg. 1979, 713, 722; Rs. 106/81 – Kind, Slg. 1982, 2885, 2921; Rs. 58/86 – Coopérative agricole, Slg. 1987, 1525, 1544; Rs. 167/88 – AGPB, Slg. 1989, 1653, 1682.

2. Verhältnismäßigkeit

(1) Nach der Rechtsprechung des EuGH ist bei einer objektiv gerechtfertigten Differenzierung zu prüfen, ob die Differenzierung verhältnismäßig ist[836]. In der Literatur wird zum Teil bestritten, dass hier eine Verhältnismäßigkeitsprüfung erforderlich ist[837]. Zum Teil wird auch vermutet, dass die Verhältnismäßigkeitsprüfung außerhalb des Gleichheitssatzes erfolgt[838].

Die Gleichheitsrechte sind – wie oben schon bemerkt wurde – keine eigenständige Konstruktion. In ihrer Funktion dienen sie wie die Freiheitsrechte der Abwehr hoheitlicher Gewalt[839]. In ihrer Struktur müssen die Gleichheitsrecht und die Freiheitsrechte einen gemeinsamen Nenner finden. Dieser gemeinsame Nenner kann nur im Schutz vor unverhältnismäßigen Eingriffen liegen. Dabei ist es unerheblich, ob man den Eingriff als „ungleiche Behandlung vergleichbarer Sachverhalte" bezeichnet[840]. Die zu Grunde liegende Struktur ist immer gleich: das Grundrecht schützt einen Lebensbereich, in dem der Träger hoheitlicher Gewalt nur durch einen verhältnismäßigen Eingriff agieren kann. „Verhältnismäßig" muss dabei immer bedeuten, dass die Interessen des Einzelnen eine umfassende und gerechte Würdigung erfahren. Daher ist es unumgänglich, dass auch in die Gleichheitsrechte nur durch eine verhältnismäßige, objektiv gerechtfertigte Ungleichbehandlung eingegriffen werden darf.

(2) Die Notwendigkeit einer Verhältnismäßigkeitsprüfung sei hier beispielhaft an der Rs. Kreil[841] dargestellt. Tanja Kreil klagte vor dem VG Hannover gegen die Bundesrepublik Deutschland, weil ihr die Tätigkeit in der Bundeswehr als Elektronikerin versagt wurde. Gemäß Soldatengesetz und Art. 12a IV GG durften Frauen nicht in der Bundeswehr an der Waffe dienen. Dem EuGH wurde die Frage vorgelegt, ob ein solches Verbot gegen das Diskriminierungsverbot verstoße. Das Diskriminierungsverbot wurde hier durch die Richtli-

---

836 So z.B. EuGH Rs. 114/76 – Bela-Mühle, Slg. 1977, 1211, 1221; verb. Rs. 63-69/72 – Werhahn, Slg. 1973, 1229, 1248; Rs. 138/78 – Stölting, Slg. 1979, 713, 722.

837 Caliess/Ruffert-*Kingreen*, EUV Art. 6 Rn. 183.

838 *Wetter*, Die Grundrechtscharta des Europäischen Gerichtshofes, S. 205.

839 Vgl. oben § 5 I. 1. a) und b) – S. 71 ff. und 72 ff.

840 So auch *Jarass*, Bausteine einer umfassenden Grundrechtsdogmatik, AöR 120 (1995), 345, 361.

841 EuGH Rs. C-285/98 – Kreil, n.n.v.

nie 76/207/EWG[842] konkretisiert. Diese Richtlinie sieht auch Einschränkungsmöglichkeiten vor und ist daher Eingriffsgrundlage:

„20. Nach Artikel 2 Absatz 2 der Richtlinie haben die Mitgliedstaaten die Befugnis, solche beruflichen Tätigkeiten, für die das Geschlecht aufgrund ihrer Art oder der Bedingungen ihrer Ausübung eine unabdingbare Voraussetzung darstellt, vom Anwendungsbereich der Richtlinie auszuschließen, wobei jedoch daran zu erinnern ist, dass diese Bestimmung als Ausnahme von einem in der Richtlinie verankerten individuellen Recht eng auszulegen ist (vgl. Urteile Johnston, Randnr. 36, und Sirdar, Randnr. 23).

21. So hat der Gerichtshof z. B. festgestellt, dass das Geschlecht für Beschäftigungsverhältnisse wie die eines Aufsehers und Chefaufsehers in Haftanstalten (Urteil vom 30. Juni 1988 in der Rechtssache 318/86, Kommission/Frankreich, Slg. 1988, 3559, Randnrn. 11 bis 18), für bestimmte Tätigkeiten wie die der Polizei bei schweren inneren Unruhen (Urteil Johnston, Randnrn. 36 und 37) oder auch für den Dienst in speziellen Kampfeinheiten (Urteil Sirdar, Randnrn. 29 bis 31) eine unabdingbare Voraussetzung darstellen kann.

22. Ein Mitgliedstaat kann solche Tätigkeiten und die hierauf vorbereitende Berufsausbildung je nach Lage des Falles Männern oder Frauen vorbehalten. Die Mitgliedstaaten sind, wie sich aus Artikel 9 Absatz 2 der Richtlinie ergibt, in einem solchen Fall verpflichtet, die betreffenden Tätigkeiten in regelmäßigen Abständen zu prüfen, um unter Berücksichtigung der sozialen Entwicklung festzustellen, ob die Ausnahme von der allgemeinen Regelung der Richtlinie noch aufrechterhalten werden kann (vgl. Urteile Johnston, Randnr. 37, und Sirdar, Randnr. 25).“

Das Geschlecht kann unter bestimmten Voraussetzungen ein objektives Differenzierungskriterium sein. Der EuGH betont aber, dass nur eng gefasste Ausnahmen möglich sind. Diese Ausnahmen werden dann zusätzlich einer Verhältnismäßigkeitskontrolle unterworfen:

„23 Bei der Festlegung der Reichweite der Ausnahme von einem Grundrecht wie dem auf Gleichbehandlung ist außerdem, wie der Gerichtshof in Randnummer 38 des Urteils Johnston und Randnummer 26 des Urteils Sirdar ausgeführt hat, der Grundsatz der Verhältnismäßigkeit zu beachten, der zu den allgemeinen Grundsätzen des Gemeinschaftsrechts gehört. Danach dürfen Ausnahmen nicht über das hinausgehen, was zur Erreichung des verfolgten Zieles angemessen und erforderlich ist; ferner ist der Grundsatz der Gleichbehandlung soweit wie möglich mit den Erfordernissen der öffentlichen Sicherheit, die für die Bedingungen der Ausübung der jeweiligen Tätigkeiten bestimmend sind, in Einklang zu bringen.“

---

[842] ABl. 1976 L 39, S. 40.

Hier wird die weite Definition der Verhältnismäßigkeitsprüfung angewendet, die auch die Interessen des Grundrechtsberechtigten beachtet[843]. Die folgende Prüfung bedenkt dann auch beide Seiten:

„24. Die nationalen Stellen verfügen jedoch je nach den Umständen über einen bestimmten Ermessensspielraum, wenn sie die für die öffentliche Sicherheit eines Mitgliedstaats erforderlichen Maßnahmen treffen (vgl. Urteile Leifer u. a., Randnr. 35, und Sirdar, Randnr. 27).

25. Daher ist, wie der Gerichtshof in Randnummer 28 des Urteils Sirdar ausgeführt hat, zu prüfen, ob unter den Umständen des konkreten Falles die Maßnahmen, die die nationalen Stellen in Ausübung des ihnen zuerkannten Ermessens getroffen haben, tatsächlich das Ziel verfolgen, die öffentliche Sicherheit zu gewährleisten, und ob sie angemessen und erforderlich sind, um dieses Ziel zu erreichen.

26. Wie in den Randnummern 5, 6 und 7 des vorliegenden Urteils festgestellt, stützt sich die Weigerung, die Klägerin des Ausgangsverfahrens in den Dienst der Bundeswehr einzustellen, in dem sie beschäftigt werden wollte, auf die Bestimmungen des deutschen Rechts, wonach Frauen vollständig vom Dienst mit der Waffe ausgeschlossen sind und ihnen nur der Zugang zum Sanitäts- und Militärmusikdienst erlaubt ist.

27. In Anbetracht seiner Reichweite kann ein solcher Ausschluss, der für nahezu alle militärischen Verwendungen in der Bundeswehr gilt, nicht als eine Ausnahmemaßnahme angesehen werden, die durch die spezifische Art der betreffenden Beschäftigungen oder die besonderen Bedingungen ihrer Ausübung gerechtfertigt wäre. Die Ausnahmen im Sinne von Artikel 2 Absatz 2 der Richtlinie können aber nur spezifische Tätigkeiten betreffen (vgl. Urteil Kommission/Frankreich, Randnr. 25).

28. Im übrigen kann schon im Hinblick auf das Wesen der Streitkräfte die Tatsache, dass deren Angehörige zum Einsatz von Waffen verpflichtet sein können, für sich allein nicht den Ausschluss von Frauen vom Zugang zu militärischen Verwendungen rechtfertigen. Wie die deutsche Regierung erklärt hat, gibt es auch in den Diensten der Bundeswehr, zu denen Frauen Zugang haben, eine Ausbildung an der Waffe, die dem Personal dieser Dienste die Selbstverteidigung und Nothilfe ermöglichen soll.

29. Somit konnten die nationalen Stellen auch unter Berücksichtigung des ihnen zustehenden Ermessens hinsichtlich der Möglichkeit, den betreffenden Ausschluss aufrechtzuerhalten, nicht ohne Verstoß gegen den Grundsatz der Verhältnismäßigkeit allgemein davon ausgehen, dass sämtliche bewaffneten Einheiten der Bundeswehr weiterhin ausschließlich aus Männern bestehen müssen.

30. Was schließlich eine Anwendung von Artikel 2 Absatz 3 der Richtlinie betrifft, auf den sich die deutsche Regierung ebenfalls berufen hat, so soll diese Bestimmung, wie der Gerichtshof in Randnummer 44 des Urteils Johnston ausgeführt hat, zum einen die körperli-

[843] Vgl. oben § 11 IV. 2. a) .

che Verfassung der Frau und zum anderen die besondere Beziehung zwischen Mutter und Kind schützen. Danach können also Frauen nicht mit der Begründung von einer Beschäftigung ausgeschlossen werden, sie müssten im Verhältnis zu Männern stärker gegen Gefahren geschützt werden, die sich von den besonderen, in der Richtlinie ausdrücklich erwähnten Schutzbedürfnissen der Frau unterscheiden.

31. Der vollständige Ausschluss von Frauen vom Dienst mit der Waffe gehört demnach nicht zu den Ungleichbehandlungen, die nach Artikel 2 Absatz 3 der Richtlinie zum Schutz der Frau zulässig sind."

Hätte der EuGH hier keine Verhältnismäßigkeitsprüfung vorgenommen, dann wäre aufgrund der Ausnahmeregelung des Art. 2 II der Richtlinie 76/207/EWG der Grundsatz der Gleichheit von Mann und Frau im Berufsleben vollständig aufgehoben worden. Andererseits kann auf eine Ausnahmeregelung wie die des Art. 2 II der Richtlinie nicht verzichtet werden. Es ist daher unbedingt notwendig, den Verhältnismäßigkeitssatz auch auf Gleichheitsrechte anzuwenden.

§ 13 Grundrechtskonkurrenz

Eine Grundrechtskonkurrenz ist dann von Bedeutung, wenn zwei Grundrechte denselben Lebenssachverhalt betreffen, aber in unterschiedlicher Art und Weise einschränkbar sind[844]. In diesem Fall ist zu entscheiden, welchem Grundrecht und welcher Schrankenlösung der Vorrang einzuräumen ist.

Die ungeschriebenen Grundrechte der Union unterliegen alle derselben Schrankenbestimmung durch den EuGH und sind daher in gleicher Art und Weise einschränkbar. Zwischen ihnen kann es daher kaum zu einer Grundrechtskonkurrenz kommen. Die geschriebenen Grundrechte verfügen dagegen auch über geschriebene Schrankenbestimmungen. Eine Grundrechtskonkurrenz zwischen den geschriebenen Grundrechten ist ausgeschlossen, da die Schutzbereiche durch Abgrenzungsvorschriften[845] oder Subsidiaritätsklauseln[846] in nicht überlappende Bereiche getrennt sind. In der Literatur wird angenommen, dass es zwischen geschriebenen und ungeschriebenen Grundrechten zur Konkurrenz kommen könnte[847]. Die ungeschriebenen Grundrechte sind jedoch aufgrund ihrer Natur als allgemeine Rechtsgrundsätze subsidiär zu den geschriebenen Grundrechten, soweit sie das selbe Gut schützen wollen[848]. Beziehen sich die Grundrechte dagegen auf unterschiedliche Schutzgüter, sind sie nebeneinander anwendbar und können dann auch in Konkurrenz zueinander stehen[849]. Der EuGH hat sich in den Urteilen, in denen er sowohl geschriebene als auch ungeschriebene Grundrechte angewendet hat, um eine einheitliche Auslegung bemüht, so dass eine Konkurrenz immer vermieden werden konnte[850].

Die Grundrechtskonkurrenz stellt daher kein drängendes Problem der europäischen Grundrechtsdogmatik dar.

---

844 *Bleckmann/Wiethoff*, DöV 1991, 722 ff. Vgl. auch *Bleckmann*, Staatsrecht II, S. 473 ff.

845 Etwa Art. 50 EG.

846 Etwa Art. 12 UAbs. 1 EG.

847 *Wetter*, Die Grundrechtscharta des EuGH, S. 99.

848 *Rengeling*, Die Entwicklung verwaltungsrechtlicher Grundsätze durch Grundsätze durch den Gerichtshof der Europäischen Gemeinschaften, EuR 1984, 331, 357.

849 Vgl. EuGH Rs. C-368/95 – Familiapress, Slg. 1997, I-3689. vgl. auch oben § 9 II. 3. (3) (d).

850 EuGH, ebenda.

§ 14 Grundrechtskollision

I. Problematik

Eine Grundrechtskollision liegt vor, wenn die Grundrechte zweier Unionsbürger einander überschneiden[851]. Von der Drittwirkung[852] unterscheidet sich die Grundrechtskollision dadurch, dass es in diesem Fall kein Machtgefälle gibt, aufgrund dessen der eine dem anderen gegenüber verpflichtet ist, die Grundrechte zu beachten, sondern hier treffen zwei Gleichgestellte aufeinander, die jeweils den Schutz eines eigenen Grundrechts geltend machen. Die jeweiligen Freiheitsbereiche überschneiden sich, so dass zu mindest einem die Freiheit beschnitten werden muss. In diesem Fall bedarf es einer Güterabwägung, damit die Schranken beider Grundrechte zu einem Ausgleich gebracht werden können[853].

II. Lösungsansätze in der Praxis

In der Praxis kann dabei eine Kollision zwischen ungeschrieben und geschriebenen Grundrechten erfolgen. In der Rs. HAG GF[854] klagte die HAG GF AG als Anbieterin des „Kaffee HAG" gegen die SA CNL-SUCAL NV, die diesen Markennamen in Belgien innehat, auf Unterlassung der Verwendung des Markennamen „Kaffee HAG". Der BGH ersuchte den EuGH um Vorabentscheidung über das Verhältnis von Eigentumsrecht (zu dem der Markenname gehört) und Warenverkehrsfreiheit. Der EuGH führte dazu aus[855]:

> „12 Nach ständiger Rechtsprechung lässt Artikel 36 Ausnahmen von dem fundamentalen Grundsatz des freien Warenverkehrs innerhalb des Gemeinsamen Marktes nur insoweit zu, als diese Ausnahmen zur Wahrung der Rechte gerechtfertigt sind, die den spezifischen Gegenstand dieses Eigentums ausmachen."

[851] *Bleckmann*, Staatsrecht II, S. 473.

[852] Vgl. oben § 9 III.

[853] Vgl. v. Münch/Kunig-*Münch*, GG Vorbemerkungen Art. 1-19, Rn. 44, 47.

[854] EuGH Rs. C-10/89 – HAG GF, Slg. 1990, I-3711.

[855] EuGH, ebenda, Rn. 12.

Der EuGH nahm dann eine Güterabwägung zwischen den betroffenen Grundrechten vor[856]:

> „15 Für die Beurteilung eines Sachverhalts wie des von dem vorlegenden Gericht beschriebenen ist in Anbetracht der vorstehenden Überlegungen der Umstand ausschlaggebend, dass es an jeglicher Zustimmung seitens des Inhabers des nach den nationalen Rechtsvorschriften geschützten Warenzeichenrechts dazu fehlt, dass ein gleichartiges Erzeugnis, das von einem von diesem Rechtsinhaber weder rechtlich noch wirtschaftlich abhängigen Unternehmen hergestellt und vertrieben wird, in einem anderen Mitgliedstaat unter dem gleichen oder unter einem verwechslungsfähigen Warenzeichen in den Verkehr gebracht wird.
>
> 16 Könnte der Rechtsinhaber unter diesen Umständen nicht von der ihm durch die nationalen Rechtsvorschriften eingeräumten Befugnis Gebrauch machen, sich der Einfuhr eines gleichartigen Erzeugnisses unter einer mit seinem eigenen Warenzeichen verwechslungsfähigen Bezeichnung zu widersetzen, so wäre die Hauptfunktion des Warenzeichens gefährdet, denn in einem solchen Fall wären die Verbraucher nicht mehr in der Lage, den Ursprung des gekennzeichneten Erzeugnisses festzustellen, und der Rechtsinhaber könnte für die schlechte Qualität eines Erzeugnisses verantwortlich gemacht werden, die ihm in keiner Weise zuzurechnen wäre."

Die Grundrechtskollision wird damit im Unionsrecht analog zum deutschen Recht gelöst.

Im Fall Bosman[857] lag ebenfalls eine Grundrechtskollision vor. Dort traf das Recht der Arbeitnehmerfreizügigkeit nach Art. 39 EG auf das Recht der Vereinigungsfreiheit. Die Kollision wurde aber nicht weiter vom EuGH thematisiert, sondern in einem kurzen Satz zu Gunsten der Arbeitnehmerfreizügigkeit entschieden[858]. Dieses Urteil ist daher in dogmatischer Hinsicht bedenklich[859]. Eine Grundrechtskollision zwischen zwei ungeschriebenen Grundrechten ist vom EuGH bisher noch nicht festgestellt worden[860].

---

856 EuGH, ebenda, Rn. 15 f.

857 EuGH Rs. C-415/93 –Bosman, Slg. 1995, I-4921.

858 EuGH, ebenda, S. I-5065, Rn. 80.

859 So auch *Gramlich*, Grundfreiheiten contra Grundrechte im Gemeinschaftsrecht?, DöV 1996, 801, 809 f.

860 *Rengeling*, Grundrechtsschutz, § 37 I.

§ 15 Rechtsfolgen einer Grundrechtsverletzung

Die Rechtsordnung der EU kennt keine Verfassungsbeschwerde wie das deutsche Recht. Grundrechtsverletzungen werden daher immer innerhalb einer „normalen" Klage geprüft. Der EuGH versucht zunächst, jede Feststellung einer Grundrechtsverletzung durch eine grundrechtskonforme Auslegung zu vermeiden. Sofern aber eine Grundrechtsverletzung festgestellt werden muss, sind die Rechtsfolgen von der Art des Verfahrens vor dem EuGH abhängig.

I. Vorlageverfahren

1. Unanwendbarkeit der belastenden Norm

Ausschlaggebend für die Wahl der Rechtsfolge ist hier der Umstand, ob die Grundrechtsverletzung durch die nationale Regelung des Mitgliedstaats oder durch einen Rechtsakt der EU begangen wurde. Sofern die Verletzung durch die nationale Regelung erfolgt ist, entscheidet der EuGH nicht selbst über die Grundrechtsverletzung, sondern er gibt dem vorlegenden Gericht alle notwendigen Argumente in die Hand, um die Entscheidung selbst zu treffen[861]. Die Rechtsfolgen bestimmen sich dann nach dem nationalen Recht und bestehen in der Regel in der Nichtanwendbarkeit der nationalen Norm.

Liegt die Grundrechtsverletzung dagegen in einem Rechtsakt der EU (etwa in einer Richtlinie), so erklärt er die fragliche Norm nach Art. 231 EG für nichtig[862].

---

861 Vgl. EuGH Rs. C-368/95 – Familiapress, Slg. 1997, I-3689, Rn. 24.

862 Vgl. *Rengeling/Middeke/Gellermann*, Rechtsschutz in der Europäischen Union, S.216. Vgl. auch EuGH Rs. C-269/90 – TU München, Slg. 1991, I-5469, 5502.

2. Schadensersatzansprüche

Der Mitgliedstaat kann darüber hinaus auch im Rahmen der Francovich[863]- und der Brasserie du Pêcheur-Rechtsprechung[864] des EuGH wegen der Verletzung von Grundrechten schadensersatzpflichtig sein. Die Voraussetzungen für einen Schadensersatzanspruch sind davon abhängig, ob ein Verstoß gegen Primär- oder Sekundärrecht vorliegt.

a) Verletzung von Primärrecht

Bei einer Verletzung von Primärrecht entsteht ein Schadensersatzanspruch nach dem Urteil Brasserie du Pêcheur unter folgenden Voraussetzungen:

„51. Unter derartigen Umständen erkennt das Gemeinschaftsrecht einen Entschädigungsanspruch an, sofern drei Voraussetzungen erfüllt sind, nämlich dass die Rechtsnorm, gegen die verstoßen worden ist, bezweckt, dem einzelnen Rechte zu verleihen, dass der Verstoß hinreichend qualifiziert ist und schließlich dass zwischen dem Verstoß gegen die dem Staat obliegende Verpflichtung und dem den geschädigten Personen entstandenen Schaden ein unmittelbarer Kausalzusammenhang besteht.“[865]

Die Grundrechte sind schon nach ihrer Definition subjektive Rechte, so dass es für einen Schadensersatzanspruch nur auf die anderen zwei Voraussetzungen ankommt. Der Verstoß gegen das Grundrecht muss qualifiziert sein. Mit dieser Voraussetzung will der EuGH dem Umstand Rechnung tragen, dass die Mitgliedstaaten in ihrer Gesetzgebung einen weiten Ermessensspielraum haben[866]. Der EuGH gibt folgende Kriterien für einen qualifizierten Verstoß an:

„56. Insoweit gehören zu den Gesichtspunkten, die das zuständige Gericht gegebenenfalls zu berücksichtigen hat, das Maß an Klarheit und Genauigkeit der verletzten Vorschrift, der Umfang des Ermessensspielraums, den die verletzte Vorschrift den nationalen oder Gemeinschaftsbehörden belässt, die Frage, ob der Verstoß vorsätzlich oder nicht vorsätzlich be-

---

863 EuGH verb. Rs. C-6 und 9/90 –Francovich, Slg. 1991, 5357, 5414.

864 EuGH verb. Rs. C-46 und 48/93 – Brasserie du Pêcheur, Slg. 1996, I-1029.

865 EuGH verb. Rs. C-46 und 48/93 – Brasserie du Pêcheur, Slg. 1996, I-1029, Rn. 51.

866 Vgl. *Streinz*, Anmerkungen zu dem EuGH Urteil in der Rechtssache Brasserie du Pêcheur und Factortame, EuZW 1996, 201 ff.; *Hatje*, Die Haftung der Mitgliedstaaten bei Verstößen des Gesetzgebers gegen europäisches Gemeinschaftsrecht, EuR 1997, 297 ff.

gangen oder der Schaden vorsätzlich oder nicht vorsätzlich zugefügt wurde, die Entschuldbarkeit oder Unentschuldbarkeit eines etwaigen Rechtsirrtums und der Umstand, dass die Verhaltensweisen eines Gemeinschaftsorgans möglicherweise dazu beigetragen haben, dass nationale Maßnahmen oder Praktiken in gemeinschaftsrechtswidriger Weise unterlassen, eingeführt oder aufrechterhalten wurden."[867]

Außerdem muss der Schaden kausal auf dem qualifizierten Verstoß beruhen. In der Rs. Brasserie du Pêcheur hatte ein letztinstanzliches deutsches Gericht es unterlassen, eine Frage dem EuGH vorzulegen. Das wertete der EuGH als qualifizierten Verstoß[868]. Auch die deutsche Regelung des BierStG, nach der ein Bier nicht unter der Bezeichnung „Bier" verkauft werden durfte, wenn es nicht dem deutschen Reinheitsgebot entsprach, wertete der EuGH wegen offensichtlichen Verstoßes gegen die Cassis-de-Dijon-Rechtsprechung als qualifizierten Verstoß[869]. Gleichwohl entschied der BGH, dass der Brasserie du Pêcheur kein Schadensersatz zustünde, da der Schaden nicht kausal auf den qualifizierten Verstößen beruhte[870].

b) Nichtumsetzung von Richtlinien

Die EU verwendet Richtlinien, um Grundrechte zu konkretisieren. Sofern die Mitgliedstaaten die Richtlinien nicht rechtzeitig oder nicht korrekt umsetzen, können sie dadurch schadensersatzpflichtig werden. Ein Schadensersatzanspruch wegen Verletzung von Sekundärrecht ist nach dem Urteil Francovich an folgende Voraussetzungen geknüpft[871]:

„40. Erstens muss das durch die Richtlinie vorgeschriebene Ziel die Verleihung von Rechten an einzelne beinhalten. Zweitens muss der Inhalt dieser Rechte auf der Grundlage der Richtlinie bestimmt werden können. Drittens muss ein Kausalzusammenhang zwischen dem Verstoß gegen die dem Staat auferlegte Verpflichtung und dem den Geschädigten entstandenen Schaden bestehen."

---

[867] EuGH, ebenda, Rn. 56.

[868] EuGH, ebenda, Rn. 57.

[869] EuGH, ebenda, Rn. 59.

[870] Siehe dazu *Hatje*, Die Haftung der Mitgliedstaaten bei Verstößen des Gesetzgebers gegen europäisches Gemeinschaftsrecht, EuR 1997, 297 ff.

[871] EuGH verb. Rs. C-6 und 9/90 –Francovich, Slg. 1991, 5357, 5415, Rn. 40.

Im Bereich der Konkretisierung von Grundrechten ist die erste Voraussetzung problemlos gegeben. Auch die zweite Voraussetzung wird in der Regel erfüllt sein. Darüber hinaus wird nur noch ein Kausalzusammenhang zwischen dem Verstoß und dem Schaden verlangt. Es kommt hier nicht darauf an, ob es sich um einen qualifizierten Verstoß handelt. Dem mitgliedstaatlichen Gesetzgeber steht hier – im Gegensatz zu oben a) – kein weites Ermessen zu, da er an die Richtlinie gebunden ist.

II. Nichtigkeitsklage

1. Materielle Grundrechte

Bei einem Verstoß gegen Freiheitsgrundrechte erklärt der EuGH nach Art. 231 EG die Maßnahme für nichtig. Darüber hinaus hat der EuGH auch schon immaterielle Schadensersatzansprüche zuerkannt[872]. Im Bereich der Diskriminierungsverbote muss differenziert werden. Sofern durch die Ungleichbehandlung eine Belastung auferlegt wurde, erklärt der EuGH die Maßnahme für nichtig. Wenn durch die Ungleichbehandlung dem Kläger eine Begünstigung vorenthalten wurde, lässt der EuGH die Maßnahme fortbestehen und gibt dem Gemeinschaftsgesetzgeber auf, eine grundrechtskonforme Lösung zu finden[873].

2. Justizgrundrechte

Bei einem Verstoß gegen Justizgrundrechte erkennt der EuGH auf Nichtigkeit der Maßnahme[874]. Der Verfahrensverstoß kann aber noch während der Verhandlung geheilt werden[875].

---

872 EuGH Rs. 145/83 – Adams, Slg. 1985, 3539, 3592.

873 EuGH Rs. 117/76 – Ruckdeschel, Slg. 1977, 1753, 1771.

874 EuGH Rs. C-49/88 – Al Jubail, Slg. 1991, I-3187, 3243.

875 EuGH Rs. 85/76 – Hofman-La Roche, Slg. 1979, 461, 513.

Teil 3 Ergebnis

§ 16 Zusammenfassung

(1) Grundrechte kann es in jeder Rechtsordnung geben, die subjektive Rechte natürlicher Personen kennt. Als Grundrechte sind alle Rechte zu bezeichnen, die auf der höchsten Stufe der Normenhierarchie stehen, ein subjektives Recht natürlicher oder juristischer Personen des Privatrechts enthalten, nicht ausschließlich einen Träger hoheitlicher Gewalt begünstigen, nicht nur einen Sekundäranspruch beinhalten und nicht in erster Linie Träger hoheitlicher Gewalt verpflichten.

(2) Die Grundrechte der EU haben sowohl subjektive als auch objektive Funktionen. Die subjektiven Funktionen beinhalten Abwehrrechte, Diskriminierungsverbote, Schutzpflichten, staatsbürgerliche und Teilhaberechte. Zu den objektiven Funktionen gehören die Werteordnung und Handlungsaufträge an Träger hoheitlicher Gewalt.

(3) Die Grundrechte der EU finden sich als geschriebene Grundrechte in den Verträgen und als ungeschriebene Grundrechte in den allgemeinen Rechtsgrundsätzen der EU.

(4) Grundrechtsberechtigt ist jede natürliche und jede juristische Person des Privatrechts. Darüber hinaus sind auch juristische Personen des öffentlichen Rechts, soweit sie nicht obrigkeitlich tätig ist, grundrechtsberechtigt.

(5) Alle Träger hoheitlicher Gewalt sind verpflichtet alle Grundrechte der EU zu beachten, sofern sie innerhalb der Rechtsordnung der EU handeln.

(6) Die geschriebenen Grundrechte der EU können eine unmittelbare Drittwirkung entwickeln, wenn ihr Wortlaut Anhaltspunkte für eine solche Wir-

kung gibt. Eine mittelbare Drittwirkung ist nicht ausgeschlossen, wurde bisher aber noch nie angenommen.

(7) Die Grundfreiheiten können in ihrer dominanten Wirkung sowohl Gleichheits- als auch Freiheitsrechte sein.

(8) Die Freiheitsrechte unterliegen einem Schrankenvorbehalt. Die Schranken müssen durch Gesetz bestimmt werden. Als Schranken-Schranke ist insbesondere die Verhältnismäßigkeit zu beachten.

Besonders problematisch ist hier die fehlende Bestimmung der Eingriffstiefe und die Reduzierung der Verhältnismäßigkeitsprüfung im Bereich der ungeschriebenen Wirtschaftsgrundrechte. Die Rechtsprechung des EuGH kann an dieser Stelle nicht mehr mit den Mitteln der Dogmatik erklärt werden.

(9) Bei den Gleichheitsrechten zeichnet sich eine Änderung der Rechtsprechung zur Inländerdiskriminierung ab. Durch diese neue Rechtsprechung wird die Inländerdiskriminierung faktisch aufgehoben. Die Rechtsprechung selbst ist aber dogmatisch nicht unbedenklich.

(10) Die Grundrechtskollision wird wie ihm deutschen Recht durch praktische Konkordanz der widerstreitenden Grundrechte gelöst. Die Grundrechtskonkurrenz ist aufgrund der einfacheren Schrankensystematik unproblematisch.

(11) Die Rechtsfolge einer Grundrechtsverletzung ist regelmäßig die Erklärung der Nichtigkeit (bei Akten von Organen) oder Unanwendbarkeit (bei Akten von Mitgliedstaaten) der verletzenden Norm oder Entscheidung. Sofern die Grundrechtsverletzung in einem Unterlassen des Gesetzgebers besteht, wird dieser aufgefordert, den rechtswidrigen Zustand durch Erlass einer Norm zu beseitigen. Darüber hinaus kann es einen Schadensersatzanspruch gegen den Träger hoheitlicher Gewalt geben.

§ 17 Übersicht über die Grundrechte der EU

I. Freiheitsrechte

1. Wirtschaftliche Freiheitsrechte

a) Eigentum	aRG. Rs. 4/73 – Nold, Slg. 1974, 491, 507
b) Berufsfreiheit	aRG. Rs. 4/73 – Nold, Slg. 1974, 491, 507
c) Freiheit der wirtschaftlichen Betätigung	aRG. Rs. 11/70 – Int. Handelsg., Slg. 1970, 1125, 1134
d) Warenverkehrsfreiheit	Art. 28, 29 EG
e) Niederlassungsfreiheit	Art. 43 UAbs. 1 EG
f) Arbeitnehmerfreizügigkeit	Art. 39 I EG
g) Dienstleistungsfreiheit	Art. 49 UAbs. 1 EG
h) Kapitalverkehrsfreiheit	Art. 56 I, II EG
i) Vereinigungsfreiheit	aRG. Rs. 175/73 – Gewerkschaftsbund, Slg. 1974, 917, 925
j) Wettbewerbsfreiheit	aRG. Rs. 240/83 – ADBHU, Slg. 1985, 531, 549

2. Andere Freiheitsrechte

a) allgemeine Handlungsfreiheit	aRG. verb. Rs. 133-136/85 – Rau, Slg. 1987, 2289, Rn. 15
b) allgemeine Freizügigkeit	Art. 18 I EG
c) Achtung des Privatlebens	aRG. Rs. C-404/92, Slg. 1994, I-4780, Rn. 17
d) Schutz der Wohnung	aRG. Rs. 136/79 – Panasonic, Slg. 1980, 2033, 2057
e) Meinungsfreiheit	aRG. Rs. C-260/89 – ERT, Slg. 1991, I-2925, 2964
f) Achtung der Familie	aRG. Rs. 249/86, Slg. 1989, 1263, 1290

II. Gleichheitsrechte

a) allg. Gleichheitssatz	verb. Rs. 117/76, 16/77 –
b) Keine Diskriminierung	Art. 12 EG

aufgrund der Staatsangehörigkeit	
c) Gleichheit von Mann und Frau beim Lohn	Art. 141 EG
d) Gleichheit der Agrarmarktteilnehmer	Art. 34 II UAbs. 2 EG
e) Kommunalwahlrecht	Art. 19 I EG
f) Gleiche Besteuerung der EU-ausländischen Waren	Art. 90 I und II EG

III. Teilhaberechte und staatsbürgerliche Rechte

a) Wahlrecht zum Europaparlament	Art. 190 I, 19 II EG
b) Informationsanspruch	Art. 255 EG
c) Petitionsrecht	Art. 21 I, II, III EG
d) Anspruch auf diplomatischen und konsularischen Schutz	Art. 20 EG

IV. Justizgrundrechte.

a) Rechtliches Gehör	aRG. Rs. 85/76 – Hofmann-La Roche, Slg. 1979, 461, 511
b) Gewährung effektiven Rechtsschutzes	aRG. Rs. 222/84 – Johnston, Slg. 1986, 1651, 1681

Literaturverzeichnis

Abelein, Manfred; Die Grundrechte als Teilhaberechte; in: FS Raschhofer; Lassleben 1977

Adomeit, Klaus; Rechtstheorie für Studenten : Normlogik - Methodenlehre - Rechtspolitologie; 4. Aufl.; Heidelberg 1998

Ahlt, Michael; Europarecht; 2. Aufl.; München 1996

Alexy, Robert; Theorie der Grundrechte; 2. Aufl.; Frankfurt/Main 1994

Azzola, Axel [Bearb.]; Kommentar zum Grundgesetz für die Bundesrepublik Deutschland; Reihe Alternativkommentare; Neuwied 1989

Bachof, Otto; Die Dogmatik des Verwaltungsrechts vor den Gegenwartsaufgaben der Verwaltung; in: VVDStRL 30 (1972), S. 193 ff.

Badura, Peter [Übers.]; Hofmann, Hasso [Übers.]; Voigt, Alfred [Hrsg.]; Der Herrschaftsvertrag; Neuwied 1965

Bahlmann, Kai; Der Grundrechtschutz in der Europäischen Gemeinschaft – Wege der Verwirklichung – ; in: EuR 1982, S. 1 ff.

Bahlmann, Kai; Der Grundsatz der Gleichbehandlung von Mann und Frau im Gemeinschaftsrecht; in: RdA 1984, S. 98 ff.

Bahlmann, Kai; Europäische Grundrechtsperspektiven; in: FS für Carstens; Köln 1984; S. 17 ff.

Bauer, Hartmut; Kahl, Wolfgang; Europäische Unionsbürger als Träger von Deutschen-Grundrechten?; in: JZ 1995, S. 1077 ff.

Bayertz, Kurt; Die Idee der Menschenwürde: Probleme und Paradoxien; in ARSP 81 (1995), 465 ff.

Behrens, Die Konvergenz der wirtschaftlichen Freiheiten im europäischen Gemeinschaftsrecht; in: EWS 1992, S. 145 ff.

Benda, Ernst; Handbuch des Verfassungsrechts der Bundesrepublik Deutschland; 2. Aufl.; Berlin u.a. 1994

Berg, Werner; Karpenstein, Rolf; Änderungen der rechtlichen Grundlagen der EU durch den Vertrag von Amsterdam; in: EWS 1998, S. 77 ff.

Bernhardt, Rudolf; Probleme eines Beitritts der Europäischen Gemeinschaft zur Menschenrechts-Konvention; in FS für Everling, Band I, S. 103 ff.; 1. Aufl.; Baden-Baden 1995

Bethge, Herbert; Der Grundrechtseingriff; in: VVDStRL 57 (1998), S. 7 ff.

Beutler, Bengt; Die Europäische Union : Rechtsordnung und Politik; 4. Aufl.; Baden-Baden 1993

Bieber, Roland; "Besondere Rechte" für die Bürger der Europäischen Gemeinschaften; in EuGRZ 1978, 203 ff.

Bieber, Roland; Verfassungsentwicklung und Verfassungsgebung in der Europäischen Gemeinschaft; in: Wildenmann, Rudolf [Hrsg.]; Staatswerdung Europas?; Baden-Baden 1991; S. 393 ff.

Blanke, Hermann-Josef; Der Unionsvertrag von Maastricht – Ein Schritt auf dem Weg zu einem europäischen Bundesstaat?; in DÖV 1993, 412 ff.

Bleckmann, Albert; Die Grundrechte im Europäischen Gemeinschaftsrecht; in: EuGRZ 1981, S. 257 ff.

Bleckmann, Albert; Die Rechtsquellen des Europäischen Gemeinschaftsrechts; in: NVwZ 1993, S. 824 ff.

Bleckmann, Albert; Die wertende Rechtsvergleichung bei der Entwicklung europäischer Grundrechte; in: FS Börner; S. 29 ff.

Bleckmann, Albert; Europarecht : Das Recht der Europäischen Union und der Europäischen Gemeinschaften; 6. Aufl.; Köln/Berlin/Bonn/München 1997

Bleckmann, Albert; Pieper, Stefan Ulrich; Rechtsetzung und Vollzug des EG-Rechts : Rechtsquellen; in: Dauses, Manfred [Hrsg.]; Handbuch des EU-Wirtschaftsrechts; Loseblattsammlung; Stand Jan. 1999

Bleckmann, Albert; Probleme der allgemeinen Rechtsgrundsätze im Europäischen Gemeinschaftsrecht; in: Bleckmann, Albert [Hrsg.], Studien zum Europäischen Gemeinschaftsrecht; Köln 1986

Bleckmann, Albert; Staatsrecht : Band 2 Die Grundrechte; 4. Aufl.; Köln/Berlin/ Bonn/München 1997

Bleckmann, Albert; Theorie der Grundrechte der Europäischen Gemeinschaften und der nationalen Rechtsordnungen, insbesondere des Grundgesetzes: Vergleich und Diskrepanz; Heidelberg 1982

Bleckmann, Albert; Verfassungsrang der Europäischen Menschenrechtskonvention; in: EuGRZ 1994, S. 149 ff.

Bleckmann, Albert; Wiethoff, Claudia; Zur Grundrechtskonkurrenz; in: DöV 1991, S. 722 ff.

Böckenförde, Ernst-Wolfgang; Staat, Verfassung, Demokratie : Studien zur Verfassungstheorie und zum Verfassungsrecht; Frankfurt am Main 1991

Bogdany, Armin v.; Nettesheim, Martin; Die Verschmelzung der Europäischen Gemeinschaften in der Europäischen Union; in NJW 1995, 2324 ff.

Borchmann, Michael; Was kommt nach Amsterdam; in: EuZW 1998, 641

Borschberg, Peter; Hugo Grotius "Commentarius in theses XI" : an early treatise on sovereignty, the just war, and the legitimacy of the Dutch revolt; Bern 1994

Bothe, Michael; "SOFT Law" in den Europäischen Gemeinschaften?; in: FS Schlochauer, S. 761 ff.

Bothe, Michael; Die Bedeutung der Rechtsvergleichung in der Praxis internationaler Gerichte; in: ZaöRV 36 (1976), S. 280 ff.

Brohm, Winfried; Die Dogmatik des Verwaltungsrechts vor den Gegenwartsaufgaben der Verwaltung; in: VVDStRL 30 (1972), S. 245 ff.

Bryde, Brun-Otto; Kleindiek, Ralf; Der allgemeine Gleichheitssatz; in: Jura 1999, S. 36 ff.

Bühler, Ottmar; Die subjektiven oeffentlichen Rechte und ihr Schutz in der deutschen Verwaltungsrechtsprechung; Berlin 1914

Calliess, Christian; Ruffert, Matthias; Kommentar des Vertrages über die Europäische Union und des Vertrages zur Gründung der Europäischen Gemeinschaft – EUV/EGV –; Neuwied 1999; zit. als Calliess/Ruffert-*Bearb.*, EGV oder EUV

Chwolik-Lanfermann, Ellen; Braucht die Europäische Union einen Grundrechtskatalog?; in ZRP 1995, S. 126 ff.

Chwolik-Lanfermann, Ellen; Grundrechtsschutz in der Europäischen Union : Bestand, Tendenzen und Entwicklungen; Frankfurt am Main; Berlin; Bern; New York; Paris; Wien; 1994

Clapham, Andrew; Human rights and the European Community : a critical overview; Baden-Baden 1991

Classen, Dieter; Auf dem Weg zu einer einheitlichen Dogmatik der EG-Grundfreiheiten?; in: EWS 1995, 97 ff.

Claudi, Hubertus; Die Bindung der EWG an die Grundrechte; München 1976

Constantinesco, Vlad; Jacqué, Jean-Paul; Kovar, Robert; Simon, Denis; Traité instituant la CEE : Commentaire article par article; Paris 1992

Daig, Hans-Wolfram; Die Gerichtsbarkeit der Europäischen Wirtschaftsgemeinschaft und der Europäischen Atomgemeinschaft; in: AöR 83 (1958), S. 132 ff.

Dänzer-Vanotti, Wolfgang; Unzulässige Rechtsfortbildung des Europäischen Gerichtshofes; in: RIW 1992, S. 733 ff.

Dauses, Manfred A.; Der Schutz der Grundrechte in der Europäischen Gemeinschaft; in: JöR 31 (1982), S. 1 ff.

Dautzenberg, Norbert; Die Kapitalsverkehrsfreiheit des ES-Vertrages, der Steuervorbehalt des Art. 73d EGV und die Folgen der Besteuerung; in: RIW 1998, S. 537 ff.

de Blois, Matthijs; Heringa, Aalt Willem; Niederlande; in: Grabitz, Eberhard [Hrsg]; Grundrechte in Europa und USA; Band I; Kehl 1986; S. 511 ff.

Degen, Manfred; Die Unionsbürgerschaft nach dem Vertrag über die Europäische Union unter besonderer Berücksichtigung des Wahlrechts; in: DöV 1993, S. 749 ff.

Di Fabio, Udo; Werbeverbote – Bewährungsprobe für europäische Grundfreiheiten und Grundrechte; in: AfP 1998, S. 564 ff.

Diedrichsen, Uwe; Das Bundesverfassungsgericht als oberstes Zivilgericht – ein Lehrstück der juristischen Methodenlehre; in: AcP 198 (1998), S. 171 ff.

Doehring, Karl; Handelt es sich bei einem Recht, das durch diplomatischen Schutz eingefordert wird, um ein solches, das dem die Protektion ausübenden Staat zusteht, oder geht es um die Erzwingung von Rechten des betroffenen Individuums?; in: Ress/Stein (Hrsg.), Der diplomatische Schutz im Völker- und Europarecht, Baden-Baden 1996; S. 13 ff.

Doehring, Karl; Staat und Verfassung in einem zusammenwachsenden Europa; in ZRP 1993; 98 ff.

Dörr, Oliver; Die Warenverkehrsfreiheit nach Art. 30 EWG-Vertrag – doch bloß ein Diskriminierungsverbot; in RabelsZ 54 (1990), 677 ff.

Dörr, Oliver; Noch einmal: Die Europäische Union und die Europäischen Gemeinschaften; in NJW 1995, 3162 ff.

Dreier, Horst [Hrsg.]; Bauer, Hartmut; Grundgesetz: Kommentar; Tübingen 1998; zit. als Dreier-*Berab.*, GG

Dürig, Günter; Der Grundrechtssatz der Menschenwürde : Entwurf eines praktikablen Wertsystems der Grundrechte; in AöR 81 (1956), 117 ff.

Eberhartinger, Michael; Konvergenz und Neustrukturierung der Grundfreiheiten; in: EWS 1997, S. 43 ff.

Epiney, Astrid; Umgekehrte Diskriminierungen : Zulässigkeit und Grenzen der discrimination à rebours nach europäischem Gemeinschaftsrecht und nationalem Verfassungsrecht; Köln 1995

Epping, Volker; Völkerrechtssubjekte; in Ipsen, Knut; Völkerrecht : ein Studienbuch; 3. Aufl.; München 1990

Everling, Ulrich; Brauchen wir ein Solange III? Zu den Forderungen nach Revision der Rechtsprechung des Bundesverfassungsgerichts; in: EuR 1990, S. 195 ff.

Everling, Ulrich; Sind die Mitgliedstaaten der Europäischen Gemeinschaften noch die Herren der Verträge? : Zum Verhältnis von Europäischem Gemeinschaftsrecht und Völkerrecht; in: FS Mosler; S. 173 ff.

Everling, Ulrich; Will Europe slip on Bananas? The Bananas Judgement of the Court of Justice and National Courts; in: CMLR 1996, 401, 418 f.

Fastenrath, Ulrich; Inländerdiskriminierung : Zum Gleichbehandlungsgebot beim Zusammenwirken mehrerer (Teil)rechtsordnungen im vertikal gegliederten und international integrierten Staat; in: JZ 1987, S. 170 ff.

Feige, Konrad; Bundesverfassugsgericht – Grundrechte – Europa; in JZ 1975, S. 476 ff.

Fischer, Hans Georg; Europarecht; 2. Aufl.; München 1997

Fischer, Hans Georg; Staatshaftung nach Gemeinschaftsrecht; in: EuZW 1992, S. 41 ff.

Fischer, Peter; Köck, Heribert Franz; Europarecht : einschließlich des Rechtes supranationaler Organisationen; 3. Aufl.; Wien 1997

Fleiner-Gerster, Thomas; Allgemeine Staatslehre; 2. Aufl.; Berlin 1995

Flint, Thomas; Die Übertragung von Hoheitsrechten : zur Auslegung der Art. 23 Abs. 1 Satz 2 und Art. 24 Abs. 1 GG; Berlin 1998

Flückiger, Felix; Geschichte des Naturrechtes; 2. Aufl.; Zürich 1954

Forsthoff, Ulrich; Drittwirkung der Grundfreiheiten: Das EuGH-Urteil Angonese; in: EWS 2000, S. 389 ff.

Frowein, Jochen Abr.; Die Heruasbildung europäischer Verfassungsprinzipien; in: FS Maihofer, S. 149 ff.

Frowein, Jochen Abr.; Krisch, Nico; Der Rechtsschutz gegen Europol; in: JZ 1998, S. 589 ff.

Frowein, Jochen Abr.; Peukert, Wolfgang; EuropäischeMenschenRechtsKonvention : EMRK-Kommentar; 2. Aufl.; Kehl, Straßburg, Arlington 1996; zit. als Frowein-Peukert-*Bearb.*, EMRK

Fuß, Ernst-Werner; Grundfragen der Gemeinschaftshaftung; in: EuR 1968, S. 353 ff.

Füßer, Klaus; Grundrecht auf wirtschaftliche Freizügigkeit und Art 8a EGV als Auffangbeschränkungsverbot des Gemeinschaftsrechts; in: DöV 1999, S. 96 ff.

Geiger, Rudolf; EG-Vertrag : Kommentar zu dem Vertrag zur Gründung der Europäischen Gemeinschaft; 2. Aufl.; München 1995

Gerber, Carl Friedrich Wilhelm von; Pöggeler, Wolfgang [Hrsg.]; Grundzüge des deutschen Staatsrechts; Nachdr. der 3. Aufl. von 1880; Hildesheim/ Zürich/ New York 1998

Germer, Peter; Dänemark; in: Grabitz, Eberhard [Hrsg]; Grundrechte in Europa und USA; Band I; Kehl 1986; S. 85 ff.

Gersdorf, Hubertus; Funktionen der Gemeinschaftsgrundrechte im Lichte des Solange II-Beschlusses des Bundesverfassungsgerichts; in AöR 119 (1994), S. 400 ff.

Gerstner, Stephan; Goebel, Burkhart; Grundrechtsschutz in Europa; in: Jura 1993, S. 626 ff.

Geyer, Bodo [Hrsg.]; Schliebe, Gerd [Bearb.]; Samuel Pufendorf und seine Wirkungen bis auf die heutige Zeit; 1. Aufl.; Baden-Baden 1996

Giannoulis, Christina; Die Idee des "Europa der Bürger" und ihre Bedeutung für den Grundrechtsschutz; Europainstitut der Universität des Saarlandes; Saarbrücken 1992

Giese, Friedrich; Die Grundrechte; Tübingen 1905

Glaesner, Hans-Joachim; Einige Überlegungen zum Beitritt der Europäischen Gemeinschaften zur Europäischen Konvention für Menschenrechte; in EuR 1980, S. 119 ff.

Gloria, C.; Der Staat im Völkerrecht; in: Ipsen, Knut [Begr.], Völkerrecht : Ein Studienbuch; 3. Aufl.; München 1990; § 26

Götz, Volkmar; Das Maastricht-Urteil des Bundesverfassungsgerichts; in: JZ 1993, S. 1081 ff.

Götz, Volkmar; Subventionsrecht; in: Dauses, Manfred [Hrsg.]; Handbuch des EU-Wirtschaftsrechts; Loseblattsammlung; Stand Jan. 1999

Grabitz, Eberhard [Hrsg.]; Frohnmeyer, Albrecht [Bearb.]; Hilf, Meinhard; Kommentar zur Europäischen Union : Vertrag über die Europäische Union, Vertrag zur Gründung der Europäischen Gemeinschaft; Loseblatt-Slg.; München Stand 1998

Grabitz, Eberhard; Europäisches Bürgerrecht zwischen Marktbürgerschaft und Staatsbürgerschaft; Köln 1970

Gramlich, Ludwig; Grundfreiheiten contra Grundrechte im Gemeinschaftsrecht? : - Überlegungen aus Anlaß der EuGH-Entscheidung Bosman - ; in DÖV 1996, 801 ff.

Graser, Alexander; Eine Wende im Bereich der Inländerdiskriminierung?; in: EuR 1998, S. 571 ff.

Graser, Alexander; Zum Stand der Diskussion zur Inländerdiskriminierung; in DÖV 1998, 1004 ff.

Greer, Steven; A Guide to the Human Rights Act 1998; in ELR 24 (1999), S. 3 ff.

Grehan, Duncan S. J.; Irland; in: Grabitz, Eberhard [Hrsg]; Grundrechte in Europa und USA; Band I; Kehl 1986; S. 259 ff.

Griegerich, Thomas; Luxemburg, Karlsruhe, Straßburg – Dreistufiger Grundrechtsschutz in Europa?; in: ZaöRV 1990, S. 836 ff.

Grimm, Dieter; Braucht Europa eine Verfassung?; in: JZ 1995, S. 581 ff.

Grimm, Dieter; Die Entwicklung der Grundrechtstheorie in der deutschen Staatsrechtslehre des 17. und 18. Jahrhunderts; in: Birtsch, Günter [Hrsg.]; Grund- und Freiheitsrechte von der ständischen zur spätbürgerlichen Gesellschaft; Göttingen 1987

Groeben, Hans; Thiesing, Jochen; Ehlermann, Claus-Dieter [Hrsg.]; Kommentar zum EU-/EG-Vertrag; 5. Aufl.; Band 1 und Band 4; Baden-Baden 1997; zit. als GTE-*Bearb* EGV

Häberle, Peter; Die europäische Verfassungsstaatlichkeit; in KritVJ 1995, S. 298 ff.

Häberle, Peter; Gemeineuropäisches Verfassungsrecht; in: EuGRZ 1991, S. 261 ff.

Häberle, Peter; Grundrechtsgeltung und Grundrechtsinterpretation im Verfassungsstaat; JZ 1989, S. 913 ff.

Häberle, Peter; Verfassungsrechtliche Fragen im Prozeß der europäischen Einigung; in: EuGRZ 1992, S. 429 ff.

Hailbronner, Kai; Ziele und Methoden völkerrechtlich relevanter Rechtsvergleichung; in: ZaöRV 36 (1976) S. 190 ff.

Hallstein, Walter; Der unvollendete Bundesstaat; Düsseldorf 1969

Hallstein, Walter; Die Europäische Gemeinschaft; 1. Aufl.; Düsseldorf 1973

Hallstein, Walter; Die Europäische Gemeinschaft; Düsseldorf 1973

Hammerl, Christoph; Inländerdiskriminierung; Berlin 1997

Hatje, Armin; Die Haftung der Mitgliedstaaten bei Verstößen des Gesetzgebers gegen europäisches Gemeinschaftsrecht; in: EuR 1997, 297 ff.

Heintzen, Markus; Die "Herrschaft" über die Europäischen Gemeinschaftsverträge – Bundesverfassungsgericht und Europäischer Gerichtshof auf Konfliktkurs?; in: AöR 119 (1994), S. 564 ff.

Heintzen, Markus; Gemeineuropäisches Verfassungsrecht in der Europäischen Union; in: EuR 1997, S. 1 ff.

Heintzen, Markus; Hierarchisierungsprozesse innerhalb des Primärrechts der Europäischen Gemeinschaft; in: EuR 1994, S. 35 ff.

Heitsch, Christian; Prüfungspflichten des Bundesverfassungsgerichtes unter dem Staatsziel der europäischen Integration; in EuGRZ 1997, 461 ff.

Herdegen, Matthias; Die Belastbarkeit des Verfassungsgefüges auf dem Weg zur Europäischen Union; in EuGRZ 1992, 589 ff.

Herdegen, Matthias; Vertragliche Eingriffe in das "Verfassungssystem" der Europäischen Union; in FS für Everling, Band I, S. 447 ff.; 1. Aufl.; Baden-Baden 1995

Hesse, Konrad; Grundzüge des Verfassungsrechts der Bundesrepublik Deutschland; 17. Aufl. Heidelberg 1990

Heydt, Volker; Der Funktionswandel der EG-Grundfreiheiten; in: EuZW 1993, S. 105 ff.

Hilf, Meinhard; Der Gerichtshof der europäischen Gemeinschaften als Integrationsfaktor, dargestellt anhand der Rechtsprechung zu den Grundrechten; in: Frowein, Jochen Abr. [Hrsg.]; Die Grundrechte in der Europäischen Gemeinschaft; Baden-Baden 1978; S. 23 ff.

Hilf, Meinhard; Die gemeinsame Grundrechtserklärung des Europäischen Parlamentes, des Rates und der Kommission vom 5. April 1977; in: EuGRZ 1977, 158 ff.

Hilf, Meinhard; Ein Grundrechtskatalog für die Europäischen Gemeinschaften; in: EuR 1991, S. 19 ff.

Hilf, Meinhard; Probleme des Grundrechtschutzes in Europa; in: EuR 1977, S. 192 ff.

Hilf, Meinhard; Union und Europäische Menschenrechtskonvention; in: FS Bernhardt, S. 1193 ff.

Hilf, Meinhard; Willms, Benno; Rechtsprechungsübersicht 2. Quartal 1986; in EuGRZ 1987, S. 380 ff.

Hillgruber, Christian; Das Verhältnis der Europäischen Gemeinschaften und der Europäischen Union zu ihren Mitgliedstaaten – staats- und völkerrechtlich betrachtet; in AdVR 1996, 347 ff.

Hirsch, Günter; Die Grundrechte in der Europäischen Union, in: RdA 1998, S. 194 ff.

Hirsch, Günter; Europäischer Gerichtshof – Kooperation oder Konfrontation; in: NJW 1996, S. 2457 ff.

Hobbes, Thomas; Fetscher, Iring [Hrsg.]; Leviathan oder Stoff, Form und Gewalt eines kirchlichen und bürgerlichen Staates; 5. Aufl.; Frankfurt/Main 1992

Hoffmann, Gunter; Ein Grundrechtskatalog für die EG?; Mainz 1992

Hofmann Hasso; Grundpflichten und Grundrechte; in Handbuch des Staatsrecht; Band V; Heidelberg 1992; § 114

Hofmann, Hasso; Die versprochene Menschenwürde; in AöR 118 (1993), 353 ff.

Hofmann, Hasso; Grundrechte 1789-1949-1989; in NJW 1989, 3177 ff.

Hofmann, Hasso; Menschenrechtliche Autonomieansprüche – Zum politischen Gehalt der Menschenrechtserklärungen; in JZ 1992, 165 ff.

Hofmann, Rainer; Die Bindung staatlicher Macht; in: Hofmann, Rainer [Hrsg.].; Rechtsstaatlichkeit in Europa; Heidelberg 1996; S. 3 ff.

Hohmann, Harald; Das "Bananen-Urteil" des EuGH kann rechtlich nicht befriedigen; in: EWS 95, 381 f.

Huber, Peter M.; Das Kooperationsverhältnis zwischen BVerfG und EuGH in Grundrechtsfragen; in: EuZW 1997, 517 ff.

Huber, Peter M.; Recht der europäischen Integration; München 1996

Hübner, Heinz; Menschenwürde und Fürsorgestaat im Sizilien Friedrichs II. von Hohenstaufen; in FS Maihofer S. 205 ff.; Frankfurt/Main 1988

Huster, Stefan; Rechte und Ziele : zur Dogmatik des allgemeinen Gleichheitssatzes; Berlin 1993

Ipsen, Hans Peter; Europäisches Gemeinschaftsrecht; Tübingen 1972

Isensee, Josef; Anwendung der Grundrechte auf juristische Personen; in: Isensee, Josef; Kirchhof, Paul [Hrsg.]; Handbuch des Staatsrecht; Band V; Heidelberg 1992; § 118

Isensee, Josef; Das Grundrecht als Abwehrrecht und staatliche Schutzpflicht; in: Isensee, Josef; Kirchhof, Paul [Hrsg.]; Handbuch des Staatsrecht; Band V; Heidelberg 1992; § 111

Isensee, Josef; Das Grundrecht auf Sicherheit : zu den Schutzpflichten des freiheitlichen Verfassungsstaates; Berlin 1983

Isensee, Josef; Die alte Frage nach der Rechtfertigung des Staates; in: JZ 1999, S. 265 ff.

Isensee, Josef; Grundrechtsvoraussetzungen und Verfassungserwartungen; in: Isensee, Josef; Kirchhof, Paul [Hrsg.]; Handbuch des Staatsrecht; Band V; Heidelberg 1992; § 115

Isensee, Josef; Verfassung ohne soziale Grundrechte; in: Der Staat 19 (1980), S. 367 ff.

Jäde, Henning; Weinl, Monika; Dirnberger, Franz; Bauordnungsrecht Sachsen : Kommentar mit Durchführungsvorschriften; München, Loseblatt-Slg. Stand Mai 1998

Jahr, Günther; Zum Verhältnis von Rechtstheorie und Rechtsdogmatik; in Jahr, Günther [Hrsg.], Maihofer, Werner [Hrsg.]; Rechtstheorie : Beiträge zur Grundlagendiskussion; Frankfurt am Main 1971

James, Philip S.; Introduction in English Law; 10th ed.; London 1979

Jarass, Hans D.; Bausteine einer umfassenden Grundrechtsdogmatik; in AöR 120 (1995), S. 345 ff.

Jarass, Hans D.; Die Grundfreiheiten als Grundgleichheiten; in: FS Everling, S. 593 ff.

Jarass, Hans D.; EG-Recht und nationales Recht; in: DVBl. 1995, S. 955 ff.

Jarass, Hans D.; Elemente einer Dogmatik der Grundfreiheiten; in: EuR 1995, S. 202 ff.

Jarass, Hans D.; Grundrechte als Wertentscheidungen bzw. objektivrechtliche Prinzipien in der Rechsprechung des Bundesverfassungsgerichts; in: AöR 110 (1985), S. 363 ff.

Jarass, Hans D.; Haftung für die Verletzung von EU-Recht durch nationale Organe und Amtsträger; in: NJW 1990, S. 881 ff.

Jarass, Hans D.; Konflikte zwischen EG-Recht und nationalem Recht vor den Gerichten der Mitgliedstaaten; in: DVBl. 1995, S. 954 ff.

Jarass, Hans D.; Richtlinienkonforme bzw EG-rechtskonforme Auslegung nationalen Rechts; in: EuR 1991, S. 211 ff.

Jellinek, Georg; Die Erklärung der Menschen- und Bürgerrechte : ein Beitrag zur modernen Verfassungsgeschichte; 2. Aufl.; Leipzig 1904; zit. als *Jellinek*, Menschenrechte

Jellinek, Georg; Jellinek, Walter; Allgemeine Staatslehre; 3. Aufl.; Berlin 1914; Nachdruck 1929; zit. als *Jellinek*, Staatslehre

Jellinek, Georg; System der subjektiven öffentlichen Rechte; 2. Aufl. Tübingen 1919; zit. als *Jellinek*, subjektive Rechte

Johnson, Nancy C.; Vereinigte Staaten von Amerika; in: Grabitz, Eberhard [Hrsg.]; Grundrechte in Europa und USA, Band I, S. 885 ff.

Jürgensen, Thomas; Schlünder, Irene; EG-Grundrechtsschutz gegenüber Maßnahmen der Mitgliedstaaten; AöR 121 (1996), S. 200 ff.

Kadelbach, Stefan; Allgemeinheit der Grundrechte und Vielfalt der Gesellschaft; DVBl. 1994, S. 627 ff.

Kant, Immanuel; Weischedel, Wilhelm [Hrsg.]; Kritik der praktischen Vernunft; (enthält die Grundlegungen zur Metaphysik der Sitten); 1. Aufl.; Frankfurt am Main 1995

Kapteyn, Paul J. G.; VerLoren van Themaat, Pieter; Gormley, Laurence W.; Introduction to the law of the European Communities : from Maastricht to Amsterdam; 3. Auflage; London 1998

Kelsen, Hans; Reine Rechtslehre; 2. Aufl. 1960, Nachdruck 1992; Wien 1992

Kingreen, Thorsten; Störmer, Rainer; Die subjektiv-öffentlichen Rechte des primären Gemeinschaftsrechts; in: EuR 1998, S. 263 ff.

Kingreen, Thorsten; Struktur der Grundfreiheiten des Gemeinschaftsrechts; Berlin 1999

Kingston, Paula; Imrie, Colin; Vereinigtes Königreich von Großbritannien und Nordirland; in: Grabitz, Eberhard [Hrsg]; Grundrechte in Europa und USA; Band I; Kehl 1986; S. 715 ff.

Kirchhof, Paul; Der allgemeine Gleichheitsgrundsatz; in: Isensee, Josef; Kirchhof, Paul [Hrsg.]; Handbuch des Staatsrechts; Band V; Heidelberg 1992; § 124

Kischel, Uwe; Zur Dogmatik des Gleichheitssatzes in der Europäischen Union; in EuGRZ 1997, 1 ff.

Klein, Eckart; Der Verfassungsstaat als Glied einer Europäischen Gemeinschaft; in: VVDStRL 50 (1991), S. 56 ff.

Klein, Eckart; Grundrechtsdogmatische und verfassungsprozessuale Überlegungen zur Maastricht-Entscheidung des Bundesverfassungsgericht; in: GS Grabitz; S. 271 ff.

Klein, Hans H.; Die grundrechtliche Schutzpflicht; in: DVBl. 1994, S.489 ff.

Kloepfer, Michael; Grundrechtstatbestand und Grundrechtsschranken in der Rechtsprechung des Bundesverfassungsgerichts – dargestellt am Beispiel der Menschenwürde, in: Bundesverfassungsgericht und Grundgesetz; Bd. II; 1976; S. 405 ff.

Klose, Bernhard; Grundrechtschutz in der Europäischen Union und die Europäische Menschenrechtskonvention; in DRiZ 1997, S. 122 ff.

Kluth, Winfried; Die demokratische Legitimation der Europäischen Union : eine Analyse der These vom Demokratiedefizit der Europäischen Union aus gemeineuropäischer Verfassungsperspektive; Berlin 1995.

König, Doris; Das Problem der Inländerdiskriminierung - Abschied von Reinheitsgebot, Nachtbackverbot und Meisterprüfung?; in: AöR 119 (1994), S. 591 ff.

Krause, Peter; Die Entwicklung der sozialen Grundrechte; in Birtsch, G. [Hrsg.]; Grund- und Freiheitsrechte im Wandel Gesellschaft und Geschichte; Berlin 1981; S. 402 ff.

Krück, Hans; Grundrechte in den Europäischen Gemeinschaften; in EuGRZ 1977, S. 11 ff.

Kühling, Jürgen; Grundrechtskontrolle durch den EuGH: Kommunikationsfreiheit und Pluralismussicherung im Gemeinschaftsrecht; in EuGRZ 1997, 296 ff.

Kutscher, Hans; Der Grundrechtsschutz im Europäischen Gemeinschaftsrecht; Heidelberg 1982

Lampe, Ernst-Joachim; Gleichheitssatz und Menschenwürde; in FS Maihofer; S. 253 ff.; Frankfurt am Main 1988

Läufer, Thomas; Zum Stand der Verfassungsdiskussion in der Europäischen Gemeinschaft; in: FS Grabitz, S. 355 ff.

Lecheler, Helmut; Der Europäische Gerichtshof und die allgemeinen Rechtsgrundsätze; Berlin 1971

Lehner, Oskar; Österreichische Verfassungs- und Verwaltungsgeschichte; Linz 1992

Lenaerts, Koen; Fundamental Rights to be Included in a Community Catalogue; in: ELR 16 (1991), S. 367 ff.

Lenaerts, Koen; Grundrechtsschutz in den Europäischen Gemeinschaften und im Rahmen der Europäischen Menschenrechtskonvention; in: ZfRV 1992, S. 281 ff.

Lenz, Carl Otto [Hrsg.]; EG-Vertrag : Kommentar zu dem Vertrag zur Gründung der Europäischen Gemeinschaften; 1. Aufl.; Köln/Basel/Wien 1994; zit. als Lenz-*Bearb.* EGV

Lenz, Carl Otto [Hrsg.]; EG-Vertrag : Kommentar zu dem Vertrag zur Gründung der Europäischen Gemeinschaften; 2. Aufl.; Köln/Basel/Wien 1999; zit. als Lenz-*Bearb.* EGV, 2. Aufl.

Lenz, Carl Otto; Der Europäische Grundrechtsstandard in der Rechtsprechung des Europäischen Gerichtshofes; in: EuGRZ 1993 S. 585 ff.

Lerche, Peter; Grundrechtlicher Schutzbereich, Grundrechtsprägung und Grundrechtseingriff; in: Isensee, Josef; Kirchhof, Paul [Hrsg.]; Handbuch des Staatsrechts; Band V; Heidelberg 1992; § 121

Lerche, Peter; Grundrechtsschranken; in: Isensee, Josef; Kirchhof, Paul [Hrsg.]; Handbuch des Staatsrechts; Band V; Heidelberg 1992; § 122

Leutheusser-Schnarrenberger, Sabine; Neue Dimension des Politischen; in: ZRP 1999, S. 313 ff.

Linares, Filadelfo; Grotius, Hugo; Einblicke in Hugo Grotius' Werk Vom Recht des Krieges und des Friedens; Hildesheim 1993

Link, Christoph; Naturrechtliche Grundlagen des Grundrechtsdenkens in der deutschen Staatsrechtslehre des 17. und 18. Jahrhunderts; in: Mayer-Maly, Dorothea [Hrsg.]; Marcic, René [gefeierte Person]; Das Naturrechtsdenken heute und morgen : Gedächtnisschrift für René Marcic; Berlin 1983; S. 77 ff.

Locke, John; Euchner, Walter [Hrsg.]; Hoffmann, Hans Jörn [Übers.]; Zwei Abhandlungen über die Regierung; 5. Aufl.; Frankfurt/Main 1992

Louis, Jean-Victor; Lohngleichheit vor dem Gerichtshof der Europäischen Gemeinschaften; in EuGRZ 1976, S. 178 ff.

Luhmann, Niklas; Grundrechte als Institution : ein Beitrag zur politischen Soziologie; 3. Aufl.; Berlin 1986

Magiera, Siegfried; Die Grundgesetzänderung von 1992 und die Europäische Union; in Jura 1994, 1 ff.

Maihofer, Werner; Rechtsstaat und menschliche Würde; Frankfurt am Main 1968

Matthies, Heinrich; Artikel 30 EG-Vertrag nac Keck; in: FS Everling; S. 803 ff.

Maunz, Theodor; Dürig, Günter; Grundgesetz : Kommentar; München, Loseblatt-Slg. Stand Juni 1998; zitiert als M/D-*Bearb.* GG

Meessen, Karl Matthias; The application of rules of public international law within the Community law; in: CMLR 1976, 485 ff.

Meessen, Karl Matthias; Zur Theorie allgemeiner Rechtsgrundsätze des internationalen Rechts: Der Nachweis allgemeiner Rechtsgrundsätze des Europäischen Gemeinschaftsrechts; in JIR 17 (1974), S. 283 ff.

Meier, Gert; Nationale Rechtskontrolle der Unionskompetenzen – gemeinschaftskonforme vertikale Gewaltenkontrolle; in EuZW 1998, 193

Messner, Johannes; Die Idee der Menschenwürde im Rechtstaat der pluralistischen Gesellschaft; in FS für Willi Geiger; Tübingen 1989; S. 221 ff.

Meurer, Thomas; Verpflichtung der Mitgliedstaaten zum Schutz des freien Warenverkehrs; in: EWS 1998, S. 212 ff.

Middeke, Andreas; Szczekalla, Peter; Änderungen im europäischen Rechtsschutzsystem : Der Maastrichter Unionsvertrag und seine Auswirkungen auf die europäische Gerichtsbarkeit; in: JZ 1993, S. 284 ff.

Mögele, Rudolf; Neuere Entwicklungen im Recht der Europäischen Gemeinschaften; in: BayVBl 1993, S. 129 ff.

Monaco, Luciano; Italien; in: Grabitz, Eberhard [Hrsg]; Grundrechte in Europa und USA; Band I; Kehl 1986; S. 363 ff.

Möstl, Markus; Probleme der verfassungsprozessualen Geltendmachung gesetzgeberischer Schutzpflichten; in DÖV 1998, 1029 ff.

Müller, Christoph; Der heutige Kampf um die Universalität von Menschenrechten : Rückfragen bei Samuel Pufendorf; in Geyer, Bodo [Hrsg.]; Schliebe, Gerd [Bearb.]; Samuel Pufendorf und seine Wirkung auf die heutige Zeit; S. 117 ff.; Baden-Baden 1996

Müller-Graff, Peter-Christian; Verfassungsordnung derEG/EU; in: Dauses, Manfred [Hrsg.]; Handbuch des EU-Wirtschaftsrechtes; Loseblattsammlung; Stand Dez. 1997

Murswieck, Dietrich; Grundrechte als Teilhaberechte, soziale Grundrechte; in: Isensee, Josef; Kirchhof, Paul [Hrsg.]; Handbuch des Staatsrechts; Band V; Heidelberg 1992; § 112

Nawiasky, Hans; Allgemeine Rechtslehre als System der rechtlichen Grundbegriffe; Einsiedeln 1948

Nettesheim, Grundrechtliche Prüfdichte durch den EuGH; in: EuZW 1995, S. 106 ff.

Nicolaysen, Gert; Inländerdiskriminierung im Warenverkehr; in EuR 1991, S. 95 ff.

Nicolaysen, Gert; Europäisches Gemeinschaftsrecht; Stuttgart 1979

Nicolaysen, Gert; Europarecht; Band I; Baden-Baden 1991

Niebler, Engelbert; Die Rechtsprechung des Bundesverfassungsgerichts zum obersten Rechtswert der Menschenwürde; in BayVBl 1989, 737 ff.

Novak, Meinhard; EG-Grundfreiheiten und Europäisches Sozialrecht; in EuZW 1998, 366

Odendahl, Guido; Die Rechtsquellen der Europäischen Union; in: JA 1995, S. 780 ff.

Oestreich, Gerhard; Geschichte der Menschenrechte und Grundfreiheiten im Umriß; 2. Aufl.; Berlin 1978

Oppermann, Thomas; Europarecht; 2. Aufl.; München 1999

Oppermann, Thomas; Internationales Colloquium "Der Schutz der Grundrechte durch die Verfassungsgerichtbarkeit in Europa"; in JZ 1981, S. 205 ff.

Ossenbühl, Fritz; Die Interpretation der Grundrechte in der Rechtsprechung des Bundesverfassungsgerichts; in NJW 1976, 2100 ff.

Pauly, Walter; Strukturfragen des unionsrechtlichen Grundrechtsschutzes : Zur Konstitutionellen Bendeutung von Art. F Abs. 2 EUV; in: EuR 1998, S. 242 ff.

Pawlowski, Hans-Martin; Methodenlehre für Juristen : Theorie der Norm und des Gesetzes; Heidelberg 1999

Pechstein, Matthias; Koenig, Christian; Die Europäische Union : die Verträge von Maastricht und Amsterdam; 2. Aufl.; Tübingen 1998

Pechstein, Matthias; Bunk, Artur; Das Auffenthaltsrecht als Auffangrecht, in EuGRZ 1997, S. 547 ff.

Pernice, Ingolf; Anmerkungen zum Urteil EuGH Rs. 149/77 - Defrenne III; in: EuR 1979, S. 410 ff.

Pernice, Ingolf; Gemeinschaftsverfassung und Grundrechtsschutz – Grundlagen, Bestand und Perspektiven; in: NJW 1990, S. 2409 ff.

Pernice, Ingolf; Grundrechtsgehalte im europäischen Gemeinschaftsrecht: ein Beitrag zum gemeinschaftsimmanenten Grundrechtsschutz durch den Europäischen Gerichtshof; 1, Aufl.; Baden-Baden 1979; zit als *Pernice*, Grundrechte

Pernice, Ingolf; Religionsrechtliche Aspekte im Europäischen Gemeinschaftsrecht; in: JZ 1977, S. 777 ff.

Pernthaler, Peter; Grundrechtsdogmatik und allgemeine Staatslehre; in FS für Felix Ermacora; Kehl 1988; S. 605 ff.

Pescatore, Piere; Bestand und Bedeutung der Grundrechte im Recht der Europäischen Gemeinschaften; in: EuR 1979, S. 1 ff.

Pescatore, Pierre; Bestand und Bedeutung der Grundrechte in den Europäischen Gemeinschaften; in: EuGRZ 1978, S. 441 ff.

Pescatore, Pierre; Die Gemeinschaftsverträge als Verfassungsrecht – ein Kapitel Verfassungsgeschichte in der Perspektive des Europäischen Gerichtshofes, systematisch geordnet; in: FS Kutscher, S. 319 ff.

Pescatore, Pierre; Die Rechtsprechung des Europäischen Gerichtshofes zur innergemeinschaftlichen Wirkung völkerrechtlicher Abkommen; in: FS Mosler, S. 661 ff.; Berlin 1983

Pescatore, Pierre; La cour des justice des Communautés européenes et la Convention européene des Droits l'Homme; in: FS Wiarda; S. 441 ff.

Pescatore, Pierre; Referat auf dem Kolloquium Grundrechtsschutz in Europa; in: Mosler, Hermann [Hrsg.]; Grundrechtsschutz in Europa : Europäische Menschenrechts-Konvention und Europäische Gemeinschaften; Berlin 1977; S. 64 ff.

Pfrang, Elvira; Das Verhältnis zwischen europäischem Gemeinschaftsrecht und deutschem Recht nach der Maastricht-Entscheidung des Bundesverfassungsgerichts : eine Studie zu den Konflikten beider Rechtsordnungen auf dem Gebiet des Grundrechtsschutzes und der Kompetenzen; Frankfurt 1997

Pieroth, Bodo; Schlink, Bernhard; Staatsrecht : 2. Grundrechte; 9. Aufl.; Heidelberg 1993

Pieters, Danny; Belgien; in: Grabitz, Eberhard [Hrsg]; Grundrechte in Europa und USA; Band I; Kehl 1986; S. 1 ff.

Pieters, Danny; Luxemburg; in: Grabitz, Eberhard [Hrsg]; Grundrechte in Europa und USA; Band I; Kehl 1986; S. 437 ff.

Plucknett, Theodore F.; A concise history of the common law; 2nd ed.; Rochester 1936

Prats-Canut, José Miguel; Spanien; in: Grabitz, Eberhard [Hrsg]; Grundrechte in Europa und USA; Band I; Kehl 1986; S. 651 ff.

Preuß, Ulrich K.; Grundrechte in der Europäischen Union; in KJ 1998, S. 1 ff.

Reich, Norbert; Nationale Rechtskontrolle der Unionskompetenzen; EuZW 1998, 321

Rengeling, Hans Werner; Die Entwicklung verwaltungsrechtlicher Grundsätze durch Grundsätze durch den Gerichtshof der Europäischen Gemeinschaften; in EuR 1984, 331 ff.

Rengeling, Hans Werner; Grundrechtsschutz in der Europäischen Gemeinschaft : Bestandsaufnahme und Analyse der Rechtsprechung des Europäischen Gerichtshofs zum Schutze der Grundrechte als allgemeine Rechtsgrundsätze; München 1992; zit. als *Rengeling*, Grundrechtsschutz

Rengeling, Hans-Werner; Middeke, Andreas; Gellermann, Martin; Rechtsschutz in der Europäischen Union : Durchsetzung des Gemeinschaftsrechts vor europäischen und deutschen Gerichten; München 1994

Rengeling, Hans-Werner; Rechtsgrundsätze beim Verwaltungsvollzug des Europäischen Gemeinschaftsrechts; Köln, Berlin, Bonn, München 1977

Reuter, Lutz-Reiner; Soziales Grundrecht auf Bildung : Ansätze eines Verfassungswandels im Leistungsstaat; in DVBl. 1977, 7 ff.

Riedel, Eibe H.; Die Habeas-Corpus-Akte; in EuGRZ 1980, 192 ff.

Riegel, Reinhard; Zum Problem der allgemeinen Rechtsgrundsätze und Grundrechte im Gemeinschaftsrecht; in: NJW 1974, S. 1585 ff.

Rodriguez Iglesias, Gil Carlos; Der Gerichtshof der Europäischen Gemeinschaften als Verfassungsgericht; in: EuR 1992, S. 225 ff.

Rohde, Christina; Europarecht; Berlin, Heidelberg 1995

Rosenzweig, Wilhelm; Bedeutung der Grundrechte in Österreich; in: EuGRZ 1978, S. 467 ff.

Roth, Wulf-Henning; Niederlassungs- und Dienstleistungsfreiheit / Grundregeln; in: Dauses, Manfred [Hrsg.]; Handbuch des EU-Wirtschaftsrechts; Loseblattsammlung; Stand Dez. 1997

Ruffert, Matthias; Die Mitgliedstaaten der Europäischen Gemeinschaft als Verpflichtete der Gemeinschaftsgrundrechte; in: EuGRZ 1995, S. 518 ff.

Ruffert, Matthias; Diplomatischer und konsularischer Schutz zwischen Völker- und Europaerecht; in: ArchVöR 35 (1997), S. 459 ff.

Rüfner, Wolfgang; Grundrechtsadressaten; in: Isensee, Josef; Kirchhof, Paul; Handbuch des Staatsrechts; Band V; Heidelberg 1992; § 117

Rupp, Hans Heinrich; Europäische "Verfassung" und demokratische Legitimation; in: AöR 120 (1995), S. 269 ff.

Rupp, Hans Heinrich; Zur bundesverfassungsgerichtlichen Kontrolle des Gemeinschaftsrecht am Maßstab der Grundrechte; in NJW 1974, S. 2153 ff.

Sachs, Michael [Hrsg.]; Grundgesetz : Kommentar; München 1996

Savoie, Eric; Frankreich; in: Grabitz, Eberhard [Hrsg.]; Grundrechte in Europa und USA, Band I; Kehl 1986; S. 203 ff.

Scheffer, Urban; Das Verbot der Abgaben zollgleicher Wirkung; in: EWS 1996, S. 407 ff.

Scheuner, Ulrich; Die Verwirklichung der bürgerlichen Gleichheit : Zur rechtlichen Bedeutung der Grundrechte in Deutschland zwischen 1780 und 1850; in Birtsch, G. [Hrsg.]; Grund- und Freiheitsrechte im Wandel Gesellschaft und Geschichte; Berlin 1981; S. 376 ff.

Schilling, Theodor; Bestand und allgemeine Lehren der bürgerschützenden allgemeinen Rechtsgrundsätze des Gemeinschaftsrechts; in: EuGRZ 2000, S. 3 ff.

Schilling, Theodor J.; Rang und Geltung von Normen in gestuften Rechtsordnungen; Berlin 1994

Schlette, Volkmar; Der Anspruch auf Rechtsschutz in angemessener Frist – Ein neues Prozeßgrundrecht auf EG-Ebene; in: EuGRZ 1999, S. 369 ff.

Schneider, Egon; Logik für Juristen : Die Grundlagen der Denkanwendung und der Rechtslehre; 4. Aufl.; München 1995

Schnur, Reinhold; Begründbarkeit der grundrechtlichen Schutzpflicht?; in: DVP 1998, S. 443 ff.

Schomburg, Wolfgang; Auf dem Wege zu einem europäischen Rechtsraum? : Die Internationale Zusammenarbeit in Strafsachen; in: DRiZ 1999, S. 107 ff.

Schreckenberger, Waldemar; Die Universalität der Menschenrechte als Prinzip der Rechtsrethorik; in FS Maihofer; S. 481 ff.; Frankfurt am Main 1988

Schröder, Meinhard; Das Bundesverfassungsgericht als Hüter des Staates im Prozeß der Europäischen Integration; in: DVBl. 1994, S. 316 ff.

Schulte, Martin; Schlichtes Verwaltungshandeln; Tübingen 1995

Schultz, Hans; Gewaltdelikte als Schutz der Menschenwürde; in FS Maihofer S. 517 ff.; Frankfurt/Main 1988

Schütz, Johann; Menschenwürde und Recht; in BayVBl 1991, 615 ff.

Schwabe, Jürgen; Probleme der Grundrechtsdogmatik; Darmstadt 1977

Schwarze, Jürgen; Bieber, Roland [Hrsg]; Eine Verfassung für Europa; Baden-Baden 1984

Schwarze, Jürgen; Das allgemeine Völkerrecht in den innergemeinschaftlichen Rechtsbeziehungen; in EuR 1983, S. 1 ff.

Schwarze, Jürgen; Das schwierige Geschäft mit Europa und seinem Recht; in JZ 1998, 1077 ff.

Schwarze, Jürgen; Das Verhältnis von deutschem Verfassungsrecht und europäischem Gemeinschaftsrecht auf dem Gebiet des Grundrechtsschutzes im Spiegel der jüngsten Rechtsprechung; in EuGRZ 1983, 117 ff.

Schwarze, Jürgen; Die EWG in ihren völkerrechtlichen Beziehungen; NJW 1979, S. 456 ff.

Schwarze, Jürgen; Europäisches Verwaltungsrecht : Entstehung und Entwicklung im Rahmen der Europäischen Gemeinschaft; 2 Bd.; Baden-Baden 1988

Schwarze, Jürgen; Grundrechte der Person im Europäischen Gemeinschaftsrecht; in: NJ 1994, S. 53 ff.

Schwarze, Jürgen; Lohngleichheit für Männer und Frauen bei gleicher Arbeit -Ausschluß der Rückwirkung; in: EuR 1977, S. 44 ff.

Schwarze, Jürgen; Rechtsstaatlichkeit und Grundrechtsschutz als Ordnungspostulate der Europäischen Gemeinschaft; in: FS Maihofer, S. 529 ff.

Schwarze, Jürgen; Schutz der Grundrechte in der Europäischen Gemeinschaft; in EuGRZ 1986, S. 293 ff.

Schweitzer, Michael; Hummer, Waldemar; Europarecht : das Recht der Europäischen Union ; das Recht der Europäischen Gemeinschaften (EGKS, EG, EAG) - mit Schwerpunkt EG; 5. Aufl.; Neuwied 1996

Schwemer, Rolf-Oliver; Die Bindung des Gemeinschaftsgesetzgebers an die Grundfreiheiten; Frankfurt 1995

Selmer, Peter; Die Gewährleistung der unabdingbaren Grundrechtsstandards durch den EuGH : zum "Kooperationsverhältnis" zwischen BVerfG und EuGH am Beispiel des Rechtsschutzes gegen die Bananenmarkt-Verordnung; Baden-Baden 1998

Sørensen, Max; "Eigene Rechtsordnungen" – Skizze zu einigen systematischen Betrachtungen über ein Problem der internationalen Organisation; in: FS Kutscher, S. 415 ff.

Soria, Jose Martinez; Die polizeiliche Zusammenarbeit in Europa und der Rechtschutz des Bürgers; in: VerwArch 1998, S. 400 ff.

Staebe, Erik; Europarecht; 1.Aufl.; Baden-Baden 1998

Stahl, Klaus; Die Sicherung der Grundfreiheiten im öffentlichen Recht der fünften französischen Republik; Hamburg 1970

Stanka, Rudolf; Die Menschrechte : ihre Geschichte und ihre Problematik; Wien 1954

Starck, Christian; Menschenwürde als Verfassungsgarantie im modernen Staat; JZ 1981, 457 ff.

Stein, Ekkehart; Staatsrecht; 16. Aufl.; Tübingen 1998

Stein, Torsten; "Bananen-Split?" : Entzweien sich BVerfG und EuGH über den Bananenstreit?; in: EuZW 1998, S. 261 ff.

Stein, Torsten; Die Regelung des diplomatischen Schutzes im Vertrag über die Europäische Union; in: Ress/Stein (Hrsg.), Der diplomatische Schutz im Völker- und Europarecht, Baden-Baden 1996; S. 97 ff.

Stern, Klaus; Das Staatsrecht der Bundesrepublik Deutschland; Band III/1 : Allgemeine Lehren der Grundrechte; München 1988

Stern, Klaus; Das Staatsrecht der Bundesrepublik Deutschland; Band I : Allgemeine Lehren; 2. Aufl.; München 1984

Stern, Klaus; Die Bedeutung der Unantastbarkeit für die Grundrechte; in: JuS 1985, S. 329 ff.

Stern, Klaus; Idee der Menschenrechte und Positivität der Grundrechte; in Isensee, Josef; Kirchhof, Paul [Hrsg.]; Handbuch des Staatsrechts; Band V; Heidelberg 1992; § 108

Stern, Klaus; Idee und Elemente eines Systems der Grundrechte; in Isensee, Josef; Kirchhof, Paul [Hrsg.]; Handbuch des Staatsrechts; Band V; Heidelberg 1992; § 109

Stern, Klaus; Menschenwürde als Wurzel der Menschen und Grundrechte; in FS für Scupin; S. 627 ff.; Berlin 1983

Stolleis, Michael; Das 'Europäische Haus' und seine Verfassung; in KritVJ 1995, S. 275 ff.

Storr, Stefan; Zur Bonität des Grundrechtsschutzes in der Europäischen Union; in: Der Staat 36 (1997), S. 547 ff.

Stourzh, Gerald; Grundrechte zwischen Common Law und Verfassung : Zur Entwicklung in England und in den nordamerikanischen Kolonien im 17. Jahrhunder; in Birtsch, Günter; Grund- und

Freiheitsrechte im Wandel von Gesellschaft und Geschichte; S. 59 ff; Göttingen 1981

Streinz, Rudolf; Anmerkungen zu dem EuGH Urteil in der Rechtssache Brasserie du Pêcheur und Factortame; in: EuZW 1996, S. 201 ff.

Streinz, Rudolf; Bundesverfassungsgerichtlicher Grundrechtsschutz und Europäisches Gemeinschaftsrecht : die Überprüfung grundrechtsbeschränkender deutscher Begründungs- und Vollzugsakte von Europäischem Gemeinschaftsrecht durch das Bundesverfassungsgericht; Baden-Baden 1989; zit. als *Streinz*, Grundrechtsschutz

Streinz, Rudolf; Der Vertrag von Amsterdam; EuZW 1998, S. 137 ff.

Streinz, Rudolf; Europarecht; 3. Aufl.; Heidelberg 1996; zit. als *Streinz*, Europarecht

Streinz, Rudolf; Leible, Stefan; Die unmittelbare Drittwirkung der Grundfreiheiten; in: EuZW 2000, S. 459 ff.

Szczekalla, Michael; Hobbes: Feigheit als erste Bürgerpflicht; in: Der Staat 36 (1997), S. 237 ff.

Szczekalla, Peter; Die Pflicht der Gemeinschaft und der Mitgliedstaaten zum diplomatischen und konsularischen Schutz, in: EuR 1999, S. 325 ff.

Szczekalla, Peter; Grundfreiheitliche Schutzpflichten – eine "neue" Funktion der Grundfreiheiten des Gemeinschaftsrechts; in: DVBl. 1998, S. 219 ff.

Tettinger, Peter; Zur Grundrechtsberechtigung von Energieversorgungsunternehmen im Europäischen Gemeinschaftsrecht; in: FS Börner, S. 625 ff.

Thomashausen, André; Portugal; in: Grabitz, Eberhard [Hrsg]; Grundrechte in Europa und USA; Band I; Kehl 1986; S. 591 ff.

Tomuschat, Christian; Aller guten Dinge sind III? : Zur Diskussion um die Solange-Rechtsprechung des BverfG; in: EuR 1990, S. 340 ff.

v. Münch, Ingo; Grundbegriffe des Staatsrechts; Band I; München 1986;

v. Münch, Ingo; Kunig, Philip; Grundgesetz-Kommentar; 4. Aufl.; München 1992

Vedder, Christoph Wilhelm; Die auswärtige Gewalt des Europa der Neun; Göttingen 1980

Verdross, Alfred; Die Verfassung der Voelkerrechtsgemeinschaft; Wien 1926

Voss, Rainer; Menschenrechte gründen in der Menschenwürde; in: DRiZ 97, 507 ff.

Wägenbauer, Rolf; Das Verbot "indirekter" Tabakwerbung und seine Vereinbarkeit mit Art. 30 EGV; in EuZW 1998, 709 ff.

Wahl, Rainer; Die doppelte Abhängigkeit des subjektiven öffentlichen Rechts; in: DVBl 1996, S. 641 ff.

Wallraf, Georg; Werbeverbote – ihre Zulässigkeit aus europäischer und nationaler Sicht; in: AfP 1998, S. 609 ff.

Weiler, Joseph, The European Court at a Crossroad. Community Human Rights and Member State Action; in: Capotorti, Francesco [Hrsg.]; Du droit international au droit l'integration, Liber Amicorum Pierre Pescatore; Baden-Baden 1987; S. 821 ff.

Weiß, Wolfgang; Die Verteidigungsrechte im EG-Kartellverfahren : zugleich ein Beitrag zu den allgemeinen Rechtsgrundsätzen des Gemeinschaftsrechts; Köln 1996

Welzel, Hans, Naturrecht und materiale Gerechtigkeit; 4. Aufl.; Göttingen 1962

Wetter, Irmgard; Die Grundrechtscharta des Europäischen Gerichtshofes; Frankfurt 1998

Wintrich, J.; Die Bedeutung der Menschenwürde für die Anwendung des Rechts; in: BayVBl 1957, S. 137 ff.

Wittkowski, Ralf; Das Maastricht-Urteil des Bundesverfassungsgerichts vom 12.10.1993 als "Solange III"-Entscheidung?; in: BayVBl 1994, S. 359 ff.

Wolfahrt, Jürgen; Die Einzelpersonen und das Europäische Recht; in: EuR 1976, S. 264 ff.

Wolff, Hans Julius; Bachof, Otto [Bearb.]; Stober, Rolf [Bearb.]; Verwaltungsrecht; Band I; 10. Aufl.; München 1995

Zacker, Christian; Kompendium Europarecht; Berlin, Heidelberg, u.a. 1997

Zuck, Rüdiger; Lenz, Cristofer; Verfassungsrechtlicher Rechtsschutz gegen Europa; in: NJW 1997, S. 1193 ff.

Zuleeg, Manfred; Bananen und Grundrechte – Anlaß zum Konflikt zwischen europäischer und deutscher Gerichtsbarkeit; in NJW 1997, 1201 ff.

Zuleeg, Manfred; Betrachtungen zum Gleichheitssatz im Europäischen Gemeinschaftrecht; in: FS Börner, S. 473 ff.

Zuleeg, Manfred; Der Schutz der Menschenrechte im Gemeinschaftsrecht; in: DÖV 1992, S. 937 ff.

Zuleeg, Manfred; Die Europäische Gemeinschaft als Rechtsgemeinschaft; in: NJW 1994, S. 545 ff.

Zuleeg, Manfred; Die Grundfreiheiten des Gemeinsamen Marktes im Wandel; in: FS Everling; S. 1717 ff.

Zweigert, Konrad; Der Einfluß des Europäischen Gemeinschaftsrechts auf die Rechtsordnungen der Mitgliedstaaten; in: RabelsZ 28 (1964), S. 601 ff.

Stichwortverzeichnis

Peter Lang · Europäischer Verlag der Wissenschaften

Peter Hilpold

Die EU im GATT/WTO-System

Aspekte einer Beziehung „sui generis"
2., durchgesehene Auflage

Frankfurt/M., Berlin, Bern, Bruxelles, New York, Oxford, Wien, 2000. 394 S.
Europäische Hochschulschriften: Reihe 2, Rechtswissenschaft. Bd. 2559
ISBN 3-631-36755-4 br. DM 98.–*

Die Beziehungen zwischen der Europäischen Gemeinschaft und der Welthandelsorganisation WTO werfen zahlreiche rechtliche Fragestellungen auf, die in dieser Arbeit analysiert werden. Aus der Perspektive des GATT/WTO-Systems stellt sich die Europäische Gemeinschaft als eine regionale Präferenzzone nach Art. XXIV des Allgemeinen Abkommens dar. Das Verhältnis zwischen Regionalismus und Multilateralismus ist im Verfassungssystem der Welthandelsorganisation aber nach wie vor ungeklärt. Aus der Perspektive der Europäischen Gemeinschaft handelt es sich bei der WTO um eine Freihandelsordnung, die auf eine weitere Öffnung des Binnenmarktes nach außen ausgelegt ist. Der Verfassungskompromiß, auf welchem die Europäische Gemeinschaft ruht, beinhaltet jedoch zahlreiche protektionistische Elemente im Außenhandelsbereich. Konflikte auf der Völkerrechtsebene sind damit geradezu vorprogrammiert (Stichwort Bananen-Problematik). Breiter Raum wird der Aufteilung der außenhandelspolitischen Vertretungsbefugnis zwischen Gemeinschaft und Mitgliedschaften infolge des Gutachtens 1/94 sowie der Frage der unmittelbaren Anwendbarkeit des GATT/WTO-Rechts gewidmet. Dabei wird geprüft, inwieweit das WTO-Recht nunmehr eine unmittelbare Anwendung voraussetzt bzw. ob alternative Ansätze (beispielsweise eine völkerrechtskonforme Auslegung) vergleichbare Ergebnisse liefern können. Besonderes Augenmerk wird dem Reziprozitätsprinzip sowie dem Transparenzgrundsatz gewidmet.

Frankfurt/M · Berlin · Bern · Bruxelles · New York · Oxford · Wien
Auslieferung: Verlag Peter Lang AG
Jupiterstr. 15, CH-3000 Bern 15
Telefax (004131) 9402131
*inklusive Mehrwertsteuer
Preisänderungen vorbehalten

Kolibri 360 GmbH
Ferdinand-Jühlke-Straße 7
99095 Erfurt, Deutschland
produktsicherheit@kolibri360.de

Druck:
CPI Druckdienstleistungen GmbH
im Auftrag der
Kolibri 360 GmbH
Ferdinand-Jühlke-Str. 7
99095 Erfurt